# 청킹 스피킹 AUTO

**Chunking**

마법의 숫자 7

윤재우

**청킹 스피킹 AUTO 77·77·77**

지은이 윤재우 | 발행인 김윤태 | 발행처 도서출판 선 | 북디자인 디자인이즈
등록번호 제15-201 | 등록일자 1995년 3월 27일 | 초판 1쇄 발행 2012년 11월 11일
주소 서울시 종로구 낙원동 58-1 종로오피스텔 1409호 | 전화 02-762-3335 | 전송 02-762-3371

값 15,000원
ISBN 978-89-6312-462-9 03740

이 책의 판권은 지은이와 도서출판 선에 있습니다.

**머리말**

## [ 영어를 유창하게 잘 하고자 하면
## 영어 언어구조부터 먼저~~ ]

영어교육사업에 종사한지 10년을 훌쩍 넘겼습니다.
강산이 한 번 변하였습니다.
제 자신을 돌아보니 정말 평~생~ 영어공부를 하였습니다.
강산이 몇 번 변하였습니다.
그런데 이렇게 평~생~ 영어공부를 하는 것이 저 혼자만의 문제가 아니라,
우리 주위 모두의 현실인 것이 항상 답답하였습니다.
기러기 아빠라는 신조어를 만들어 내면서 가족의 삶과 행복을 영어교육과 맞바꾸는
우리의 삶을 바꾸고 싶었습니다.

우선 영어 학습자들의 문제점이 무엇인가를 다각도로 분석하였습니다.
다행히 저희 회사는 전화영어 사업을 하고 있기에 학습 후 자동적으로 녹음되는
초보 학습자들의 영어수업을 들어보면서 그들이 겪는 어려움을 다양하게 알 수 있었습니다.
가장 많은 유형은 단어 실력이 뛰어남에도 불구하고 단지 단어만 나열할 뿐,
그 단어를 영어 언어구조에 따라 간단하게 연결하지 못하여
의사소통이 제대로 되지 않는 형태이었습니다.

영어를 학습한다고 하면 무조건 단어를 열심히 외우고, 무조건 문장을 열심히 외웁니다.
단어는 어느 정도 외워는 지지만, 단어만으로 자신의 뜻을 정확히 전달할 수가 없습니다.
문장은 이해가 되지 않으니 잘 외워질 리가 없습니다.
겨우 쉬운 문장 몇 개만 외울 수 있습니다. 열심히 노력하여도 그 효과는 정말 미미합니다.
몇 개월이 지나면 제 풀에 지쳐서 뒤로 미루어 둡니다.
얼마 후 다시 마음을 잡고 또 책을 들지만, 비슷한 과정의 반복이 이어집니다.
그러다 보니 정말 평~생~ 영어공부를 하게 됩니다.

한국어와 영어는 어순이 다르고 언어적 감각이 다르고 언어 구조가 다릅니다.
한국어를 영어처럼 영어적 어순으로 공부하여서도 아니 되듯이,
영어를 한국어처럼 한국어 어순으로 공부하여서도 아니 됩니다.

모든 언어는 법칙성을 가지고 있습니다.
영어가 가지고 있는 영어의 법칙성 즉 영어적 사고, 영어적 어순,
그리고 영어 언어구조를 먼저 학습하여야 합니다.

## [ 영어, 그 까이거... 별거 아니네~~ ]

우리가 말하는 한국어도 언어, 영어도 언어입니다. 다 같은 언어 즉 language입니다.
언어는 의사소통 communication이 가장 본질적인 기능입니다.
우리는 매일 한국어를 쓰면서 상대방과 단어만으로 의사소통을 하지는 않습니다.
그렇다고 모든 의사소통을 문장만으로도 하지 않습니다.
그저 의미가 통할 수 있는 의미덩어리 청킹Chunking 형태로 대화를 하고 소통을 합니다.
영어권 국가에서 유학을 하거나 외국과 영어로 비즈니스를 하지 않는 한,
생활영어로 대화를 하거나 해외여행에 필요한 영어는
완벽한 문장으로 대화하지 않아도 됩니다.
단지 의미가 통하는 의미덩어리 청킹Chunking 만으로도 충분하고 충분합니다.

청킹동사구 unit 25에 *explain the point* (요점을 설명하다)가 있습니다.
1. Please ~.
2. Could you~?, Would you~?, Can you~?, Will you~?
3. I would like to~, I want to~, Would you like to~?, Do you want to~?
4. Let me~, Let's~
5. Why don't you~?, Why don't we~?

위 문장의 기본 형태에 의미덩어리 청킹동사구를 넣으면 의사소통이 가능합니다.
청킹동사구만으로도 우선 자신의 뜻을 충분히(?) 전달할 수 있습니다.

물론 정확한 의사소통을 위해서는 청킹부사구, 형용사구, 명사구, 등위절 등을 활용하여 좀 더 분명히 하여야 하겠지요. 점차적으로…

영어, 그 까이거… 별거 아닙니다.
의미덩어리 청킹Chunking을 알면, 영어를 저절로 말하게 됩니다.

## [ 언어의 창의성을 향상시키자. ]

인간은 언어를 만들어내는 창조성을 가진 동물입니다.
언어공부는 단순히 따라하는 것에 그쳐서는 아니 됩니다.
자신이 원하는 것은 자신이 만들어서 언제 어디에서든지 활용할 수 있어야 합니다.
일시적인 도움이 아니라, 근본적인 해결책을 제시해 주어야 합니다.
즉 고기를 주는 것이 아니라 고기 잡는 법을 가르쳐 주어야 합니다.
이 책은 고기를 잡는 법, 즉 영어를 자유자재로 활용하도록 하는,
영어로 생각하고 이해하고 기억하고 활용하도록 하는 방법에 관한 기본적인
안내서입니다.

의미덩어리 청킹Chunking학습법을 터득한 학습자는
매일 자신만의 청킹Chunking을 만들어 이를 일정정도 수준까지 확장시켜 가야합니다.
일반적으로 청킹 확장의 순서는
우선 1단계 단어=〉
2단계 동사구, 부사구, 형용사구, 명사구, 숙어, 연어 =〉
3단계 문장 일부 전형적 패턴 =〉
4단계 완전한 문장의 형태로 단계를 밟아가게 됩니다.
이 교재는 최소한의 의사소통이 가능한 2단계를 기준으로 하여 편집되어 있습니다.

의미덩어리 청킹Chunking은 단어, 동사구, 숙어, 패턴, 문장보다 상위개념의 의미입니다.
인간이 기억할 수 있는 단위가 청킹Chunking이라면
그 단위는 사람마다 각자 노력여하에 따라 다르다고 합니다.
아직 숙련이 되지 않은 학습자는
보다 짧고 보다 쉬운 단어나 숙어 형태의 청킹Chunking을 활용하며,
좀 더 숙련된 학습자는
보다 길고 어려운 형태의 패턴단위나 문장단위의 청킹Chunking을 활용할 수 있습니다.
자신의 청킹단위가 단어인 사람은 상대방과 대화할 때 속도가 느려 어려움을 겪을 것이며,
청킹단위가 패턴 내지 문장인 사람은 보다 원활하게 별 어려움 없이 대화를 할 것입니다.

의미덩어리 청킹Chunking 학습법의 가장 큰 장점이자 단점은
청킹Chunking 학습이 되어 있는 학습자는
언제든지 청킹Chunking을 머릿속에서 끄집어내어 활용할 수 있지만,
이를 학습하지 않은 학습자는 전혀 활용을 할 수 없다는 최대의 약점이 있습니다.
즉 청킹Chunking을 학습하고 훈련한 사람만이 이것을 활용할 수 있다는 것입니다.

[ **주연보다 더 빛나는
숨은 조력자 조연에게 무한한 감사를...** ]

3년 전부터 의미덩어리 청킹Chunking에 관한 자료들을 편집하고 정리하였습니다.
4년 반의 영어권 국가 생활 경험과 영어교육사업 10년의 노하우를
이 책에 쏟아 부었습니다.
지면의 한계로 방대한 분량의 극히 일부분인 초급과정의 자료만을
이 책에 담게 되었습니다.

하나를 만들어 내기 위해서는,
보이지 않는 곳에서 도와주는 많은 숨은 조력자들의 노고가 무수히 필요합니다.

주연만이 주목받는 시대는 지나갔습니다.
언제나 묵묵히 한 자리에서 자신의 자리를 지켜주고 든든하게 후원하여준
아내 이지윤에게 감사의 마음을 전합니다.
아울러 주연보다 더 빛나는 헌신으로
이 책이 나올 수 있게 도와주신 모든 분들에게 진심으로 감사드립니다.

2012년 한 여름

\* 보다 체계적인 1단계, 2단계, 3단계, 4단계 과정의
 의미덩어리 청킹Chunking 학습이 필요하신 분은
 www.chunkingenglish.com 을 방문하시면
 유료로 다양한 과정을 단계적으로 학습하실 수 있습니다.

\* 이 책에 대한 문의나
 미처 잘 살피지 못하여 생긴 잘못된 부분에 대한 지적은
 메일 yunjaeu@naver.com으로 문의하여주시면
 성실히 답변하도록 하겠습니다.

> 이 책은 기존의 영어교재와 이렇게 달라요

## 1. 인지심리학의 의미덩어리 청킹Chunking과 마법의 숫자 7

● **마법의 숫자 7**

신들의 이름에서 유래한 1주일은 7일,
음악의 옥타브는 7개,
북두칠성은 별이 7개,
백설공주와 일곱 난쟁이,
견우직녀가 만나는 날은 칠월 칠석,
일곱 빛깔 무지개…
이처럼 7은 행운의 숫자입니다.
그리고 7은 매직 넘버 즉 마법의 숫자입니다.

책 제목으로 사용한 77*77*77은,
의미덩어리 청킹Chunking 학습법의 이론적 배경인,
인지심리학의 마법의 숫자 7을 강조하기 위하여 사용한 것입니다.

처음 미국 전화번호가 7자리였던 것이나,
지금도 전 세계의 전화번호가 국가번호나 지역번호를 제외하고는
대부분 7자리인 것도 이 마법의 숫자 7에서 기인한 것이라고 합니다.
예) 82(국가번호)-2(서울)-582-0515

● 인지심리학과 의미덩어리 청킹Chunking

인지심리학은
인간이 지식을 획득하는 방법과 획득한 지식을 구조화하여
축적하는 메커니즘을 주된 연구 대상으로 하는,
인간의 뇌에 의하여 이루어지는
주의, 지각, 기억, 언어 및 사고 등의 정보처리 과정을
탐구하고 그 결과를 응용하는 학문입니다.

1956년 미국 하버드의 심리학자 조지 밀러는
그의 연구《마법의 숫자 7±2: 인간의 정보처리능력의 한계》에서
인간의 뇌가 기억하는 단기기억의 정보 처리용량의 한계가 7±2 라고 제시하였으며,
그 뒤로 심리학계에서는 7을 마법의 숫자로 부르게 되었습니다.
즉 밀러에 따르면,
인간의 두뇌는 짧은 시간 동안 한번에 7개 이상의 항목을 기억할 수 없다고 합니다.
물론 사람에 따라 9개까지 기억하는 사람도 있고,
5개밖에 기억하지 못하는 사람도 있습니다.

이러한 용량 제한에 따라 효율적으로 인간의 뇌가 단기기억을 사용하기 위해서는
마법의 숫자 7±2 즉 5~9 사이의 의미덩이(Chunk, 청크, 덩이)들로
만들고 기억하면 편리하다고 하였습니다.
이처럼 1개의 덩어리로 취급되는 단위개념을 청크Chunk라고 하며,
청크 단위로 묶어서 이해하는 것을 청킹(Chunking, 의미덩어리)라고 합니다.

[참고 : 네이버 위키백과]

## 2 자기주도 학습법과 인간 뇌의 효율적 단기기억

● **2010년 교육과학기술부 · 서울시교육청의 '자기주도 학습 지침서'에서도 소개한 자기주도 학습법의 핵심인 효율적 단기기억 학습법** – 의미덩어리 청킹Chunking 기억법

사람들의 기억은 감각기억, 단기기억, 장기기억으로 구성되어 있습니다.

1단계인 감각기억은 1초안에 사라지는 것으로,
시각이나 청각 등의 감각기관으로 들어온 정보를
극히 짧은 순간(시각정보는 약 1초, 청각 정보는 약 4초)동안 저장하는 기억이라고
합니다. 감각기억의 용량은 상당히 크지만
감각기억에 파지된 정보는 즉시 처리되지 않으면 곧 소멸된다고 합니다.

2단계인 단기기억은 최대 30초 동안 기억하며,
감각기억에 파지된 정보에 주의를 기울이면 그 정보는 단기기억으로 전이합니다.
단기기억은 정보가 감각기억에 잠시 머물러 있다가
20~30초가량 잠시 의식으로 기억되는 것이므로 단기기억을 의식이라고 하기도 합니다.
그 기억범위는 상당히 제한되어 있다는 것으로 마법의 숫자 7±2 항목 입니다.

3단계인 장기기억은 평생 동안 기억되는 것으로,
감각기억과 단기기억의 과정을 거쳐 장기적으로 저장되는 것입니다.
영구적인 기억저장고로서 용량은 거의 무제한입니다.

한국교육개발원 등의 전문가들이 집필하여 학생과 학부모, 교사들이
자기주도 학습전형을 올바로 이해하고 준비하는 데 참고할 수 있는 내용으로 구성되어
있는 2010년 교육과학기술부 · 서울시교육청의 '자기주도 학습 지침서'에서는,
학습내용을 효과적으로 기억할 수 있는 방법으로
'청킹(chunking · 덩이짓기) 기억법'을 소개하고 있습니다.

### ● 단기기억의 양을 획기적으로 늘릴 수 있는 의미덩어리 청킹Chunking

인간의 뇌는 기억 대상이 되는 자극이나 정보를
서로 의미 있게 단어와 문장, 단락으로 연결시키거나 묶는
인지 과정을 거쳐 기억을 하도록 합니다.
이렇게 의미 있는 체계로 묶음 처리를 하는 것을 '조직화'라고 부릅니다.
이 조직화를 심리학에서는 청킹Chunking 이라고 합니다.

즉 청킹Chunking은 기억 대상이 되는 자극이나 정보를
의미 있는 묶음 의미덩어리로 만드는 것을 말합니다.
이러한 **의미덩어리 청킹Chunking은,**
**단기간에 기억의 용량을 엄청나게 확대시키는 효과가 있으며,**
**'믿기 어려운 효과'를 만들어 냅니다.**

우리 인간의 뇌는 순간적으로는 저장이 가능하지만
몇 초가 지나면 기억하기 힘들다고 합니다.
하지만 **의미덩어리 청킹Chunking 단위로 기억하면** 좀 더 쉽게 기억할 수 있습니다.

심리학자인 조지 밀러는 단기기억 용량을 '마법의 숫자 7'이라고 불렀습니다.
평균 7개 정도를 기억하지만,
**그 기억의 단위인 청킹Chunking을 통해**
**단기기억의 양을 획기적으로 얼마든지 늘릴 수 있습니다.**
알파벳이 청킹 단위이면 7개의 알파벳을,
단어가 청킹 단위이면 7개의 단어를,
문장이 청킹 단위이면 7개의 문장을…

> **3** 리드 켈로그 다이어그램 Reed & Kellogg Diagram 인
> 미국교과서 영어작문 문법 Diagraming Sentences 을
> 단순화하여 응용한 시각적 청킹

● 리드 켈로그 다이어그램 (Reed & Kellogg Diagram) :
  표현하고자 하는 내용 얼개짜기Outlining와 영어 언어구조부터 먼저

리드 켈로그 다이어그램 (Reed & Kellogg Diagram)은 미국의 영문학자 Alonzo Reed와
Brainerd Kellogg가 가장 체계적이고 완벽하게 영어를 습득시키도록 만든 교수법입니다.

'청킹 스피킹 AUTO'는
미국교과서 영어작문과 문법(English Composition, Writing and Grammar) 과정에서
사용하는 Diagramming Guide 즉 리드 켈로그 다이어그램 (Reed & Kellogg Diagram)
[문장의 주요한 부분인 주어와 동사, 목적어/보어 등을 먼저 생각하여 만들고 난 다음,
수식어인 형용사와 부사 등을 추가하고, 나아가 청킹부사구, 절을 추가하여
단계적으로 문장을 만들어 가면서 영어 언어구조를 익히는 방법]을
단순화하여 응용한 독자적이고 창의적인 프로그램입니다.

자신이 표현하고자 하는 내용을
생각단계 하나에서는 청킹동사구[청킹동사+목적어/보어],
생각단계 둘에서는 청킹부사(구, 절), 등위절, 명사구(절), 형용사구(절) 등으로
먼저 얼개짜기Outlinging를 합니다.
집을 짓고자 한다면,
무턱대고 기둥을 세울 것이 아니라,
어떤 기둥을 어디에 어떻게 세울 것인가 먼저 생각하는 것이 순서에 맞지 않을까요?

유창하게 영어를 잘 하기 위해서는,
단순히 따라 하는 언어적 표현과 단편적인 어휘를 배우기 이전에,
영어 언어구조를 먼저 배워야 합니다.
영어 언어구조를 이해하면

자신만의 표현을 자신만의 언어로 영어로 말할 수 있게 됨은 물론,
자신이 표현하고자 하는 어떠한 문장도 자유로이 영어로 말할 수 있게 됩니다.

● **정보를 기억하는 가장 효과적인 방법인 시각적 청킹Chunking**

일상생활에서 얻어지는 정보나 숫자들을 기억하기 위해서
의미덩어리 청킹Chunking의 원리를 적절히 이용한 많은 기억법들이 있습니다.
전화번호를 끊어서 외는 방법이 대표적인 경우입니다.
대부분의 이러한 기억법의 특징은
특별한 방법으로 의미덩어리를 적절하게 묶어내는 것입니다.

시각적으로 이해 기억 활용하기 쉬운 연결망과 개념도를 이용하거나,
지리공부에서 국가들을 그들의 지리적 위치에 따라 묶는 그루핑(grouping) 기억법들은
학습자들에게 정보가 어떻게 관련시키는지,
즉 그들이 이미 가지고 있는 정보와
새로운 정보를 서로 연결하여 기억을 하는 데에 많은 도움을 줍니다.

여기에 소개하는
리드 켈로그 다이어그램 (Reed & Kellogg Diagram)인
미국교과서 영어작문 문법 Diagraming Sentences 시각적 청킹Chunking은,
영어 언어구조의 주요한 부분을 아주 쉽게 이해 기억 활용하도록 하여 줍니다.
영어 문법을 공부하지 않아도 영어적 어순에 따른 영어적 사고를 숙달하도록 하여,
의사소통을 위한 의미덩어리 청킹Chunking을 기억하도록 하는,
획기적인 기억력 향상 방법입니다.

＊생활회화 완성을 위해서는 기본적인 위의 3가지 문장구조 훈련만으로도 충분합니다.
보다 자세한 영어 언어구조 학습은 '청킹 스피킹 AUTO' 홈페이지를 참조하시기 바랍니다.

## 4. 영어공부의 뉴 패러다임, 의미덩어리 청킹Chunking 학습법

● 골프, 테니스, 야구에서 스위트 스팟Sweet Spot이 있다면,
영어에는 의미덩어리 청킹Chunking을 활용한
"청킹 스피킹 AUTO"가 있다!

예를 들면 골프의 스윙은 한순간에 이루어지지만,
분해하면 여러 단계로 나누어집니다.
어드레스-테이크 어웨이-백스윙-톱-다운스윙-임팩트-피니쉬 등으로…
골프 선수들은 이러한 매 단계 단계를 반복 숙달하여,
하나의 완벽한 스윙을 나중에 만듭니다.
단번에 결코 완벽한 스윙이 만들어지지 않습니다.

영어의 문장 완성을 하나의 거대한 회로라고 가정합니다.
이 문장을 분해하여 의사소통이 가능한 의미덩어리 청킹Chunking 단위로 나눕니다.
나누어진 각각의 의미덩어리 청킹Chunking 단위를 반복 학습하여 숙달하도록 합니다.
나중에 이를 결합하여 완벽한 하나의 문장이 쉽게 만들어지도록 합니다.

얼마 전 런던올림픽 체조에서 금메달을 딴 양학선 선수에게는 자신만의 독창적인
기술인 '양1' 이라는 창의적인 비법이 있었습니다.
또한 신체적 불리함을 넘어 메달을 획득한 펜싱선수들에게는 '빠른 발을 이용하는 펜싱'
이라는 창의적인 경기운영이 있었습니다.
세계와 소통하는 창의적인 인재(Creative Leader)가 되기 위하여
최소한 터득하여야 하는 영어의 비법은
1) 의미덩어리 청킹Chunking 학습법과
2) 리드 켈로그 다이어그램 (Reed & Kellogg Diagram) 학습법 이라고 생각합니다.

이 교재는
영어로 아주 쉽게 의사소통이 가능한 즉 커뮤니케이션이 이루어질 수 있는,
2개 이상의 단어가 모인 그러나 완전한 문장에는 이르지 않는,
동사구 부사구 형용사구 명사구 위주의 의미덩어리 청킹Chunking 단위를 기준으로
하여 편집하였습니다.


● **지금까지 아무도 구체적으로 가르쳐 주지 않았던,
　의미덩어리 청킹Chunking 학습법**

영어를 유창하게 하는 사람들은
누구나 '청킹Chunking 기법'으로 공부할 것을 권장합니다.
그러나 지금까지 아무도 구체적으로 어떻게 학습하여야 하는지를 가르쳐주지
않았습니다.
단지 소개만 했을 뿐입니다.
어떻게 가야하는지 구체적인 방법을 가르쳐 주지 않은 채,
단지 열심히 하라고만 했습니다.

**의미덩어리 청킹Chunking을 알면, 영어를 저절로 말하게 됩니다!!!**
의미덩어리 청킹Chunking으로 학습하는
'청킹 스피킹 AUTO'는 영어교육의 새로운 혁신(Innovation)으로,
창의적 영어 언어교육을 위한 '영어 언어구조 학습 프로그램'입니다.
의미덩어리 청킹Chunking으로 학습하는
'청킹 스피킹 AUTO'는 영어교육의 뉴 패러다임(New Paradigm)입니다.

You will get well in a few days. 이라는 문장에서
get well(건강을 회복하다)과 in a few days(며칠 후에)는
각각 하나의 의미덩어리 청킹Chunking입니다.

*단어 get, 단어 well 그리고 합쳐진 get well - 이렇게 우리는 3번 생각하였습니다.
단어 in, 단어 a, 단어 few, 단어 days, 그리고 합쳐진 in a few days - 이렇게 우리는 5번 생각하였습니다.*

그러나 의미덩어리 청킹Chunking 학습법에서 get well은,
한 개의 의미덩어리 청킹Chunking이므로 1개의 단어처럼 단지 한 번만 생각합니다.
의미덩어리 청킹Chunking 학습법에서는 in a few days는,
한개의 의미덩어리 청킹Chunking이므로 1개의 단어처럼 단지 한 번만 생각합니다.
세 번 생각하던 것을 한 번에,
다섯 번 생각하던 것을 한 번에 생각하고 이해 기억 활용한다면
영어의 속도speed가 빨라지고, 영어적 감각이 향상되는 것은 당연하지 않을까요?

세계와 소통하는 창의적 인재(Creative Leader)를 육성하는
의미덩어리 청킹Chunking 학습법의 그 놀라운 효과를 지금 느껴 보십시요!!!

# CHUNKING SPEAKING AUTO 01

## 기본표현

인사
감정표현
의견표현
대화
이성교제
초대
약속
⋮

# CHUNKING SPEAKING AUTO

| unit 1 | ask a question | 「묻다 질문을」 | 020 |
| unit 2 | ask somebody | 「요청하다 누구에게」 | 021 |
| unit 3 | be afraid | 「이다 유감인」 | 022 |
| unit 4 | be ages | 「이다 오랫동안인」 | 023 |
| unit 5 | be all right | 「이다 괜찮은」 | 024 |
| unit 6 | be angry | 「이다 화난」 | 025 |
| unit 7 | be ashamed | 「이다 부끄러운」 | 026 |
| unit 8 | be crazy | 「이다 정상이 아닌」 | 027 |
| unit 9 | be a date | 「이다 날짜인」 | 028 |
| unit 10 | be an end | 「이다 끝인」 | 029 |
| unit 11 | be one's fault | 「이다 누구의 잘못인」 | 030 |
| unit 12 | be a gift | 「이다 선물인」 | 031 |
| unit 13 | be glad | 「이다 기쁜」 | 032 |
| unit 14 | be the matter | 「이다 문제인」 | 033 |
| unit 15 | be none | 「이다 아무 것도 아닌」 | 034 |
| unit 16 | be single | 「이다 미혼인」 | 035 |
| unit 17 | be sorry | 「이다 미안한」 | 036 |
| unit 18 | be time | 「이다 시간인」 | 037 |
| unit 19 | bear it | 「참다 그것을」 | 038 |
| unit 20 | bring somebody | 「오게 하다 누구를」 | 039 |
| unit 21 | come true | 「되다 현실로」 | 040 |
| unit 22 | do a favor | 「하다 부탁을」 | 041 |
| unit 23 | do it | 「하다 그것을」 | 042 |
| unit 24 | excuse me | 「용서하다 나를」 | 043 |
| unit 25 | explain a point | 「설명하다 요점을」 | 044 |
| unit 26 | express sympathy | 「표현하다 연민을」 | 045 |
| unit 27 | fall asleep | 「되다 잠든」 | 046 |
| unit 28 | feel better | 「느끼다 더 좋은」 | 047 |
| unit 29 | feel the same way | 「느끼다 상황을」 | 048 |
| unit 30 | find fault | 「찾다 흠을」 | 049 |
| unit 31 | give an answer | 「주다 대답을」 | 050 |
| unit 32 | give somebody a chance | 「주다 누구에게 기회를」 | 051 |
| unit 33 | give somebody a hand | 「주다 누구에게 일손을」 | 052 |
| unit 34 | give regards | 「전하다 안부를」 | 053 |
| unit 35 | go wrong | 「되다 잘못된」 | 054 |
| unit 36 | have an appointment | 「있다 약속을」 | 055 |
| unit 37 | have a choice | 「하다 선택을」 | 056 |
| unit 38 | have a feeling | 「가지다 느낌을」 | 057 |
| unit 39 | have an idea | 「있다 생각을」 | 058 |

# 7

| | | | |
|---|---|---|---|
| unit 40 | have a party | 「하다 파티를」 | 059 |
| unit 41 | have a plan | 「있다 계획을」 | 060 |
| unit 42 | have a problem | 「있다 문제를」 | 061 |
| unit 43 | have a question | 「있다 질문을」 | 062 |
| unit 44 | have time | 「있다 시간을」 | 063 |
| unit 45 | hear something | 「듣다 무엇을」 | 064 |
| unit 46 | help somebody | 「도와주다 누구를」 | 065 |
| unit 47 | hesitate to call | 「주저하다 전화하는 것을」 | 066 |
| unit 48 | introduce somebody | 「소개하다 누구를」 | 067 |
| unit 49 | look familiar | 「보이다 익숙한」 | 068 |
| unit 50 | look good | 「보이다 좋은」 | 069 |
| unit 51 | lose one's temper | 「잃다 누구의 성질을」 | 070 |
| unit 52 | make a decision | 「하다 결정을」 | 071 |
| unit 53 | make an effort | 「하다 노력을」 | 072 |
| unit 54 | make an excuse | 「하다 변명을」 | 073 |
| unit 55 | make it | 「되게 하다 그것을」 | 074 |
| unit 56 | make a mistake | 「하다 실수를」 | 075 |
| unit 57 | make a resolution | 「하다 결심을」 | 076 |
| unit 58 | make a speech | 「하다 연설을」 | 077 |
| unit 59 | meet each other | 「만나다 서로서로」 | 078 |
| unit 60 | pay attention | 「하다 주의를」 | 079 |
| unit 61 | put one's hands | 「두다 누구의 손을」 | 080 |
| unit 62 | raise a voice | 「높이다 목소리를」 | 081 |
| unit 63 | run late | 「되다 늦은」 | 082 |
| unit 64 | see somebody | 「만나다 (애인으로) 누구를」 | 083 |
| unit 65 | see you | 「보다 너를」 | 084 |
| unit 66 | set a date | 「정하다 날짜를」 | 085 |
| unit 67 | stay awake | 「계속하다 깨어있는」 | 086 |
| unit 68 | take one's advice | 「받아들이다 누구의 충고를」 | 087 |
| unit 69 | take the blame | 「받다 비난을」 | 088 |
| unit 70 | take a break | 「취하다 짧은 휴식을」 | 089 |
| unit 71 | take care | 「하다 주의를」 | 090 |
| unit 72 | take the opportunity | 「잡다 기회를」 | 091 |
| unit 73 | take one's time | 「가지다 시간을」 | 092 |
| unit 74 | take a walk | 「하다 산책을」 | 093 |
| unit 75 | thank you | 「감사하다 너에게」 | 094 |
| unit 76 | wipe one's eyes | 「닦다 눈물을」 | 095 |
| unit 77 | wish you the best | 「바라다 너가 최고인」 | 096 |

CHUNKING SPEAKING AUTO

# unit 1 : ask a question 「묻다 질문을」

누구에게「질문을 하다」의미로 쓰인다.
질문의 대상에 대한 것은 전치사 about~를 사용하여 표현한다.

| 주어 [명사, 명사구, 명사절] | 동사 ask | 목적어 question |
|---|---|---|
| 형용사 | 부사 | 형용사 a |

**Tip** 의미덩어리 청킹 학습법에서는, 동사 ask와 목적어 a question을 각각의 세 단어가 아니라, **청킹동사구 ask a question**을 「질문을 하다」라는 한 개의 단어처럼 이해 기억 활용하며, 한 개의 의미덩어리 청킹이므로 머릿속에서 한 번만 생각합니다. 의미덩어리 청킹 학습법에서는, 부사구 about my bill을 각각의 세 단어가 아니라, **청킹부사구 about my bill**을 「나의 청구서에 대해」라는 한 개의 단어처럼 이해 기억 활용하며, 한 개의 의미덩어리 청킹이므로 머릿속에서 한 번만 생각합니다.

― 표현하고자 하는 내용 얼개짜기 Outlining ―

### step 1 청킹동사구
[청킹동사 + 목적어 / 보어]

ask a question, 묻다 질문을
ask somebody a question, 묻다 누구에게 질문을
ask somebody a question, 묻다 누구에게 질문을
ask somebody a question, 묻다 누구에게 질문을
ask somebody a question, 묻다 누구에게 질문을

**+**

### step 2 청킹부사(구, 절)
등위절, 명사구(절), 형용사구(절)

about my bill, 나의 청구서에 대해
about your hobby, 너의 취미에 대해
about the progress, 절차에 대해
for this survey, 이 조사에 대해
about your problem, 너의 문제에 대해

step 1 + step 2를 결합하여 완전한 문장으로

### step 3 청킹 문장 만들기
문장의 형태(긍정문, 부정문, 의문문, 명령문, 감탄문), 동사의 시제, 수(단수, 복수), 태(능동, 수동)를 생각하면서

I would like to ask a question about my bill. 나는 묻기를 원하다 질문을 나의 청구서에 대해
Can I ask you a personal question about your hobby? 내가 물어볼까 너에게 개인적인 질문을 너의 취미에 대해?
May I ask you a question about the progress? 내가 물어볼까 너에게 질문을 절차에 대해?
I ask you a couple of questions for this survey. 나는 묻다 너에게 몇 개의 질문을 이 조사에 대해
Let me ask you some specific questions about your problem. 하게하라 묻는 너에게 구체적인 질문들을 너의 문제에 대해

 이해 · 기억 · 활용하여할 **의미덩어리 청킹 – 1개의 단어처럼** 생각하세요. ^O^
ask a question / ask a personal question/ ask a couple of questions/ ask some specific questions/ about my bill/ about your hobby/ about the progress/ about your problem/ for this survey

# unit 2 · ask somebody 「요청하다 누구에게」

특히 이성간에 교제를 위한 데이트를 「누구에게 요청하다」 의미로 쓰인다.
ask out~, go on a date~, go out~ 등도 이성에게 데이트를 신청할 때 사용하는 표현이다.

| 주어 [명사, 명사구, 명사절] | 동사 ask | 목적어 somebody |
|---|---|---|
| 형용사 | 부사 | 형용사 |

**Tip** 의미덩어리 청킹 학습법에서는, 동사 ask와 목적어 somebody를 각각의 두 단어가 아니라, **청킹동사구** ask somebody 를 「누구에게 요청하다」라는 **한 개의 단어처럼** 이해 기억 활용하며, 한 개의 의미덩어리 청킹이므로 머릿속에서 한 번만 생각합니다. 의미덩어리 청킹 학습법에서는, 부사구 for a date를 각각의 세 단어가 아니라, **청킹부사구** for a date를 「데이트를」이라는 **한 개의 단어처럼** 이해 기억 활용하며, 한 개의 의미덩어리 청킹이므로 머릿속에서 한 번만 생각합니다.

---

**표현하고자 하는 내용 얼개짜기 Outlining**

### step 1 청킹동사구
[청킹동사 + 목적어 / 보어]

| | |
|---|---|
| ask somebody, | 요청하다 누구에게 |
| ask somebody, | 요청하다 누구에게 |
| ask somebody out, | 데이트를 신청하다 누구에게 |
| ask somebody out, | 데이트를 신청하다 누구에게 |
| go, | 가다 |

### step 2 청킹부사(구, 절)
등위절, 명사구(절), 형용사구(절)

| | |
|---|---|
| for a date, | 데이트를 |
| for a date/ again/ tonight, | 데이트를 다시 오늘 저녁 |
| if you like her, | 만약 너가 좋아하면 그녀를 |
| on a date, | 데이트를 |
| on a date/ with you/ on Saturday, | 데이트를 너와 함께 토요일에 |

**step 1 + step 2를 결합하여 완전한 문장으로**

### step 3 청킹 문장 만들기
문장의 형태(긍정문, 부정문, 의문문, 명령문, 감탄문), 동사의 시제, 수(단수, 복수), 태(능동, 수동)를 생각하면서

| | |
|---|---|
| Could I ask you for a date? | 내가 요청할까 너에게 데이트를? |
| I will ask her for a date again tonight. | 나는 요청할 것이다 그녀에게 데이트를 다시 오늘 저녁 |
| Why don't you ask her out if you like her? | 어떠니 너는 데이트를 신청하는 그녀에게 만약 너가 좋아하면 그녀를? |
| I would like to ask you out on a date. | 나는 데이트를 신청하기를 원하다 너에게 |
| I would like to go on a date with you on Saturday. | 나는 하기를 원하다 데이트를 너와 함께 토요일에 |

---

 이해 · 기억 · 활용하여할 **의미덩어리 청킹 – 1개의 단어처럼** 생각하세요. ^0^

ask somebody/ ask somebody out/ go on a date/ for a date/ on a date/ with you/ on Saturday/ if you like her

## unit 3 be afraid 「이다 유감인」

유감스러운 내용을 말할 때 예의상 덧붙이는 표현으로 「유감이다」 의미로 쓰인다. 그중에서도 특히 상대방과 약속을 했지만 사정상 유감스럽게 「갈 수 없다」고 얘기할 때는 I can't come~, I can't make it~을 사용하여 표현한다.

| 주어 [명사, 명사구, 명사절] | 동사 be | 보어 afraid |
|---|---|---|
| 형용사 | 부사 | 부사 |

**Tip** 의미덩어리 청킹 학습법에서는, 동사 be와 보어 afraid를 각각의 두 단어가 아니라, **청킹동사구 be afraid**를 「유감이다」라는 **한 개의 단어처럼** 이해 기억 활용하며, 한 개의 의미덩어리 청킹이므로 머릿속에서 한 번만 생각합니다. 의미덩어리 청킹 학습법에서는, 부사절 I can't make it을 각각의 네 단어가 아니라, **청킹부사절 I can't make it**을 「나는 갈 수 없다」라는 **한 개의 단어처럼** 이해 기억 활용하며, 한 개의 의미덩어리 청킹이므로 머릿속에서 한 번만 생각합니다.

### 표현하고자 하는 내용 얼개짜기 Outlining

**step 1 청킹동사구**
[청킹동사 + 목적어 / 보어]

| be afraid, | 이다 유감인 |
| be afraid, | 이다 유감인 |
| be afraid, | 이다 유감인 |
| be sorry, | 이다 미안한 |
| be sorry, | 이다 미안한 |

**step 2 청킹부사(구, 절)**
등위절, 명사구(절), 형용사구(절)

| I can't be there, | 나는 갈 수 없다 거기에 |
| I won't be able to come. | 나는 할 수 없을 것이다 가는 |
| I can't make it/ tonight, | 나는 갈 수 없다 오늘 저녁 |
| I can't come, | 나는 갈 수 없다 |
| I can't make it/ at that time, | 나는 갈 수 없다 그 시간에 |

**step 1 + step 2를 결합하여 완전한 문장으로** ↓

**step 3 청킹 문장 만들기**
문장의 형태(긍정문, 부정문, 의문문, 명령문, 감탄문), 동사의 시제, 수(단수, 복수), 태(능동, 수동)를 생각하면서

| I am afraid I can't be there. | 나는 이다 유감인 나는 갈 수 없다 거기에 |
| I am afraid I won't be able to come. | 나는 이다 유감인 나는 할 수 없을 것이다 가는 |
| I am afraid I can't make it tonight. | 나는 이다 유감인 나는 갈 수 없다 오늘 저녁 |
| I am sorry I can't come. | 나는 이다 미안한 나는 갈 수 없다 |
| I am sorry I can't make it at that time. | 나는 이다 미안한 나는 갈 수 없다 그 시간에 |

 이해 · 기억 · 활용하여할 **의미덩어리 청킹 − 1개의 단어처럼** 생각하세요. ^0^

be afraid/ be sorry/ I can't make it/ I can't come/ I won't be able to come/ I can't be there/ at that time

# be ages 「이다 오랫동안인」

「오랫동안의 시간이 흘렀다」 의미로 쓰인다.
오랜만에 누구를 만났을 때에 since절~을 사용하여 「그것은 이다 오랜 시간인 ~한 이래로」 형태로 표현한다.

주어 [명사, 명사구, 명사절] | 동사 be | 보어 ages
형용사 | 부사 | 형용사

**Tip** 의미덩어리 청킹 학습법에서는, 동사 be와 보어 ages를 각각의 두 단어가 아니라, **청킹동사구** be ages를 「오랫동안의 시간이 흘렀다」라는 **한 개의 단어처럼** 이해 기억 활용하며, 한 개의 의미덩어리 청킹이므로 머릿속에서 한 번만 생각합니다.
의미덩어리 청킹 학습법에서는, 부사절 since I saw you를 각각의 네 단어가 아니라, **청킹부사절** since I saw you를 「내가 너를 본 이래로」라는 **한 개의 단어처럼** 이해 기억 활용하며, 한 개의 의미덩어리 청킹이므로 머릿속에서 한 번만 생각합니다.

표현하고자 하는 내용 얼개짜기 Outlining

### step 1 청킹동사구
[청킹동사 + 목적어 / 보어]

be ages, 이다 오랫동안인
be time, 이다 시간인
be time, 이다 시간인
be time, 이다 시간인
be a while, 이다 시간인

### step 2 청킹부사(구, 절)
등위절, 명사구(절), 형용사구(절)

since we met, 이래로 우리가 만난
since I saw you last, 이래로 내가 본 너를 마지막으로
since I saw you, 이래로 내가 본 너를
since we met, 이래로 우리가 만난
since we met, 이래로 우리가 만난

step 1 + step 2를 결합하여 완전한 문장으로

### step 3 청킹 문장 만들기
문장의 형태(긍정문, 부정문, 의문문, 명령문, 감탄문), 동사의 시제, 수(단수, 복수), 태(능동, 수동)를 생각하면서

It has been ages since we met. | 그것은 이다 오랫동안인 이래로 우리가 만난
It has been a long time since I saw you last. | 그것은 이다 오랜 시간인 이래로 내가 본 너를 마지막으로
It has been almost a month since I saw you. | 그것은 이다 십년인 이래로 내가 본 너를
It has been ten years since we met. | 그것은 이다 십년인 이래로 우리가 만난
It has been a while since we met. | 그것은 이다 오랜 시간인 이래로 우리가 만난

**!** 이해 · 기억 · 활용하여할 **의미덩어리 청킹 - 1개의 단어처럼** 생각하세요. ^0^

be ages/ be a long time/ be almost a month/ be ten years/ be a while/ since I saw you/ since we met

# unit 5 · be all right 「이다 괜찮은」

「괜찮다, 무사하다, 받아들일 만하다」 의미로 쓰인다. 걱정하지 말라고 하면서「모든 것이 다 좋아질 것이다」라고 말할 때는 Everything will be all right~로 표현한다. 괜찮은 것의 내용은 뒤에 전치사 with~을 사용하여 표현한다.

| 주어 [명사, 명사구, 명사절] | 동사 be | 보어 all right |
|---|---|---|
| 형용사 | 부사 | 부사 |

**Tip** 의미덩어리 청킹 학습법에서는, 동사 be와 보어 all right를 각각의 세 단어가 아니라, **청킹동사구** be all right를「괜찮다」라는 **한 개의 단어처럼** 이해 기억 활용하며, 한 개의 의미덩어리 청킹이므로 머릿속에서 한 번만 생각합니다. 의미덩어리 청킹 학습법에서는, 부사구 with your food를 각각의 세 단어가 아니라, **청킹부사구** with your food를「너의 음식에」라는 **한 개의 단어처럼** 이해 기억 활용하며, 한 개의 의미덩어리 청킹이므로 머릿속에서 한 번만 생각합니다.

## 표현하고자 하는 내용 얼개짜기 Outlining

**step 1 청킹동사구** [청킹동사 + 목적어 / 보어]

| be all right, | 이다 괜찮은 |
|---|---|
| be all right, | 이다 괜찮은 |
| be all right, | 이다 괜찮은 |
| be all right, | 이다 괜찮은 |
| be all right, | 이다 괜찮은 |

**step 2 청킹부사(구, 절)** 등위절, 명사구(절), 형용사구(절)

| soon, | 곧 |
|---|---|
| with me, | 나에게 |
| with me, | 나에게 |
| with your food, | 너의 음식에 |
| with your room, | 너의 방에 |

**step 1 + step 2를 결합하여 완전한 문장으로**
↓

**step 3 청킹 문장 만들기**
문장의 형태(긍정문, 부정문, 의문문, 명령문, 감탄문), 동사의 시제, 수(단수, 복수), 태(능동, 수동)를 생각하면서

| You will be all right soon. | 너는 일 것이다 괜찮은 곧 |
|---|---|
| It is all right with me. | 그것은 이다 괜찮은 나에게  *나는 괜찮다. |
| Any time is all right with me. | 언제라도 이다 괜찮은 나에게 |
| Is everything all right with your food? | (식당에서) 모든 것이 이느냐 괜찮은 너의 주문한 음식에? |
| Was everything all right with your room? | (숙박 후) 모든 것이 이었느냐 괜찮은 너의 방에? |

 이해 · 기억 · 활용하여할 **의미덩어리 청킹 - 1개의 단어처럼** 생각하세요. ^0^
be all right/ with me/ with your food/ with your room

## unit 6 — be angry 「이다 화난」

「화가 나다」 의미로 감정을 표현할 때 쓰인다.
be mad at~을 사용하여 표현하기도 하며, 냉정하게 대하는 것은 be hard on~으로 표현한다.

| 주어 [명사, 명사구, 명사절] | 동사 be | 보어 angry |
|---|---|---|
| 형용사 | 부사 | 부사 |

**Tip** 의미덩어리 청킹 학습법에서는, 동사 be와 보어 angry를 각각의 두 단어가 아니라, **청킹동사구** be angry를 「화가 나다」라는 **한 개의 단어처럼** 이해 기억 활용하며, 한 개의 의미덩어리 청킹이므로 머릿속에서 한 번만 생각합니다. 의미덩어리 청킹 학습법에서는, 부사구 on that score를 각각의 세 단어가 아니라, **청킹부사구** on that score를 「그 점에 대해」라는 **한 개의 단어처럼** 이해 기억 활용하며, 한 개의 의미덩어리 청킹이므로 머릿속에서 한 번만 생각합니다.

── 표현하고자 하는 내용 얼개짜기 Outlining ──

### step 1 청킹동사구
[청킹동사 + 목적어 / 보어]

| be angry, | 이다 화난 |
| be angry, | 이다 화난 |
| be mad, | 이다 화난 |
| be mad, | 이다 화난 |
| be hard, | 이다 냉정한 |

### step 2 청킹부사(구, 절)
등위절, 명사구(절), 형용사구(절)

| with me/ on that score, | 나에게 그 점에 대해 |
| with me, | 나에게 |
| at me, | 나에게 |
| about that, | 그것에 대해 |
| on me, | 나에게 |

step 1 + step 2를 결합하여 완전한 문장으로
↓

### step 3 청킹 문장 만들기
문장의 형태(긍정문, 부정문, 의문문, 명령문, 감탄문), 동사의 시제, 수(단수, 복수), 태(능동, 수동)를 생각하면서

| Are you angry with me on that score? | 너는 이느냐 화난 나에게 그 점에 대해? |
| Why are you so angry with me? | 왜 이느냐 너는 그렇게 화난 나에게? |
| Are you mad at me? | 너는 이느냐 화난 나에게? |
| Don't be mad about that. | 화내지 마라 그것에 대해 |
| Don't be so hard on me. | 하지마라 그렇게 구박하는 나에게 |

 이해 · 기억 · 활용하여할 **의미덩어리 청킹 — 1개의 단어처럼** 생각하세요. ^0^

be angry/ be mad/ be hard/ on me/ with me/ at me/ on that score

# unit 7 be ashamed 「이다 부끄러운」

「부끄럽다, 창피하다, 수치스럽다」 의미로 감정을 표현할 때 쓰인다. 부끄러운 내용에 대해서는 뒤에 전치사 of~를 사용하며, 특히 to부정사~가 올 때에는 「~하는 것을 꺼리다」는 의미로 사용함을 주의한다.

| 주어 [명사, 명사구, 명사절] | 동사 be | 보어 ashamed |
|---|---|---|
| 형용사 | 부사 | 부사 |

**Tip** 의미덩어리 청킹 학습법에서는, 동사 be와 보어 ashamed를 각각의 두 단어가 아니라, **청킹동사구** be ashamed를 「부끄럽다」라는 **한 개의 단어처럼** 이해 기억 활용하며, 한 개의 의미덩어리 청킹이므로 머릿속에서 한 번만 생각합니다. 의미덩어리 청킹 학습법에서는, 부사구 of such a thing을 각각의 네 단어가 아니라, **청킹부사구** of such a thing을 「그러한 일에 대해」라는 **한 개의 단어처럼** 이해 기억 활용하며, 한 개의 의미덩어리 청킹이므로 머릿속에서 한 번만 생각합니다.

⎯⎯⎯ 표현하고자 하는 내용 얼개짜기 Outlining ⎯⎯⎯

**step 1 청킹동사구**
[청킹동사 + 목적어 / 보어]

be ashamed,  이다 부끄러운
be ashamed,  이다 부끄러운
be ashamed,  이다 부끄러운
be ashamed,  이다 부끄러운
be ashamed,  이다 꺼리는

**+**

**step 2 청킹부사(구, 절)**
등위절, 명사구(절), 형용사구(절)

of such a thing,  그러한 일에 대해
of yourself/ to do so,  너 자신에게 하는 그렇게
of what I have done,  내가 한 것에 대해
after doing something/ like that,  어떤 것을 한 후에 그와 같은
to see you,  만나는 너를

step1+step2를 결합하여 완전한 문장으로

**step 3 청킹 문장 만들기**
문장의 형태(긍정문, 부정문, 의문문, 명령문, 감탄문), 동사의 시제, 수(단수, 복수), 태(능동, 수동)를 생각하면서

I am ashamed of such a thing.  나는 이다 부끄러운 그러한 일에 대해
You should be ashamed of yourself to do so.  너는 하여야 하다 부끄러운 너 자신에게 하는 그렇게
I am not ashamed of what I have done.  나는 아니다 부끄러운 내가 한 것에
Aren't you ashamed after doing something like that?  너는 이지 않느냐 부끄러운 어떤 것을 한 후에 그와 같은?
I am ashamed to see you.  나는 이다 꺼리는 만나는 너를

 이해·기억·활용하여할 **의미덩어리 청킹 – 1개의 단어처럼** 생각하세요. ^0^
be ashamed/ of such a thing/ of yourself/ to do so/ of what I have done/ after doing something/ like that/ to see you

## unit 8 be crazy 「이다 정상이 아닌」

말이나 행동이 「정상이 아니다, 말도 되지 않다」 의미로 감정을 표현할 때 쓰인다. 상대방을 강하게 비난하거나 자신에 대한 질책을 할 때 사용하는 표현이다. 「제 정신이 아니다」는 be out of mind~로 표현하기도 한다.

| 주어 [명사, 명사구, 명사절] | 동사 be | 보어 crazy |
|---|---|---|
| 형용사 | 부사 | 부사 |

> **Tip** 의미덩어리 청킹 학습법에서는, 동사 be와 보어 crazy를 각각의 두 단어가 아니라, **청킹동사구** be crazy를 「정상이 아니다」라는 **한 개의 단어처럼** 이해 기억 활용하며, 한 개의 의미덩어리 청킹이므로 머릿속에서 한 번만 생각합니다. 의미덩어리 청킹 학습법에서는, 부사구 to give up을 각각의 세 단어가 아니라, **청킹부사구** to give up을 「포기하는」이라는 **한 개의 단어처럼** 이해 기억 활용하며, 한 개의 의미덩어리 청킹이므로 머릿속에서 한 번만 생각합니다.

### 표현하고자 하는 내용 얼개짜기 Outlining

**step 1** 청킹동사구
[청킹동사 + 목적어 / 보어]

| be crazy, | 이다 정상이 아닌 |
| be crazy, | 이다 정상이 아닌 |
| be crazy, | 이다 정상이 아닌 |
| be, | 이다 |
| be, | 이다 |

**step 2** 청킹부사(구, 절)
등위절, 명사구(절), 형용사구(절)

| to give up/ now, | 포기하는 지금 |
| to lend him money, | 빌려주는 그에게 돈을 |
| to agree/ to this, | 동의하는 이것을 |
| out of your mind, | 제 정신이 아닌 |
| completely/ out of your mind, | 완전히 제 정신이 아닌 |

**step 1 + step 2를 결합하여 완전한 문장으로**

**step 3** 청킹 문장 만들기
문장의 형태(긍정문, 부정문, 의문문, 명령문, 감탄문), 동사의 시제, 수(단수, 복수), 태(능동, 수동)를 생각하면서

| It would be crazy to give up now. | 그것은 이다 정상이 아닌 포기하다니 지금 |
| You must be crazy to lend him money. | 너는 이다 정상이 아닌 빌려주다니 그에게 돈을 |
| I must have been crazy to agree to this. | 나는 틀림없다 제 정신이 아닌 동의하다니 이것을 |
| Are you out of your mind? | 너는 이느냐 제 정신이 아닌? |
| You are completely out of your mind. | 너는 이다 완전히 제 정신이 아닌 |

 이해 · 기억 · 활용하여할 **의미덩어리 청킹 – 1개의 단어처럼** 생각하세요. ^0^

be crazy/ to give up/ to lend him money/ to agree/ to this/ out of your mind

## unit 9 be a date 「이다 날짜인」

특정한 날짜로「몇 월 몇 일 이다」 의미로 쓰인다. 날짜는 date, 24시간 동안의 하루 날과 요일은 day 임을 유의한다. 그리고 특별한 날이 어떤 요일에 해당하는 경우 fall on~을 사용하여 표현한다.

| 주어 [명사, 명사구, 명사절] | 동사 be | 보어 date |
|---|---|---|
| 형용사 | 부사 | 형용사 a |

**Tip** 의미덩어리 청킹 학습법에서는, 동사 be와 보어 a date를 각각의 세 단어가 아니라, **청킹동사구** be a date를 「몇 월 몇 일 이다」라는 **한 개의 단어처럼** 이해 기억 활용하며, 한 개의 의미덩어리 청킹이므로 머릿속에서 한 번만 생각합니다. 의미덩어리 청킹 학습법에서는, 부사구 on the invoice를 각각의 세 단어가 아니라, **청킹부사구** on the invoice를 「청구서에」라는 **한 개의 단어처럼** 이해 기억 활용하며, 한 개의 의미덩어리 청킹이므로 머릿속에서 한 번만 생각합니다.

---표현하고자 하는 내용 얼개짜기 Outlining---

### step 1 청킹동사구
[청킹동사 + 목적어 / 보어]

| be a date, | 이다 날짜인 |
| be a date, | 이다 날짜인 |
| be a day, | 이다 요일인 |
| be a day, | 이다 날인 |
| fall on a Sunday, | 해당되다 일요일에 |

### step 2 청킹부사(구, 절)
등위절, 명사구(절), 형용사구(절)

| on the invoice, | 청구서에 |
| today, | 오늘 |
| today, | 오늘 |
| for all of us, | 우리 모두에게 |
| this year, | 금년에 |

step 1 + step 2를 결합하여 완전한 문장으로
↓

### step 3 청킹 문장 만들기
문장의 형태(긍정문, 부정문, 의문문, 명령문, 감탄문), 동사의 시제, 수(단수, 복수), 태(능동, 수동)를 생각하면서

| What is the date on the invoice? | 며칠 이느냐 날짜는 청구서에? |
| What date is it today? | 며칠 이느냐 오늘? |
| What day is it today? | 무슨 요일 이느냐 오늘? |
| This is a sad day for all of us. | 이것은 이다 슬픈 날인 우리 모두에게 |
| My birthday falls on a Sunday this year. | 나의 생일은 해당되다 일요일에 금년에 |

이해 · 기억 · 활용하여할 **의미덩어리 청킹 – 1개의 단어처럼** 생각하세요. ^O^

be a date/ be a day/ fall on a Sunday/ on the invoice/ for all of us/ this year

## unit 10 · be an end 「이다 끝인」

「끝이다, 최후이다, 종말이다」 의미로 쓰이며, 「어떤 것은 ~의 끝이다」라고 말할 때 사용하는 표현이다.
내용은 뒤에 전치사 of~를 사용하여 표현한다.

| 주어 [명사, 명사구, 명사절] | 동사 be | 보어 end |
|---|---|---|
| 형용사 | 부사 | 형용사 an |

**Tip** 의미덩어리 청킹 학습법에서는, 동사 be와 보어 an end를 각각의 세 단어가 아니라, **청킹동사구** be an end를 「끝이다」라는 **한 개의 단어처럼** 이해 기억 활용하며, 한 개의 의미덩어리 청킹이므로 머릿속에서 한 번만 생각합니다. 의미덩어리 청킹 학습법에서는, 부사구 of a great chapter를 각각의 네 단어가 아니라, **청킹부사구** of a great chapter를 「위대한 장의」라는 **한 개의 단어처럼** 이해 기억 활용하며, 한 개의 의미덩어리 청킹이므로 머릿속에서 한 번만 생각합니다.

### 표현하고자 하는 내용 얼개짜기 Outlining

**step 1 · 청킹동사구** [청킹동사 + 목적어 / 보어]

| | |
|---|---|
| be an end, | 이다 끝인 |
| be an end, | 이다 끝인 |
| be an end, | 이다 끝인 |
| be an end, | 이다 끝인 |
| be an end, | 이다 끝인 |

**step 2 · 청킹부사(구, 절)** 등위절, 명사구(절), 형용사구(절)

| | |
|---|---|
| of a great chapter, | 위대한 장의 |
| of an era/ as far as I'm concerned, | 시대의 내가 아는 한 |
| of the story, | 이야기의 |
| for me, | 나에게 |
| of this matter, | 이 문제의 |

**step 1 + step 2를 결합하여 완전한 문장으로**

**step 3 · 청킹 문장 만들기**
문장의 형태(긍정문, 부정문, 의문문, 명령문, 감탄문), 동사의 시제, 수(단수, 복수), 태(능동, 수동)를 생각하면서

| | |
|---|---|
| It is an end of a great chapter. | 그것은 이다 끝인 위대한 장의 |
| It is an end of an era as far as I'm concerned. | 그것은 이다 끝인 한 시대의 내가 아는 한 |
| This is the end of the story. | 이것은 이다 끝인 이야기의 |
| This is not the end for me. | 이것은 아니다 끝인 나에게    *아직 끝난 것은 아니다. |
| This is not the end of this matter. | 이것은 아니다 끝인 이 문제의 |

 이해 · 기억 · 활용하여할 **의미덩어리 청킹 – 1개의 단어처럼** 생각하세요. ^O^

be an end/ of a great chapter/ of an era/ as far as I'm concerned/ of the story/ for me/ of this matter

## unit 11 — be one's fault 「이다 누구의 잘못인」

「누구의 잘못이다, 누구의 책임이다」 의미로 쓰이며, 잘못한 부분은 that절~을 사용하여 표현한다. 간단히 「내 잘못이다」는 It's my fault~로 표현한다.

| 주어 [명사, 명사구, 명사절] | 동사 be | 보어 fault |
|---|---|---|
| 형용사 | 부사 | 형용사 my |

**Tip** 의미덩어리 청킹 학습법에서는, 동사 be와 보어 my fault를 각각의 세 단어가 아니라, **청킹동사구 be my fault**를 「나의 잘못이다」라는 한 개의 단어처럼 이해 기억 활용하며, 한 개의 의미덩어리 청킹이므로 머릿속에서 한 번만 생각합니다. 의미덩어리 청킹 학습법에서는, 부사절 that we were late를 각각의 네 단어가 아니라, **청킹부사절 that we were late**를 「우리들이 늦었던 것」이라는 한 개의 단어처럼 이해 기억 활용하며, 한 개의 의미덩어리 청킹이므로 머릿속에서 한 번만 생각합니다.

### 표현하고자 하는 내용 얼개짜기 Outlining

**step 1** 청킹동사구
[청킹동사 + 목적어 / 보어]

- be one's fault,    이다 누구의 잘못인
- be one's fault,    이다 누구의 잘못인
- be one's fault,    이다 누구의 잘못인
- be one's fault,    이다 누구의 잘못인
- be one's fault,    이다 누구의 잘못인

**+**

**step 2** 청킹부사(구, 절)
등위절, 명사구(절), 형용사구(절)

- that we were late,            우리들이 이었다 늦은
- that the accident happened,   사고가 발생했었다
- and I apologize,              그리고 나는 사과하다
- what happened,                무엇 발생했었다
- so you take responsibility/ for it,   그래서 너는 지다 책임을 그것에 대해

step1+step2를 결합하여 완전한 문장으로

**step 3** 청킹 문장 만들기
문장의 형태(긍정문, 부정문, 의문문, 명령문, 감탄문), 동사의 시제, 수(단수, 복수), 태(능동, 수동)를 생각하면서

| | |
|---|---|
| It is my fault that we were late. | 그것은 이다 나의 잘못인 우리들이 이었다 늦은 |
| It is my fault that the accident happened. | 그것은 이다 나의 잘못인 사고가 발생했었다 |
| It is my fault and I apologize. | 그것은 이다 나의 잘못인 그리고 나는 사과하다 |
| It is not your fault what happened. | 그것은 아니다 너의 잘못인 무엇 발생한 것은 |
| It is your fault, so you take responsibility for it. | 그것은 이다 너의 잘못인 그래서 너는 지다 책임을 그것에 대해 |

 이해 · 기억 · 활용하여할 **의미덩어리 청킹 − 1개의 단어처럼** 생각하세요. ^O^

be my fault/ be your fault/ that we were late/ that the accident happened/ and I apologize/ what happened/ so you take responsibility/ for it

## unit 12: be a gift 「이다 선물인」

형용사 small과 함께 「작은 선물이다」 의미로 쓰인다. 감사의 표시로 선물과 함께 건네면서 사용하는 표현이며, 명사 gift를 대신하여 token이나 something을 사용하기도 한다.

| 주어 [명사, 명사구, 명사절] | 동사 be | 보어 gift |
|---|---|---|
| 형용사 | 부사 | 형용사 a |

**Tip** 의미덩어리 청킹 학습법에서는, 동사 be와 보어 a gift를 각각의 세 단어가 아니라, 청킹동사구 be a gift를 「선물이다」라는 한 개의 단어처럼 이해 기억 활용하며, 한 개의 의미덩어리 청킹이므로 머릿속에서 한 번만 생각합니다. 의미덩어리 청킹 학습법에서는, 부사구 as a token of our gratitude를 각각의 여섯 단어가 아니라, 청킹부사구 as a token of our gratitude를 「우리들 감사의 표시로」라는 한 개의 단어처럼 이해 기억 활용하며, 한 개의 의미덩어리 청킹이므로 머릿속에서 한 번만 생각합니다.

---

**표현하고자 하는 내용 얼개짜기 Outlining**

### step 1 청킹동사구
[청킹동사 + 목적어 / 보어]

| | |
|---|---|
| be a gift, | 이다 선물인 |
| be something, | 이다 어떤 것인 |
| be a token, | 이다 표시인 |
| bring a gift, | 가져오다 선물을 |
| accept a gift, | 받다 선물을 |

**+**

### step 2 청킹부사(구, 절)
등위절, 명사구(절), 형용사구(절)

| | |
|---|---|
| for you, | 너를 위한 |
| for your birthday, | 너의 생일을 위한 |
| of my appreciation, | 나의 감사의 |
| for you, | 너를 위해 |
| as a token of our gratitude, | 표시로 우리들 감사의 |

step 1 + step 2를 결합하여 완전한 문장으로 ↓

### step 3 청킹 문장 만들기
문장의 형태(긍정문, 부정문, 의문문, 명령문, 감탄문), 동사의 시제, 수(단수, 복수), 태(능동, 수동)를 생각하면서

| | |
|---|---|
| This is a small gift for you. | 이것은 이다 작은 선물인 너를 위한 |
| This is a little something for your birthday. | 이것은 이다 작은 어떤 것인 너의 생일을 위한 |
| It is just a small token of my appreciation. | 그것은 이다 단지 작은 표시인 나의 감사의 작은 성의이다. |
| I brought a small gift for you. | 나는 가져왔다 작은 선물을 너를 위해 |
| Please accept this small gift as a token of our gratitude. | 받아라 이 작은 선물을 표시로 우리들 감사의 |

---

**!** 이해 · 기억 · 활용하여할 **의미덩어리 청킹 – 1개의 단어처럼** 생각하세요. ^O^

be a gift/ be a small gift/ be a little something/ bring a small gift/ accept this small gift/ for you/ for your birthday/ of my appreciation/ as a token of our gratitude

## unit 13 be glad 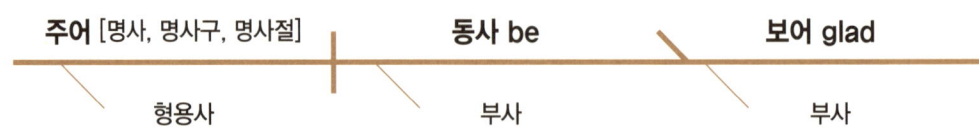 「이다 기쁜」

「기쁘다, 반갑다」 의미로 쓰이며, 처음 만났을 때 사용하는 인사 표현이다.
형용사 happy, honored, nice, pleased를 사용하기도 한다.

```
주어 [명사, 명사구, 명사절]      동사 be          보어 glad
        형용사                    부사              부사
```

**Tip** 의미덩어리 청킹 학습법에서는, 동사 be와 보어 glad를 각각의 두 단어가 아니라, **청킹동사구 be glad**를 「기쁘다」라는 한 개의 단어처럼 이해 기억 활용하며, 한 개의 의미덩어리 청킹이므로 머릿속에서 한 번만 생각합니다. 의미덩어리 청킹 학습법에서는, 부사구 to meet you를 각각의 세 단어가 아니라, **청킹부사구 to meet you**를 「너를 만나는」이라는 한 개의 단어처럼 이해 기억 활용하며, 한 개의 의미덩어리 청킹이므로 머릿속에서 한 번만 생각합니다.

표현하고자 하는 내용 얼개짜기 Outlining

### step 1 청킹동사구
[청킹동사 + 목적어 / 보어]

| be glad, | 이다 기쁜 |
| be happy, | 이다 행복한 |
| be honored, | 이다 영광인 |
| be nice, | 이다 좋은 |
| be pleased, | 이다 기쁜 |

### step 2 청킹부사(구, 절)
등위절, 명사구(절), 형용사구(절)

| to meet you, | 만나는 너를 |
| to meet you, | 만나는 너를 |
| to meet you, | 만나는 너를 |
| to meet you, | 만나는 너를 |
| to meet you, | 만나는 너를 |

step 1 + step 2를 결합하여 완전한 문장으로

### step 3 청킹 문장 만들기
문장의 형태(긍정문, 부정문, 의문문, 명령문, 감탄문), 동사의 시제, 수(단수, 복수), 태(능동, 수동)를 생각하면서

I am glad to meet you.                    나는 이다 기쁜 만나는 너를    *만나서 반갑다.
Happy to meet you.                        행복한 만나는 너를 *만나서 반갑다.
I am really honored to meet you.          나는 이다 정말로 영광인 만나는 너를    *만나서 영광이다.
Nice to meet you.                         좋은 만나는 너를  *만나서 반갑다.
Pleased to meet you.                      기쁜 만나는 너를  *만나서 기쁘다.

 이해 · 기억 · 활용하여할 **의미덩어리 청킹 – 1개의 단어처럼** 생각하세요. ^0^
be glad/ be happy/ be honored/ be nice/ be pleased/ to meet you

## unit 14  be the matter 「이다 문제인」

「문제가 있다」 의미로 쓰이며, 상대가 걱정스러워 보일 때 「무슨 일이야?, 괜찮아? (책망하여) 어떻게 된 거야?」며 물어 볼 때 사용하는 표현이다. 걱정의 대상은 전치사 with~을 사용하여 표현한다. 명사 problem, 형용사 wrong을 사용하여 표현하기도 한다.

```
주어 [명사, 명사구, 명사절]        동사 be          보어 matter
       형용사                      부사              형용사 the
```

**Tip** 의미덩어리 청킹 학습법에서는, 동사 be와 보어 the matter를 각각의 세 단어가 아니라, **청킹동사구 be the matter**를 「문제가 있다」라는 한 개의 단어처럼 이해 기억 활용하며, 한 개의 의미덩어리 청킹이므로 머릿속에서 한 번만 생각합니다. 의미덩어리 청킹 학습법에서는, 부사구 with your eyes를 각각의 세 단어가 아니라, **청킹부사구 with your eyes**를 「너의 눈에」라는 한 개의 단어처럼 이해 기억 활용하며, 한 개의 의미덩어리 청킹이므로 머릿속에서 한 번만 생각합니다.

---

표현하고자 하는 내용 얼개짜기 Outlining

### step 1  청킹동사구
[청킹동사 + 목적어 / 보어]

| | |
|---|---|
| be the matter, | 이다 문제인 |
| be the matter, | 이다 문제인 |
| be the matter, | 이다 문제인 |
| be a problem, | 이다 문제인 |
| be wrong, | 이다 잘못된 |

### step 2  청킹부사(구, 절)
등위절, 명사구(절), 형용사구(절)

| | |
|---|---|
| with you, | 너에게 |
| with your eyes, | 너의 눈에 |
| with the internet, | 인터넷에 |
| with your car, | 너의 차에 |
| with the new system, | 새로운 시스템에 |

step 1 + step 2를 결합하여 완전한 문장으로

### step 3  청킹 문장 만들기
문장의 형태(긍정문, 부정문, 의문문, 명령문, 감탄문), 동사의 시제, 수(단수, 복수), 태(능동, 수동)를 생각하면서

| | |
|---|---|
| What is the matter with you? | 무엇이 이느냐 문제인 너에게? * 무슨 문제가 있느냐? |
| What is the matter with your eyes? | 무엇이 이느냐 문제인 너의 눈에? |
| What is the matter with the internet? | 무엇이 이느냐 문제인 인터넷에? |
| What is the problem with your car? | 무엇이 이느냐 문제인 너의 차에? |
| What is wrong with the new system? | 무엇이 이느냐 잘못된 새로운 시스템에? |

 이해 · 기억 · 활용하여할 **의미덩어리 청킹 − 1개의 단어처럼** 생각하세요. ^O^

be the matter/ be a problem/ be wrong/ with you/ with your eyes/ with the internet/ with your car/ with the new system

## unit 15 — be none 「이다 아무것도 아닌」

「아무 것도 아닌 일이다」 의미로 쓰인다. 상관없는 일에 관여하려고 하거나 간섭하려고 할 때 「상관하지 마라, 관여하지 마라, 간섭하지 마라」라는 뜻으로 사용하는 표현이다. have nothing to do with~을 사용하여 표현하기도 한다.

| 주어 [명사, 명사구, 명사절] | 동사 be | 보어 none |
|---|---|---|
| 형용사 | 부사 | 형용사 |

**Tip** 의미덩어리 청킹 학습법에서는, 동사 be와 보어 none을 각각의 두 단어가 아니라, **청킹동사구 be none**을 「아무 것도 아닌 일이다」라는 **한 개의 단어처럼** 이해 기억 활용하며, 한 개의 의미덩어리 청킹이므로 머릿속에서 한 번만 생각합니다. 의미덩어리 청킹 학습법에서는, 부사구 of your business를 각각의 세 단어가 아니라, **청킹부사구 of your business**를 「너의 일의」라는 **한 개의 단어처럼** 이해 기억 활용하며, 한 개의 의미덩어리 청킹이므로 머릿속에서 한 번만 생각합니다.

― 표현하고자 하는 내용 얼개짜기 Outlining ―

### step 1 청킹동사구
[청킹동사 + 목적어 / 보어]

| | |
|---|---|
| be none, | 이다 아무것도 아닌 |
| be none, | 이다 아무것도 아닌 |
| be none, | 이다 아무것도 아닌 |
| have nothing, | 없다 어떤 것을 |
| have something, | 있다 어떤 것을 |

### step 2 청킹부사(구, 절)
등위절, 명사구(절), 형용사구(절)

| | |
|---|---|
| of your business, | 너의 일의 |
| of your concern, | 너의 관심의 |
| of my business, | 나의 일의 |
| to do/ with you, | 하는 너와 |
| to do/ with you, | 하는 너와 |

― step 1+ step 2를 결합하여 완전한 문장으로 ―

### step 3 청킹 문장 만들기
문장의 형태(긍정문, 부정문, 의문문, 명령문, 감탄문), 동사의 시제, 수(단수, 복수), 태(능동, 수동)를 생각하면서

| | | |
|---|---|---|
| It is none of your business. | 그것은 이다 아무것도 아닌 너의 일의 | *너가 상관할 일이 아니다. |
| This is none of your concern. | 이것은 이다 아무것도 아닌 너의 관심의 | *너가 상관할 일이 아니다. |
| It is none of my business. | 그것은 이다 아무것도 아닌 나의 일의 | *내가 상관할 일이 아니다 |
| It has nothing to do with you. | 그것은 없다 어떤 것 하는 너와 | *너와 상관이 없다. |
| It doesn't have anything to do with you. | 그것은 없다 어떤 것 하는 너와 | |

 이해 · 기억 · 활용하여할 **의미덩어리 청킹 – 1개의 단어처럼** 생각하세요. ^O^

be none/ have nothing to do/ have something to do/ of your business/ of your concern/ of my business/ with you

## unit 16  be single  「이다 미혼인」

「미혼이다, 독신이다」 의미로 쓰인다. 약혼은 engaged, 별거는 separated, 이혼은 divorced를 사용하여 표현한다. 그리고 be동사는 「~이다」라는 상태를, get동사는 「~되다」라는 동작에 중점을 두는 표현이다.

주어 [명사, 명사구, 명사절] / 동사 be / 보어 single
형용사 / 부사 / 부사

**Tip** 의미덩어리 청킹 학습법에서는, 동사 be와 보어 single을 각각의 두 단어가 아니라, **청킹동사구 be single**을 「미혼이다」라는 **한 개의 단어**처럼 이해 기억 활용하며, 한 개의 의미덩어리 청킹이므로 머릿속에서 한 번만 생각합니다. 의미덩어리 청킹 학습법에서는, 부사구 for ten years를 각각의 세 단어가 아니라, **청킹부사구 for ten years**를 「10년 동안」이라는 한 개의 **단어**처럼 이해 기억 활용하며, 한 개의 의미덩어리 청킹이므로 머릿속에서 한 번만 생각합니다.

---

표현하고자 하는 내용 얼개짜기 Outlining

### step 1 청킹동사구
[청킹동사 + 목적어 / 보어]

| be single, | 이다 미혼인 |
| be engaged, | 이다 약혼한 |
| be married, | 이다 결혼한 |
| be separated, | 이다 별거중인 |
| get divorced, | 되다 이혼한 |

### step 2 청킹부사(구, 절)
등위절, 명사구(절), 형용사구(절)

| and have a good time/ without guys, | 그리고 보내다 즐거운 시간을 남자 없이 |
| to Jane, | 제인과 |
| for ten years, | 10년 동안 |
| for five years, | 5년 동안 |
| recently, | 최근에 |

step1 + step2를 결합하여 완전한 문장으로 ↓

### step 3 청킹 문장 만들기
문장의 형태(긍정문, 부정문, 의문문, 명령문, 감탄문), 동사의 시제, 수(단수, 복수), 태(능동, 수동)를 생각하면서

| I am single and have a good time without guys. | 나는 이다 독신인 그리고 보내다 즐거운 시간을 남자 없이 |
| I am engaged to Jane. | 나는 이다 약혼한 제인과 |
| I have been married for ten years. | 나는 되었다 결혼한 10년 동안 |
| They were separated for five years. | 그들은 이었다 별거중인 5년 동안 |
| She got divorced recently. | 그녀는 되었다 이혼한 최근에 |

이해 · 기억 · 활용하여할 **의미덩어리 청킹 – 1개의 단어처럼** 생각하세요. ^O^
be single/ be engaged/ be married/ be separated/ get divorced/ and have a good time/ without guys/ to Jane/ for ten years/ for five years

# be sorry 「이다 미안한」

「미안하다, 죄송하다」 의미로 쓰인다. 어떤 일에 대하여 유감이나 사과, 미안한 마음을 얘기할 때 사용하는 표현이다. 미안한 마음의 내용은 뒤에 to부정사~ 또는 전치사 for~를 사용하여 표현한다.

주어 [명사, 명사구, 명사절] / 동사 be / 보어 sorry
형용사 / 부사 / 부사

**Tip** 의미덩어리 청킹 학습법에서는, 동사 be와 보어 sorry를 각각의 두 단어가 아니라, **청킹동사구 be sorry**를 「미안하다」라는 **한 개의 단어처럼** 이해 기억 활용하며, 한 개의 의미덩어리 청킹이므로 머릿속에서 한 번만 생각합니다. 의미덩어리 청킹 학습법에서는, 부사구 to trouble you를 각각의 세 단어가 아니라, **청킹부사구 to trouble you**를 「너를 귀찮게 하는」이라는 **한 개의 단어처럼** 이해 기억 활용하며, 한 개의 의미덩어리 청킹이므로 머릿속에서 한 번만 생각합니다.

― 표현하고자 하는 내용 얼개짜기 Outlining ―

### step 1 청킹동사구
[청킹동사 + 목적어 / 보어]

| be sorry, | 이다 미안한 |
| be sorry, | 이다 미안한 |
| be sorry, | 이다 미안한 |
| be sorry, | 이다 미안한 |
| be sorry, | 이다 미안한 |

### step 2 청킹부사(구, 절)
등위절, 명사구(절), 형용사구(절)

| to be/ so late, | 이다 너무 늦은 |
| to trouble you/ so often, | 귀찮게 하는 너를 너무 자주 |
| to call you/ so late, | 전화한 너에게 너무 늦게 |
| for my behavior, | 나의 행동에 대해 |
| for the delay, | 지연에 대해 |

step1 + step2를 결합하여 완전한 문장으로

### step 3 청킹 문장 만들기
문장의 형태(긍정문, 부정문, 의문문, 명령문, 감탄문), 동사의 시제, 수(단수, 복수), 태(능동, 수동)를 생각하면서

| I am sorry to be so late. | 나는 이다 미안한 이다 너무 늦은 |
| I am sorry to trouble you so often. | 나는 이다 미안한 귀찮게 하는 너를 너무 자주 |
| I am sorry to call you so late. | 나는 이다 미안한 전화한 너에게 너무 늦게 |
| I am sorry for my behavior. | 나는 이다 미안한 나의 행동에 대해 |
| I am sorry for the delay. | 나는 이다 미안한 지연에 대해 |

 이해 · 기억 · 활용하여할 **의미덩어리 청킹 – 1개의 단어처럼** 생각하세요. ^O^

be sorry/ to be/ so late/ to trouble you/ so often/ to call you/ for my behavior/ for the delay

## unit 18 · be time 「이다 시간인」

「~한 시간이다」 의미로 시간 약속 등에 쓰인다. 누구와 약속을 하기 위해 상대방에게 좋은 시간이 언제인지를 물어보거나, 자신에게 편리한 시간을 대답할 때 사용하는 표현이다.

| 주어 [명사, 명사구, 명사절] | 동사 be | 보어 time |
|---|---|---|
| 형용사 | 부사 | 형용사 |

**Tip** 의미덩어리 청킹 학습법에서는, 동사 be와 보어 time을 각각의 두 단어가 아니라, **청킹동사구 be time**을 「~한 시간이다」라는 한 개의 단어처럼 이해 기억 활용하며, 한 개의 의미덩어리 청킹이므로 머릿속에서 한 번만 생각합니다. 의미덩어리 청킹 학습법에서는, 부사구 of the day를 각각의 세 단어가 아니라, **청킹부사구 of the day**를 「하루의」라는 한 개의 단어처럼 이해 기억 활용하며, 한 개의 의미덩어리 청킹이므로 머릿속에서 한 번만 생각합니다.

---

**표현하고자 하는 내용 얼개짜기 Outlining**

### step 1 청킹동사구
[청킹동사 + 목적어 / 보어]

| be time, | 이다 시간인 |
| be time, | 이다 시간인 |
| be time, | 이다 시간인 |
| be fine, | 이다 좋은 |
| be okay, | 이다 좋은 |

### step 2 청킹부사(구, 절)
등위절, 명사구(절), 형용사구(절)

| for you, | 너에게 |
| of the day/ for you, | 하루의 너에게 |
| for you, | 너에게 |
| with me, | 나에게 |
| with me, | 나에게 |

**step 1 + step 2를 결합하여 완전한 문장으로**

### step 3 청킹 문장 만들기
문장의 형태(긍정문, 부정문, 의문문, 명령문, 감탄문), 동사의 시제, 수(단수, 복수), 태(능동, 수동)를 생각하면서

| When is the most convenient time for you? | 언제 이느냐 가장 편리한 시간은 너에게? |
| When is the best time of the day for you? | 언제 이느냐 가장 좋은 시간은 하루의 너에게? |
| What is a good time for you? | 어떤 이느냐 좋은 시간인 너에게? |
| Anytime after six is fine with me. | 언제나 여섯시 이후 이다 좋은 나에게 |
| Anytime is okay with me. | 언제나 이다 좋은 나에게 |

---

**!** 이해 · 기억 · 활용하여할 **의미덩어리 청킹 – 1개의 단어처럼** 생각하세요. ^O^

be time/ be the most convenient time/ be the best time/ be a good time/ for you/ of the day/ with me/ anytime after six

## unit 19 — bear it 「참다 그것을」

「그것을 참다, 견디다」 의미로 감정을 표현할 때 쓰인다. 주로 부정형으로 「더 이상 참을 수 없다」는 표현으로 동사 bear, take, stand를 사용하여 많이 표현한다.

| 주어 [명사, 명사구, 명사절] | 동사 bear | 목적어 it |
|---|---|---|
| 형용사 | 부사 | 형용사 |

**Tip** 의미덩어리 청킹 학습법에서는, 동사 bear와 목적어 it을 각각의 두 단어가 아니라, 청킹동사구 bear it을 「그것을 참다」라는 한 개의 단어처럼 이해 기억 활용하며, 한 개의 의미덩어리 청킹이므로 머릿속에서 한 번만 생각합니다. 의미덩어리 청킹 학습법에서는, 부사구 any longer를 각각의 두 단어가 아니라, 청킹부사구 any longer를 「더 이상」이라는 한 개의 단어처럼 이해 기억 활용하며, 한 개의 의미덩어리 청킹이므로 머릿속에서 한 번만 생각합니다.

### 표현하고자 하는 내용 얼개짜기 Outlining

**step 1** 청킹동사구
[청킹동사 + 목적어 / 보어]

| bear it, | 참다 그것을 |
| stand it, | 견디어내다 그것을 |
| take it, | 참다 그것을 |
| bear sight, | 참다 보는 것을 |
| bear heat, | 참다 더위를 |

**step 2** 청킹부사(구, 절)
등위절, 명사구(절), 형용사구(절)

| any longer, | 더 이상 |
| any longer, | 더 이상 |
| any more, | 더 이상 |
| of you, | 너를 |
| of this summer, | 이번 여름의 |

**step 1 + step 2를 결합하여 완전한 문장으로**

**step 3** 청킹 문장 만들기
문장의 형태(긍정문, 부정문, 의문문, 명령문, 감탄문), 동사의 시제, 수(단수, 복수), 태(능동, 수동)를 생각하면서

| I can't bear it any longer. | 나는 참을 수 없다 더 이상 |
| I can't stand it any longer. | 나는 견딜 수 없다 더 이상 |
| I can't take it any more. | 나는 참을 수 없다 더 이상 |
| I can't bear the sight of you. | 나는 참을 수 없다 보는 것을 너를    *너를 보기 싫다. |
| I can't bear the heat of this summer. | 나는 참을 수 없다 더위를 이번 여름의 |

 이해 · 기억 · 활용하여할 **의미덩어리 청킹 – 1개의 단어처럼** 생각하세요. ^0^

bear it/ stand it/ take it/ bear the sight/ bear the heat/ any longer/ any more/ of you/ of this summer

## unit 20

# bring somebody 「오게 하다 누구를」

「누가 무슨 일로 오다」 의미로 어떤 장소에 온 이유를 물어볼 때 쓰인다. 또한 뜻밖에 사람을 우연히 만났을 때 사용하는 표현이기도 하다. 「정말 세상 좁다」라는 것은 It is a small world~로 표현한다.

| 주어 [명사, 명사구, 명사절] | 동사 bring | 목적어 somebody |
|---|---|---|
| 형용사 | 부사 | 형용사 |

**Tip** 의미덩어리 청킹 학습법에서는, 동사 bring과 목적어 somebody를 각각의 두 단어가 아니라, **청킹동사구 bring somebody**를 「누가 무슨 일로 오다」라는 한 개의 단어처럼 이해 기억 활용하며, 한 개의 의미덩어리 청킹이므로 머릿속에서 한 번만 생각합니다. 의미덩어리 청킹 학습법에서는, 부사구 to the mall을 각각의 세 단어가 아니라, **청킹부사구 to the mall**을 「쇼핑몰에」라는 한 개의 단어처럼 이해 기억 활용하며, 한 개의 의미덩어리 청킹이므로 머릿속에서 한 번만 생각합니다.

---

표현하고자 하는 내용 얼개짜기 Outlining

### step 1 청킹동사구
[청킹동사 + 목적어 / 보어]

| | |
|---|---|
| bring somebody, | 오게 하다 누구를 |
| bring somebody, | 오게 하다 누구를 |
| bring somebody, | 오게 하다 누구를 |
| be a world, | 이다 세상인 |
| be a surprise, | 이다 놀라는 일인 |

### step 2 청킹부사(구, 절)
등위절, 명사구(절), 형용사구(절)

| | |
|---|---|
| here/ so late/ in the night, | 여기에 이렇게 늦게 밤에 |
| to the mall, | 쇼핑몰에 |
| to such a humble place, | 그러한 누추한 장소에 |
| isn't it, | 그렇지 |
| to meet you/ here, | 만나는 너를 여기에서 |

step 1 + step 2를 결합하여 완전한 문장으로

### step 3 청킹 문장 만들기
문장의 형태(긍정문, 부정문, 의문문, 명령문, 감탄문), 동사의 시제, 수(단수, 복수), 태(능동, 수동)를 생각하면서

| | |
|---|---|
| What brings you here so late in the night? | 무엇이 오게 하였느냐 너를 여기에 이렇게 늦게 밤에? |
| What brings you to the mall? | 무엇이 오게 하였느냐 너를 쇼핑몰에?    *무슨 일로 왔느냐? |
| What brings you to such a humble place? | 무엇이 오게 하였느냐 너를 그러한 누추한 장소에? |
| It is a small world, isn't it? | 그것은 이다 좁은 세상인 그렇지? *여기서 너를 만나니 뜻밖이다. |
| It is a surprise to meet you here. | 그것은 이다 놀라는 일인 만나는 너를 여기에서 |

---

 이해 · 기억 · 활용하여할 **의미덩어리 청킹 – 1개의 단어처럼** 생각하세요. ^0^

bring somebody/ bring you/ be a small world/ be a surprise/ to the mall/ to such a humble place/ so late/ in the night/ to meet you

# unit 21 come true 「되다 현실로」

「이루어지다, 현실로 되다」 의미로 쓰인다. 꿈, 소망, 바램 등이 현실로 이루어 질 때 사용하는 표현이다. 이때 come은 become의 뜻으로 「되다」 의미로 사용된다.

| 주어 [명사, 명사구, 명사절] | 동사 come | 보어 true |
|---|---|---|
| 형용사 | 부사 | 부사 |

> **Tip** 의미덩어리 청킹 학습법에서는, 동사 come과 보어 true를 각각의 두 단어가 아니라, **청킹동사구 come true를 「현실로 되다」라는 한 개의 단어처럼** 이해 기억 활용하며, 한 개의 의미덩어리 청킹이므로 머릿속에서 한 번만 생각합니다. 의미덩어리 청킹 학습법에서는, 부사구 after a long time을 각각의 네 단어가 아니라, **청킹부사구 after a long time을 「오랜 시간 후에」라는 한 개의 단어처럼** 이해 기억 활용하며, 한 개의 의미덩어리 청킹이므로 머릿속에서 한 번만 생각합니다.

## 표현하고자 하는 내용 얼개짜기 Outlining

### step 1 청킹동사구
[청킹동사 + 목적어 / 보어]

| come true, | 되다 현실로 |
|---|---|
| come true, | 되다 현실로 |
| come true, | 되다 현실로 |
| come true, | 되다 현실로 |
| come true, | 되다 현실로 |

### step 2 청킹부사(구, 절)
등위절, 명사구(절), 형용사구(절)

| after all, | 마침내 |
|---|---|
| at last, | 마침내 |
| after a long time, | 오랜 시간 후에 |
| one after another, | 잇따라서 |
| very soon, | 곧 |

**step1 + step2를 결합하여 완전한 문장으로**

### step 3 청킹 문장 만들기
문장의 형태(긍정문, 부정문, 의문문, 명령문, 감탄문), 동사의 시제, 수(단수, 복수), 태(능동, 수동)를 생각하면서

| My wishes came true after all. | 나의 소망들은 되었다 현실로 마침내 |
|---|---|
| My long cherished wish has come true at last. | 나의 오랜 간직한 바램이 되다 현실로 마침내 |
| My dream has finally come true after a long time. | 나의 꿈은 마침내 되다 현실로 오랜 시간 후에 |
| My dreams come true one after another. | 나의 꿈들이 되다 현실로 잇따라서 |
| Your dream can come true very soon. | 너의 꿈은 될 수 있다 이루어지는 곧 |

 이해 · 기억 · 활용하여할 **의미덩어리 청킹 – 1개의 단어처럼** 생각하세요. ^0^

come true/ after all/ at last/ after a long time/ one after another

## unit 22 do a favor 「하다 부탁을」

「누구의 부탁을 들어주다」 의미로 쓰인다. 상대방에게 무언가를 부탁할 때 사용하며, 동사는 do, ask, have를 활용하여 표현한다. 「내 부탁 좀 들어줄래?」는 Do me a favor~ 로 표현하며, 부탁의 내용은 and ~ 이하에서 표현하도록 한다.

| 주어 [명사, 명사구, 명사절] | 동사 do | 목적어 favor |
|---|---|---|
| 형용사 | 부사 | 형용사 a |

**Tip** 의미덩어리 청킹 학습법에서는, 동사 do와 목적어 a favor를 각각의 세 단어가 아니라, **청킹동사구 do a favor**를 「누구의 부탁을 들어주다」라는 한 개의 단어처럼 이해 기억 활용하며, 한 개의 의미덩어리 청킹이므로 머릿속에서 한 번만 생각합니다.
의미덩어리 청킹 학습법에서는, 부사절 if you don't mind를 각각의 네 단어가 아니라, **청킹부사절 if you don't mind**를 「만약 너가 괜찮다면」이라는 한 개의 단어처럼 이해 기억 활용하며, 한 개의 의미덩어리 청킹이므로 머릿속에서 한 번만 생각합니다.

---

**표현하고자 하는 내용 얼개짜기 Outlining**

### step 1 청킹동사구
[청킹동사 + 목적어 / 보어]

| | |
|---|---|
| do a favor, | 하다 부탁을 |
| do somebody a favor, | 하다 누구에게 부탁을 |
| do somebody a favor, | 하다 누구에게 부탁을 |
| ask a favor, | 요청하다 부탁을 |
| have a favor, | 있다 부탁을 |

### step 2 청킹부사(구, 절)
등위절, 명사구(절), 형용사구(절)

| | |
|---|---|
| for me, | 나를 위해 |
| if you don't mind, | 만약 너가 괜찮다면 |
| and leave me alone, | 그리고 두라 나를 혼자 |
| of you, | 너에게 |
| to ask of you, | 요청하는 너에게 |

**step 1 + step 2를 결합하여 완전한 문장으로**

### step 3 청킹 문장 만들기
문장의 형태(긍정문, 부정문, 의문문, 명령문, 감탄문), 동사의 시제, 수(단수, 복수), 태(능동, 수동)를 생각하면서

| | |
|---|---|
| I want you to do a favor for me. | 나는 원하다 너가 하는 나의 부탁을 나를 위해 |
| Can you do me a favor if you don't mind? | 너는 해주겠느냐 나에게 나의 부탁을 만약 너가 괜찮다면? |
| Do me a favor and leave me alone. | 부탁하건대 두라 나를 혼자 |
| May I ask a personal favor of you? | 내가 요청할까 개인적 부탁을 너에게? |
| I have a big favor to ask of you. | 나는 있다 중요한 부탁을 요청하는 너에게 |

 이해·기억·활용하여할 **의미덩어리 청킹 − 1개의 단어처럼** 생각하세요. ^0^

do a favor/ ask a favor/ ask a personal favor/ have a favor/ have a big favor/ for me/ if you don't mind/ and leave me alone/ of you/ to ask of you

## unit 23 · do it

「하다 부탁을」

「그것을 하다」의미로 쓰인다. 부정형으로 「다시는 하지마라」는 Don't do it again~ 라는 표현으로,
「나는 다시는 하지 않겠다」는 I won't do it again~ 을 사용하여 표현한다.

| 주어 [명사, 명사구, 명사절] | 동사 do | 목적어 it |
|---|---|---|
| 형용사 | 부사 | 형용사 |

> **Tip** 의미덩어리 청킹 학습법에서는, 동사 do와 목적어 it을 각각의 두 단어가 아니라, **청킹동사구 do it**을 「그것을 하다」라는 **한 개의 단어**처럼 이해 기억 활용하며, 한 개의 의미덩어리 청킹이므로 머릿속에서 한 번만 생각합니다. 의미덩어리 청킹 학습법에서는, 부사구 as quickly as you can을 각각의 다섯 단어가 아니라, **청킹부사구 as quickly as you can**을 「가능한 한 빨리」이라는 **한 개의 단어**처럼 이해 기억 활용하며, 한 개의 의미덩어리 청킹이므로 머릿속에서 한 번만 생각합니다.

── 표현하고자 하는 내용 얼개짜기 Outlining ──

**step 1** 청킹동사구
[청킹동사 + 목적어 / 보어]

do it,     하다 그것을
do it,     하다 그것을
do it,     하다 그것을
do it,     하다 그것을
do it,     하다 그것을

 ＋

**step 2** 청킹부사(구, 절)
등위절, 명사구(절), 형용사구(절)

as quickly as you can,     가능한 한 빨리
perfectly well/ for myself,  완벽히 잘 나 혼자서
for you,                   너를 위해
at any cost,               무슨 일이 있어도
on purpose,                고의로

step 1 + step 2를 결합하여 완전한 문장으로

**step 3** 청킹 문장 만들기
문장의 형태(긍정문, 부정문, 의문문, 명령문, 감탄문), 동사의 시제, 수(단수, 복수), 태(능동, 수동)를 생각하면서

Do it as quickly as you can.          하라 그것을 가능한 한 빨리
I can do it perfectly well for myself. 나는 할 수 있다 그것을 완벽히 잘 나 혼자서
Let me do it for you.                  하게하라 내가 하는 그것을 너를 위해    *내가 하겠다.
I will do it at any cost.              나는 할 것이다 무슨 일이 있어도
I didn't do it on purpose!             나는 하지 않았다 그것을 고의로

 이해 · 기억 · 활용하여할 **의미덩어리 청킹 – 1개의 단어처럼** 생각하세요. ^0^

do it/ as quickly as you can/ for myself/ for you/ at any cost/ on purpose

# unit 24 excuse me 「용서하다 나를」

「죄송하다, 용서하라, 미안하다, 실례 합니다」 의미로 양해를 구할 때 사용하는 표현이다.
양해를 구하는 내용은 뒤에 전치사 for~를 사용하여 표현한다.

**Tip** 의미덩어리 청킹 학습법에서는, 동사 excuse와 목적어 me를 각각의 두 단어가 아니라, **청킹동사구 excuse me를 「나를 용서하라」**라는 한 개의 단어처럼 이해 기억 활용하며, 한 개의 의미덩어리 청킹이므로 머릿속에서 한 번만 생각합니다. 의미덩어리 청킹 학습법에서는, 부사구 for being careless를 각각의 세 단어가 아니라, **청킹부사구 for being careless를 「부주의한 것에 대해」**라는 한 개의 단어처럼 이해 기억 활용하며, 한 개의 의미덩어리 청킹이므로 머릿속에서 한 번만 생각합니다.

---

표현하고자 하는 내용 얼개짜기 Outlining

### step 1 청킹동사구
[청킹동사 + 목적어 / 보어]

| | |
|---|---|
| excuse me, | 용서하다 나를 |
| excuse me, | 용서하다 나를 |
| excuse me, | 용서하다 나를 |
| excuse me, | 용서하다 나를 |
| excuse me, | 용서하다 나를 |

### step 2 청킹부사(구, 절)
등위절, 명사구(절), 형용사구(절)

| | |
|---|---|
| for being careless, | 부주의한 것에 대해 |
| for offending you, | 마음을 상하게 한 것에 대해 너를 |
| for being so late, | 아주 늦은 것에 대해 |
| for a second, | 잠시 동안 |
| for a minute, | 잠시 동안 |

step 1 + step 2를 결합하여 완전한 문장으로
↓

### step 3 청킹 문장 만들기
문장의 형태(긍정문, 부정문, 의문문, 명령문, 감탄문), 동사의 시제, 수(단수, 복수), 태(능동, 수동)를 생각하면서

| | |
|---|---|
| Please excuse me for being careless. | 용서하라 나를 부주의한 것에 대해 |
| Please excuse me for offending you. | 용서하라 나를 마음을 상하게 한 것에 대해 너를 |
| I hope you will excuse me for being so late. | 나는 바라다 너가 용서하기를 나를 아주 늦은 것에 대해 |
| Could you excuse me for a second? | 너는 용서할 수 있느냐 나를 잠시 동안?   *잠시 실례합니다. |
| Please excuse me for a minute. | 용서하라 나를 잠시 동안   *잠시 실례합니다. |

---

! 이해 · 기억 · 활용하여할 **의미덩어리 청킹 – 1개의 단어처럼** 생각하세요. ^O^

excuse me/ for being careless/ for offending you/ for being so late/ for a second/ for a minute

## unit 25 : explain the point 「설명하다 요점을」

「요점을 설명하다」 의미로 쓰인다.
상대방에게 설명을 더 요구하거나 자세한 것을 알기를 원하여 물어보려고 할 때 쓰는 표현이다.

| 주어 [명사, 명사구, 명사절] | 동사 explain | 목적어 point |
|---|---|---|
| 형용사 | 부사 | 형용사 the |

**Tip** 의미덩어리 청킹 학습법에서는, 동사 explain과 목적어 the point를 각각의 세 단어가 아니라, **청킹동사구 explain the point**를 「요점을 설명하다」라는 한 개의 단어처럼 이해 기억 활용하며, 한 개의 의미덩어리 청킹이므로 머릿속에서 한 번만 생각합니다. 의미덩어리 청킹 학습법에서는, 부사구 in more detail을 각각의 세 단어가 아니라, **청킹부사구 in more detail**을 「좀 더 상세히」이라는 한 개의 단어처럼 이해 기억 활용하며, 한 개의 의미덩어리 청킹이므로 머릿속에서 한 번만 생각합니다.

---

표현하고자 하는 내용 얼개짜기 Outlining

### step 1 청킹동사구
[청킹동사 + 목적어 / 보어]

| explain the point, | 설명하다 요점을 |
| explain the point, | 설명하다 요점을 |
| explain a difference, | 설명하다 차이를 |
| explain it, | 설명하다 그것을 |
| repeat it, | 반복하다 그것을 |

### step 2 청킹부사(구, 절)
등위절, 명사구(절), 형용사구(절)

| more clearly, | 보다 분명하게 |
| in more detail, | 좀 더 상세히 |
| between the two systems, | 두 제도들 사이의 |
| more simply, | 좀 더 간단히 |
| more slowly, | 좀 더 천천히 |

step 1 + step 2를 결합하여 완전한 문장으로

### step 3 청킹 문장 만들기
문장의 형태(긍정문, 부정문, 의문문, 명령문, 감탄문), 동사의 시제, 수(단수, 복수), 태(능동, 수동)를 생각하면서

| Could you explain the point more clearly? | 너는 설명해주겠느냐 요점을 보다 분명하게? |
| Could you explain the point in more detail? | 너는 설명해주겠느냐 요점을 좀 더 상세히? |
| Can you explain the difference between the two systems? | 너는 설명해주겠느냐 차이를 두 제도들 사이의? |
| Could you explain it more simply? | 너는 설명해주겠느냐 그것을 좀 더 간단히? |
| Could you repeat it more slowly? | 너는 반복해주겠느냐 그것을 좀 더 천천히? |

 이해 · 기억 · 활용하여할 **의미덩어리 청킹 — 1개의 단어처럼** 생각하세요. ^O^
explain the point/ explain a difference/ in more detail/ between the two systems/ more clearly/ more simply/ more slowly

## unit 26 express sympathy 「표현하다 연민을」

「애도하는 마음을 표현하다」 의미로, 다른 사람의 사망 소식을 듣고 조문을 가서 위로할 때 사용하는 표현이다.
죽은 사람에 대해 「편안히 쉬어라, 고이 잠들어라」는 애도는 Rest in peace! ~로 표현한다.

| 주어 [명사, 명사구, 명사절] | 동사 express | 목적어 sympathy |
|---|---|---|
| 형용사 | 부사 | 형용사 |

**Tip** 의미덩어리 청킹 학습법에서는, 동사 express와 목적어 sympathy를 각각의 두 단어가 아니라, **청킹동사구 express sympathy**를 「애도하는 마음을 표현하다」라는 한 개의 단어처럼 이해 기억 활용하며, 한 개의 의미덩어리 청킹이므로 머릿속에서 한 번만 생각합니다. 의미덩어리 청킹 학습법에서는, 부사구 to you and your family를 각각의 다섯 단어가 아니라, **청킹부사구 to you and your family**를 「너와 너의 가족에게」라는 한 개의 단어처럼 이해 기억 활용하며, 한 개의 의미덩어리 청킹이므로 머릿속에서 한 번만 생각합니다.

**— 표현하고자 하는 내용 얼개짜기 Outlining —**

**step 1 청킹동사구**
[청킹동사 + 목적어 / 보어]

| express sympathy, | 표현하다 연민을 |
| express sympathy, | 표현하다 연민을 |
| accept sympathy, | 받다 연민을 |
| accept a condolence, | 받다 애도를 |
| be sorry, | 이다 유감인 |

**+**

**step 2 청킹부사(구, 절)**
등위절, 명사구(절), 형용사구(절)

| to you and your family, | 너와 너의 가족에게 |
| for the families of the victims, | 가족들을 위해 희생자들의 |
| in your sorrow, | 너의 슬픔에 |
| on your father's death, | 너의 아버지 죽음에 |
| for your loss, | 너의 슬픔에 대해 |

step 1 + step 2를 결합하여 완전한 문장으로

**step 3 청킹 문장 만들기**
문장의 형태(긍정문, 부정문, 의문문, 명령문, 감탄문), 동사의 시제, 수(단수, 복수), 태(능동, 수동)를 생각하면서

I express my deep sympathy to you and your family.  나는 표현하다 나의 깊은 연민을 너와 너의 가족에게
I expressed sympathy for the families of the victims.  나는 표현하다 연민을 가족들을 위해 희생자들의
Please accept my deepest sympathy in your sorrow.  받아라 나의 깊은 연민을 너의 슬픔에 *진심으로 조의를 표하다.
Please accept my sincere condolences on your father's death.  받아라 나의 진실한 애도를 너의 아버지 죽음에
I am so sorry for your loss.  나는 이다 매우 유감인 너의 슬픔에 대해

 이해 · 기억 · 활용하여할 **의미덩어리 청킹 – 1개의 단어처럼** 생각하세요. ^O^
express sympathy/ express my deep sympathy/ accept sympathy/ accept my deepest sympathy/ be sorry/ accept a condolence/ accept my sincere condolences/ to you and your family/ for the families of the victims/ in your sorrow/ on your father's death/ for your loss

## unit 27  fall asleep 「되다 잠든」

「잠들게 되다」 의미로 쓰이며, 이때 fall은 become의 뜻으로 「되다」 의미로 사용된다.
「~한 채로 잠들다」는 뒤에 전치사 with~을 사용하여 표현한다.

| 주어 [명사, 명사구, 명사절] | 동사 fall | 보어 asleep |
|---|---|---|
| 형용사 | 부사 | 부사 |

> **Tip** 의미덩어리 청킹 학습법에서는, 동사 fall과 보어 asleep를 각각의 두 단어가 아니라, **청킹동사구 fall asleep**를 「잠들게 되다」라는 **한 개의 단어처럼** 이해 기억 활용하며, 한 개의 의미덩어리 청킹이므로 머릿속에서 한 번만 생각합니다. 의미덩어리 청킹 학습법에서는, 부사구 with a television on을 각각의 네 단어가 아니라, **청킹부사구 with a television on**을 「TV를 켜둔 채로」라는 **한 개의 단어처럼** 이해 기억 활용하며, 한 개의 의미덩어리 청킹이므로 머릿속에서 한 번만 생각합니다.

### 표현하고자 하는 내용 얼개짜기 Outlining

**step 1 청킹동사구** [청킹동사 + 목적어 / 보어]

| fall asleep, | 되다 잠든 |
| fall asleep, | 되다 잠든 |
| fall asleep, | 되다 잠든 |
| fall asleep, | 되다 잠든 |
| fall asleep, | 되다 잠든 |

**+**

**step 2 청킹부사(구, 절)** 등위절, 명사구(절), 형용사구(절)

| with the television on, | TV를 켜둔 채로 |
| with my clothes on, | 나의 옷을 입은 채로 |
| with the light on, | 불을 켜둔 채로 |
| with my mouth open, | 나의 입을 벌린 채로 |
| while I was reading, | 동안에 내가 읽고 있는 |

step 1 + step 2를 결합하여 완전한 문장으로

**step 3 청킹 문장 만들기**
문장의 형태(긍정문, 부정문, 의문문, 명령문, 감탄문), 동사의 시제, 수(단수, 복수), 태(능동, 수동)를 생각하면서

| I fall asleep with the television on. | 나는 되다 잠든 TV를 켜둔 채로 |
| I fall asleep with my clothes on. | 나는 되었다 잠든 나의 옷을 입은 채로 |
| I fall asleep with the light on. | 나는 되었다 잠든 불을 켜둔 채로 |
| I fall asleep with my mouth open. | 나는 되다 잠든 나의 입을 벌린 채로 |
| I fall asleep while I was reading. | 나는 되었다 잠든 동안에 내가 읽고 있는 |

 이해 · 기억 · 활용하여할 **의미덩어리 청킹 – 1개의 단어처럼** 생각하세요. ^O^

fall asleep/ with the television on/ with my clothes on/ with the light on/ with my mouth open/ while I was reading

# unit 28 feel better 「느끼다 더 좋은」

「기분이 좋다」 의미로 쓰이며, 내용은 뒤에 if절~을 사용하여 표현하기도 한다.
다른 표현으로는 feel good~, feel great~를 사용하여 표현하기도 한다.

주어 [명사, 명사구, 명사절] — 동사 feel — 보어 better
형용사 — 부사 — 부사

**Tip** 의미덩어리 청킹 학습법에서는, 동사 feel과 보어 better를 각각의 두 단어가 아니라, **청킹동사구 feel better**를 「기분이 좋다」라는 한 개의 단어처럼 이해 기억 활용하며, 한 개의 의미덩어리 청킹이므로 머릿속에서 한 번만 생각합니다. 의미덩어리 청킹 학습법에서는, 부사구 after a good night's sleep을 각각의 다섯 단어가 아니라, **청킹부사구 after a good night's sleep**을 「하루 밤 잘 잔 후에」라는 한 개의 단어처럼 이해 기억 활용하며, 한 개의 의미덩어리 청킹이므로 머릿속에서 한 번만 생각합니다.

### 표현하고자 하는 내용 얼개짜기 Outlining

**step 1 청킹동사구** [청킹동사 + 목적어 / 보어]

| feel better, | 느끼다 더 좋은 |
| feel better, | 느끼다 더 좋은 |
| feel better, | 느끼다 더 좋은 |
| feel better, | 느끼다 더 좋은 |
| feel better, | 느끼다 더 좋은 |

**step 2 청킹부사(구, 절)** 등위절, 명사구(절), 형용사구(절)

| soon, | 곧 |
| than yesterday, | 어제보다 |
| after a good night's sleep, | 하루 밤 잘 잔 후에 |
| if you talked/ to someone, | 만약 너가 얘기하면 누구에게 |
| if you were/ here, | 만약 너가 있다면 여기에 |

### step 1 + step 2를 결합하여 완전한 문장으로 ↓

**step 3 청킹 문장 만들기**
문장의 형태(긍정문, 부정문, 의문문, 명령문, 감탄문), 동사의 시제, 수(단수, 복수), 태(능동, 수동)를 생각하면서

I hope you feel better soon. 나는 바라다 너가 느끼는 더 좋은 곧 *빨리 회복되기를 바란다.
I feel much better than yesterday. 나는 느끼다 훨씬 더 좋은 어제보다
I will feel better after a good night's sleep. 나는 느낄 것이다 더 좋은 하루 밤 잘 잔 후에
You would feel better if you talked to someone. 너는 느낄 것이다 더 좋은 만약 너가 얘기하면 누구에게
I would feel better if you were here. 나는 느낄 것이다 더 좋은 만약 너가 있다면 여기에

! 이해 · 기억 · 활용하여할 **의미덩어리 청킹 — 1개의 단어처럼** 생각하세요. ^o^
feel better/ than yesterday/ after a good night's sleep/ if you talked to someone/ if you were here

## unit 29 — feel the same way 「느끼다 같은 상황을」

「같은 면을 느끼다, 동감하다, 같은 생각이다」 의미로 쓰인다. 상대의 의견에 찬성하거나 동의할 경우에 사용하는 표현으로, 전치사 for~는 찬성, against~는 반대를 뜻한다. 「전적으로 찬성하다」는 I am all for it~으로 표현한다.

| 주어 [명사, 명사구, 명사절] | 동사 feel | 목적어 way |
|---|---|---|
| 형용사 | 부사 | 형용사 the same |

**Tip** 의미덩어리 청킹 학습법에서는, 동사 feel과 목적어 the same way를 각각의 네 단어가 아니라, **청킹동사구 feel the same way**를 「같은 생각이다」라는 한 개의 단어처럼 이해 기억 활용하며, 한 개의 의미덩어리 청킹이므로 머릿속에서 한 번만 생각합니다. 의미덩어리 청킹 학습법에서는, 부사구 about what you said를 각각의 네 단어가 아니라, **청킹부사구 about what you said**를 「너가 말한 것에 대해」라는 한 개의 단어처럼 이해 기억 활용하며, 한 개의 의미덩어리 청킹이므로 머릿속에서 한 번만 생각합니다.

### 표현하고자 하는 내용 얼개짜기 Outlining

**step 1 청킹동사구** [청킹동사 + 목적어 / 보어]

| | |
|---|---|
| feel the same way, | 느끼다 같은 면을 |
| feel the same way, | 느끼다 같은 면을 |
| say that, | 말하다 그것을 |
| agree, | 동의하다 |
| agree, | 동의하다 |

**step 2 청킹부사(구, 절)** 등위절, 명사구(절), 형용사구(절)

| | |
|---|---|
| about this, | 이것에 대해 |
| about what you said, | 대해 무엇 너가 말한 |
| again, | 다시 |
| with you/ on that score, | 너에게 그 점에서 |
| with you/ more, | 너에게 더 이상 |

**step 1 + step 2를 결합하여 완전한 문장으로**

**step 3 청킹 문장 만들기**
문장의 형태(긍정문, 부정문, 의문문, 명령문, 감탄문), 동사의 시제, 수(단수, 복수), 태(능동, 수동)를 생각하면서

| | |
|---|---|
| I feel the same way about this. | 나는 느끼다 같은 면을 이것에 대해   *동감한다. 같은 생각이다. |
| I feel the same way about what you said. | 나는 느끼다 같은 면을 대해 무엇 너가 말한 |
| You can say that again. | 너는 말할 수 있다 그것을 다시   *옳은 말이다. 동감이다. |
| I agree with you on that score. | 나는 동의하다 너에게 그 점에서 |
| I couldn't agree with you more. | 나는 찬성할 수 없다 너에게 더 이상  *전적으로 찬성이다. |

 이해 · 기억 · 활용하여할 **의미덩어리 청킹 – 1개의 단어처럼** 생각하세요. ^O^

feel the same way/ say that again/ agree with you/ about this/ about what you said/ on that score

# unit 30 find fault 「찾다 흠을」

「흠을 찾다, 나무라다, 비난하다.」 의미로 쓰인다. 사사건건 따지고 들거나, 남의 탓으로 돌리거나, 남의 흉보기를 자주 하는 경우 등을 말할 때 사용하는 표현이다. 내용은 뒤에 전치사 with~을 사용하여 표현한다.

| 주어 [명사, 명사구, 명사절] | 동사 find | 목적어 fault |
|---|---|---|
| 형용사 | 부사 | 형용사 |

**Tip** 의미덩어리 청킹 학습법에서는, 동사 find와 목적어 fault를 각각의 두 단어가 아니라, **청킹동사구 find fault**를 「흠을 찾다」라는 한 개의 단어처럼 이해 기억 활용하며, 한 개의 의미덩어리 청킹이므로 머릿속에서 한 번만 생각합니다. 의미덩어리 청킹 학습법에서는, 부사구 with my work를 각각의 세 단어가 아니라, **청킹부사구 with my work**를 「나의 일에」라는 한 개의 단어처럼 이해 기억 활용하며, 한 개의 의미덩어리 청킹이므로 머릿속에서 한 번만 생각합니다.

― 표현하고자 하는 내용 얼개짜기 Outlining ―

### step 1 청킹동사구
[청킹동사 + 목적어 / 보어]

| | |
|---|---|
| find fault, | 찾다 흠을 |
| find fault, | 찾다 흠을 |
| find fault, | 찾다 흠을 |
| find fault, | 찾다 흠을 |
| find fault, | 찾다 흠을 |

### step 2 청킹부사(구, 절)
등위절, 명사구(절), 형용사구(절)

| | |
|---|---|
| with everything, | 모든 일에 |
| with others, | 다른 사람들의 |
| with everything/ I say, | 모든 일에 내가 말하는 |
| with everything/ I do, | 모든 일에 내가 하는 |
| with my work, | 나의 일에 |

step 1 + step 2를 결합하여 완전한 문장으로

### step 3 청킹 문장 만들기
문장의 형태(긍정문, 부정문, 의문문, 명령문, 감탄문), 동사의 시제, 수(단수, 복수), 태(능동, 수동)를 생각하면서

| | |
|---|---|
| You always find fault with everything. | 너는 항상 찾다 흠을 모든 일에 |
| Let's stop finding fault with others. | 하자 우리가 그만하는 찾는 흠을 다른 사람들의 |
| You like to find fault with everything I say. | 너는 좋아하다 찾는 흠을 모든 일에 내가 말하는 |
| You keep finding fault with everything I do. | 너는 계속하다 찾는 흠을 모든 일에 내가 하는 |
| The boss finds fault with my work. | 상사는 찾다 흠을 나의 일에 |

 이해 · 기억 · 활용하여할 **의미덩어리 청킹 — 1개의 단어처럼** 생각하세요. ^0^

find fault/ with everything/ with everything I say/ with everything I do/ with others/ with my work

## unit 31 — give an answer 「주다 대답을」

「대답을 주다, 대답을 하다」 의미로 쓰인다.
어떤 질문이나, 주제, 화제 등의 질문을 받고 대답 할 때 사용하는 표현이다.

| 주어 [명사, 명사구, 명사절] | 동사 give | 목적어 answer |
|---|---|---|
| 형용사 | 부사 | 형용사 an |

**Tip** 의미덩어리 청킹 학습법에서는, 동사 give와 목적어 an answer를 각각의 세 단어가 아니라, **청킹동사구 give an answer**를 「대답을 하다」라는 한 개의 단어처럼 이해 기억 활용하며, 한 개의 의미덩어리 청킹이므로 머릿속에서 한 번만 생각합니다.
의미덩어리 청킹 학습법에서는, 부사구 to your question을 각각의 세 단어가 아니라, **청킹부사구 to your question**을 「너의 질문에」라는 한 개의 단어처럼 이해 기억 활용하며, 한 개의 의미덩어리 청킹이므로 머릿속에서 한 번만 생각합니다.

### 표현하고자 하는 내용 얼개짜기 Outlining

**step 1 청킹동사구** [청킹동사 + 목적어 / 보어]

give an answer, 주다 대답을
give an answer, 주다 대답을
give somebody an answer, 주다 누구에게 대답을
give somebody an answer, 주다 누구에게 대답을
give somebody an answer, 주다 누구에게 대답을

**step 2 청킹부사(구, 절)** 등위절, 명사구(절), 형용사구(절)

to your question, 너의 질문에
when she asked me, 할 때 그녀가 물었던 나에게
on this issue, 이 이슈에 대해
in an hour, 한 시간 후에
because I'm too busy, 왜냐하면 나는 이다 너무나 바쁜

**step 1 + step 2를 결합하여 완전한 문장으로**

**step 3 청킹 문장 만들기**
문장의 형태(긍정문, 부정문, 의문문, 명령문, 감탄문), 동사의 시제, 수(단수, 복수), 태(능동, 수동)를 생각하면서

I can't easily give an answer to your question. 나는 쉽게 할 수 없다 대답을 너의 질문에
I didn't give an adequate answer when she asked me. 나는 하지 않았다 충분한 대답을 할 때 그녀가 물었던 나에게
Please give me an answer on this issue. 주라 나에게 대답을 이 이슈에 대해
I will give you my answer in an hour. 나는 줄 것이다 너에게 대답을 한 시간 후에
I can't give you an answer because I'm too busy. 나는 줄 수 없다 너에게 대답을 왜냐하면 나는 이다 너무나 바쁜

 이해 · 기억 · 활용하여할 **의미덩어리 청킹 – 1개의 단어처럼** 생각하세요. ^O^

give an answer/ give an adequate answer/ to your question/ on this issue/ in an hour/ when she asked me/ because I'm too busy

# unit 32 give somebody a chance 「주다 누구에게 기회를」

「누구에게 기회를 주다」 의미로 쓰이며, 어떤 것에 대해 시간이나 기회를 주기를 바랄 때 사용하는 표현이다. 내용은 뒤에 to부정사~ 를 사용하여 주로 표현한다.

| 주어 [명사, 명사구, 명사절] | 동사 give | 목적어 chance |
|---|---|---|
| 형용사 | 부사 | 형용사 a |

**Tip** 의미덩어리 청킹 학습법에서는, 동사 give와 목적어 a chance를 각각의 세 단어가 아니라, **청킹동사구 give a chance**를 「기회를 주다」라는 한 개의 단어처럼 이해 기억 활용하며, 한 개의 의미덩어리 청킹이므로 머릿속에서 한 번만 생각합니다. 의미덩어리 청킹 학습법에서는, 부사구 to explain을 각각의 두 단어가 아니라, **청킹부사구 to explain**을「설명하는」라는 한 개의 단어처럼 이해 기억 활용하며, 한 개의 의미덩어리 청킹이므로 머릿속에서 한 번만 생각합니다.

표현하고자 하는 내용 얼개짜기 Outlining

### step 1 청킹동사구
[청킹동사 + 목적어 / 보어]

give somebody a chance, 주다 누구에게 기회를
give somebody a chance, 주다 누구에게 기회를
give somebody a chance, 주다 누구에게 기회를
give somebody a chance, 주다 누구에게 기회를
give somebody a chance, 주다 누구에게 기회를

\+

### step 2 청킹부사(구, 절)
등위절, 명사구(절), 형용사구(절)

in life, 인생에서
to explain, 설명하는
to speak, 말하는
and I will prove it/ to you, 그리고 나는 증명할 것이다 그것을 너에게
to talk/ about that/ later, 얘기하는 그것에 대해 나중에

step 1 + step 2를 결합하여 완전한 문장으로

### step 3 청킹 문장 만들기
문장의 형태(긍정문, 부정문, 의문문, 명령문, 감탄문), 동사의 시제, 수(단수, 복수), 태(능동, 수동)를 생각하면서

Please give me a second chance in life. 주라 나에게 다시 한 번 기회를 인생에서
Please give me a chance to explain. 주라 나에게 기회를 설명하는
Give me a chance to speak. 주라 나에게 기회를 말하는
Just give me a chance and I will prove it to you. 주라 나에게 기회를 그러면 나는 증명할 것이다 그것을 너에게
I will give you a chance to talk about that later. 나는 줄 것이다 너에게 기회를 얘기하는 그것에 대해 나중에

이해 · 기억 · 활용하여할 **의미덩어리 청킹 – 1개의 단어처럼** 생각하세요. ^O^

give a chance/ give me a chance/ give you a chance/ give me a second chance/ in life/ to explain/ to speak/ to you/ to talk about that/ and I will prove it

# unit 33 · give somebody a hand 「주다 누구에게 일손을」

「누구에게 도움을 주다」 의미로, 이때 명사 hand는 「도움의 손길, 일손」의 의미로 쓰인다. 내용은 뒤에 전치사 with~을 사용하여 주로 표현한다. Give her a big hand~등의 표현에서 big hand는 「큰 박수, 뜨거운 박수」임을 주의한다.

| 주어 [명사, 명사구, 명사절] | 동사 give | 목적어 hand |
|---|---|---|
| 형용사 | 부사 | 형용사 a |

**Tip** 의미덩어리 청킹 학습법에서는, 동사 give와 목적어 a hand를 각각의 세 단어가 아니라, **청킹동사구** give a hand를 「도움을 주다」라는 한 개의 단어처럼 이해 기억 활용하며, 한 개의 의미덩어리 청킹이므로 머릿속에서 한 번만 생각합니다. 의미덩어리 청킹 학습법에서는, 부사구 with these boxes를 각각의 세 단어가 아니라, **청킹부사구** with these boxes를 「이 상자들에」라는 한 개의 단어처럼 이해 기억 활용하며, 한 개의 의미덩어리 청킹이므로 머릿속에서 한 번만 생각합니다.

---

**표현하고자 하는 내용 얼개짜기 Outlining**

**step 1 청킹동사구**
[청킹동사 + 목적어 / 보어]

give somebody a hand,  주다 누구에게 일손을
give somebody a hand,  주다 누구에게 일손을
lend somebody a hand,  빌려주다 누구에게 도움을
give somebody a hand,  주다 누구에게 일손을
give somebody a hand,  주다 누구에게 일손을

**step 2 청킹부사(구, 절)**
등위절, 명사구(절), 형용사구(절)

with these boxes,       이 상자들에
with this report,       이 보고서에
with this,              이것에
with this table,        이 테이블에
with these suitcases,   이 가방들에

**step 1 + step 2를 결합하여 완전한 문장으로**

**step 3 청킹 문장 만들기**
문장의 형태(긍정문, 부정문, 의문문, 명령문, 감탄문), 동사의 시제, 수(단수, 복수), 태(능동, 수동)를 생각하면서

Could you give me a hand with these boxes?   너는 줄 수 있느냐 나에게 도움을 이 박스들에?
Can you give me a hand with this report?     너는 줄 수 있느냐 나에게 도움을 이 보고서에?
Could you lend me a hand with this?          너는 빌려줄 수 있느냐 나에게 도움을 이것에?
Let me give you a hand with this table.      하게하라 나에게 주는 너에게 도움을 이 테이블에
Can I give you a hand with these suitcases?  내가 줄까 너에게 도움을 이 가방들에?

이해 · 기억 · 활용하여할 **의미덩어리 청킹 – 1개의 단어처럼** 생각하세요. ^O^

give a hand/ give me a hand/ give you a hand/ lend me a hand/ with these boxes/ with this report/ with this/ with this table/ with these suitcases

# unit 34 · give regards 「전하다 안부를」

「안부를 전하다, 인사를 전하다」 의미로 쓰인다. 상대방이 알고 있는 제3자에게 안부를 전하여 달라고 얘기할 때 쓰는 표현이다. 동사는 give, send를 사용하며, 명사는 regards, wishes, love 등을 사용한다. 또한 say hello 또는 say hi를 사용하여 「안부를 전하다」는 표현을 쓰기도 한다.

**Tip** 의미덩어리 청킹 학습법에서는, 동사 give와 목적어 regards를 각각의 두 단어가 아니라, **청킹동사구 give regards**를 「안부를 전하다」라는 한 개의 단어처럼 이해 기억 활용하며, 한 개의 의미덩어리 청킹이므로 머릿속에서 한 번만 생각합니다.
의미덩어리 청킹 학습법에서는, 부사구 to your father를 각각의 세 단어가 아니라, **청킹부사구 to your father**를 「너의 아버지에게」라는 한 개의 단어처럼 이해 기억 활용하며, 한 개의 의미덩어리 청킹이므로 머릿속에서 한 번만 생각합니다.

---

표현하고자 하는 내용 얼개짜기 Outlining

### step 1 청킹동사구
[청킹동사 + 목적어 / 보어]

| | |
|---|---|
| give regards, | 전하다 안부를 |
| give wishes, | 전하다 기원을 |
| give love, | 전하다 사랑을 |
| say hello, | 말하다 인사를 |
| say hi, | 말하다 인사를 |

+

### step 2 청킹부사(구, 절)
등위절, 명사구(절), 형용사구(절)

| | |
|---|---|
| to your father, | 너의 아버지에게 |
| to the family, | 가족들에게 |
| to Jane/ when you see her, | 제인에게 할 때 너가 만나는 그녀를 |
| to your brother/ for me, | 너의 동생에게 나를 위해 |
| to your sister/ for me, | 너의 여동생에게 나를 위해 |

step 1 + step 2를 결합하여 완전한 문장으로

### step 3 청킹 문장 만들기
문장의 형태(긍정문, 부정문, 의문문, 명령문, 감탄문), 동사의 시제, 수(단수, 복수), 태(능동, 수동)를 생각하면서

| | |
|---|---|
| Please give my best regards to your father. | 전하라 나의 안부를 너의 아버지에게 |
| Give my best wishes to the family. | 전하라 나의 안부를 가족들에게 |
| Give my love to Jane when you see her. | 전하라 나의 안부를 제인에게 할 때 너가 만나는 그녀를 |
| Please say hello to your brother for me. | 말하라 인사를 너의 동생에게 나를 위해 *안부전하라. |
| Say hi to your sister for me. | 말하라 인사를 너의 여동생에게 나를 위해 *안부전하라. |

---

 이해 · 기억 · 활용하여할 **의미덩어리 청킹 – 1개의 단어처럼** 생각하세요. ^O^

give regards/ give my best regards/ give my best wishes/ give my love/ say hello/ say hi/ to your father/ to the family/ to your brother/ to your sister/ for me/ when you see her

## unit 35 — go wrong 「되다 잘못된」

「잘못 되어가다」 의미로 쓰이며, 이때 go는 become의 뜻으로「되다」 의미로 사용된다. 또한 You can't go wrong with~을 사용하여「절대로 잘못되지 않을 것이다, 문제가 없을 것이다」로 표현하기도 한다.

| 주어 [명사, 명사구, 명사절] | 동사 go | 보어 wrong |
|---|---|---|
| 형용사 | 부사 | 부사 |

**Tip** 의미덩어리 청킹 학습법에서는, 동사 go와 보어 wrong을 각각의 두 단어가 아니라, 청킹동사구 go wrong을 「잘못 되어가다」라는 한 개의 단어처럼 이해 기억 활용하며, 한 개의 의미덩어리 청킹이므로 머릿속에서 한 번만 생각합니다. 의미덩어리 청킹 학습법에서는, 부사구 with the machine을 각각의 세 단어가 아니라, 청킹부사구 with the machine을 「기계에」라는 한 개의 단어처럼 이해 기억 활용하며, 한 개의 의미덩어리 청킹이므로 머릿속에서 한 번만 생각합니다.

### 표현하고자 하는 내용 얼개짜기 Outlining

**step 1** 청킹동사구 [청킹동사 + 목적어 / 보어]

| | |
|---|---|
| go wrong, | 되다 잘못된 |
| go wrong, | 되다 잘못된 |
| go wrong, | 되다 잘못된 |
| go wrong, | 되다 잘못된 |
| go wrong, | 되다 잘못된 |

**step 2** 청킹부사(구, 절)
등위절, 명사구(절), 형용사구(절)

| | |
|---|---|
| with you, | 너에게 |
| these days, | 요즘음 |
| with the machine, | 기계에 |
| with this, | 이것에 |
| with pasta/ for a quick lunch, | 파스타에 빠른 점심으로 |

step 1 + step 2를 결합하여 완전한 문장으로

**step 3** 청킹 문장 만들기
문장의 형태(긍정문, 부정문, 의문문, 명령문, 감탄문), 동사의 시제, 수(단수, 복수), 태(능동, 수동)를 생각하면서

Did anything go wrong with you? — 어떤 것이 되었느냐 잘못된 너에게? *무슨 문제가 있느냐?
Everything is going wrong these days. — 모든 것은 되어 가다 잘못된 요즘
Something went wrong with the machine. — 어떤 것이 되었다 잘못된 기계에
You can't go wrong with this. — 너는 절대로 되지 않다 잘못된 이것에 *전혀 문제가 없을 것이다.
You can't go wrong with pasta for a quick lunch. — 너는 절대로 되지 않다 잘못된 파스타에 빠른 점심으로

 이해 · 기억 · 활용하여할 의미덩어리 청킹 – 1개의 단어처럼 생각하세요. ^O^

go wrong/ with you/ these days/ with the machine/ with this/ with pasta/ for a quick lunch

# unit 36   have an appointment   「있다 약속을」

「약속이 있다」 의미로 쓰인다. 약속을 하는 것은 동사 make, 바꾸는 것은 change, 연기하는 것은 postpone, 취소하는 것은 cancel, 잊는 것은 forget을 사용한다.

주어 [명사, 명사구, 명사절]    동사 have    목적어 appointment

형용사     부사     형용사 an

**Tip** 의미덩어리 청킹 학습법에서는, 동사 have와 목적어 an appointment를 각각의 세 단어가 아니라, **청킹동사구 have an appointment**를 「약속이 있다」라는 **한 개의 단어처럼** 이해 기억 활용하며, 한 개의 의미덩어리 청킹이므로 머릿속에서 한 번만 생각합니다. 의미덩어리 청킹 학습법에서는, 부사구 at that time을 각각의 세 단어가 아니라, **청킹부사구 at that time**을 「그 시간에」라는 **한 개의 단어처럼** 이해 기억 활용하며, 한 개의 의미덩어리 청킹이므로 머릿속에서 한 번만 생각합니다.

── 표현하고자 하는 내용 얼개짜기 Outlining ──

### step 1   청킹동사구
[청킹동사 + 목적어 / 보어]

have an appointment,    있다 약속을
have an appointment,    있다 약속을
have an appointment,    있다 약속을
change an appointment,    바꾸다 약속을
postpone an appointment,    연기하다 약속을

 +

### step 2   청킹부사(구, 절)
등위절, 명사구(절), 형용사구(절)

with him,    그와
at that time,    그 시간에
for that day,    그날에
from 3 to 4 o'clock,    3시에서 4시로
to six o'clock,    6시로

**step 1 + step 2를 결합하여 완전한 문장으로**

### step 3   청킹 문장 만들기
문장의 형태(긍정문, 부정문, 의문문, 명령문, 감탄문), 동사의 시제, 수(단수, 복수), 태(능동, 수동)를 생각하면서

Do you have an appointment with him?    너는 있느냐 약속을 그와?
I have an appointment at that time.    나는 있다 약속을 그 시간에
I have another appointment for that day.    나는 있다 다른 약속을 그날에
Let's change our appointment from 3 to 4 o'clock.    하게하라 우리가 바꾸는 약속을 3시에서 4시로
Why don't we postpone our appointment to six o'clock?    어떠니 우리들이 연기하는 것이 약속을 6시로?

 이해 · 기억 · 활용하여할 **의미덩어리 청킹 — 1개의 단어처럼** 생각하세요. ^0^

have an appointment/ have another appointment/ change an appointment/ postpone an appointment/ with him/ at that time/ for that day/ from 3 to 4 o'clock/ to six o'clock

청킹 스피킹 AUTO   55

## unit 37 have a choice 「하다 선택을」

「선택을 하다, 선택권을 가지다」 의미로 쓰인다.
「~할 수밖에 달리 도리가 없다, ~하지 않을 수 없다」 경우에는 have no choice but to 부정사~로 표현한다.

| 주어 [명사, 명사구, 명사절] | 동사 have | 목적어 choice |
|---|---|---|
| 형용사 | 부사 | 형용사 a |

**Tip** 의미덩어리 청킹 학습법에서는, 동사 have와 목적어 a choice를 각각의 세 단어가 아니라, **청킹동사구 have a choice**를 「선택을 하다」라는 한 개의 단어처럼 이해 기억 활용하며, 한 개의 의미덩어리 청킹이므로 머릿속에서 한 번만 생각합니다. 의미덩어리 청킹 학습법에서는, 부사구 between yes and no를 각각의 네 단어가 아니라, **청킹부사구 between yes and no**를 「긍정과 부정 사이에서」라는 한 개의 단어처럼 이해 기억 활용하며, 한 개의 의미덩어리 청킹이므로 머릿속에서 한 번만 생각합니다.

―― 표현하고자 하는 내용 얼개짜기 Outlining ――

### step 1 청킹동사구
[청킹동사 + 목적어 / 보어]

| | |
|---|---|
| have a choice, | 하다 선택을 |
| have a choice, | 하다 선택을 |
| have a choice, | 하다 선택을 |
| have a choice, | 하다 선택을 |
| have a choice, | 하다 선택을 |

+

### step 2 청킹부사(구, 절)
등위절, 명사구(절), 형용사구(절)

| | |
|---|---|
| in life, | 인생에서 |
| between yes and no, | 긍정과 부정 사이에서 |
| in this matter, | 이 문제에 |
| but to do it, | ~외에는 하는 그것을 |
| but to follow his advice, | ~외에는 따르는 그의 충고를 |

step 1 + step 2를 결합하여 완전한 문장으로
↓

### step 3 청킹 문장 만들기
문장의 형태(긍정문, 부정문, 의문문, 명령문, 감탄문), 동사의 시제, 수(단수, 복수), 태(능동, 수동)를 생각하면서

| | | |
|---|---|---|
| You have a good choice in life. | 너는 하다 좋은 선택을 인생에서 | *잘 선택하다. |
| You have a choice between yes and no. | 너는 하다 선택을 긍정과 부정 사이에서 | |
| We don't have a choice in this matter. | 우리들은 하지 못하다 선택을 이 문제에 | *선택의 여지가 없다. |
| I have no choice but to do it. | 나는 없다 선택을 ~외에는 하는 그것을 | |
| I have no choice but to follow his advice. | 나는 없다 선택을 ~외에는 따르는 그의 충고를 | |

 이해 · 기억 · 활용하여할 **의미덩어리 청킹 – 1개의 단어처럼** 생각하세요. ^0^
have a choice/ have no choice but to do it/ have no choice but to follow his advice/ have a good choice/ in life/ between yes and no/ in this matter

# unit 38 have a feeling 「가지다 느낌을」

「느낌을 가지다, 느낌이 들다」 의미로 쓰인다. 주관적인 생각이나 느낌을 나타낼 때 사용하며, 느낌은 뒤에 that 절~ 로 표현한다. 「예감을 가지다, 예감이 들다」명사 hunch를 사용하여 have a hunch~ 로 표현하기도 한다.

| 주어 [명사, 명사구, 명사절] | 동사 have | 목적어 feeling |
|---|---|---|
| 형용사 | 부사 | 형용사 a |

**Tip** 의미덩어리 청킹 학습법에서는, 동사 have와 목적어 a feeling을 각각의 세 단어가 아니라, **청킹동사구 have a feeling**을 「느낌을 가지다」라는 **한 개의 단어**처럼 이해 기억 활용하며, 한 개의 의미덩어리 청킹이므로 머릿속에서 한 번만 생각합니다.
의미덩어리 청킹 학습법에서는, 부사절 that she is lying을 각각의 네 단어가 아니라, **청킹부사절 that she is lying**을 「그녀가 거짓말하는」이라는 한 개의 단어처럼 이해 기억 활용하며, 한 개의 의미덩어리 청킹이므로 머릿속에서 한 번만 생각합니다.

### 표현하고자 하는 내용 얼개짜기 Outlining

**step 1 청킹동사구** [청킹동사 + 목적어 / 보어]

| | |
|---|---|
| have a feeling, | 가지다 느낌을 |
| have a feeling, | 가지다 느낌을 |
| have a feeling, | 가지다 느낌을 |
| have a feeling, | 가지다 느낌을 |
| have a hunch, | 가지다 예감을 |

**step 2 청킹부사(구, 절)** 등위절, 명사구(절), 형용사구(절)

| | |
|---|---|
| that she is lying, | 그녀가 거짓말하는 |
| we have met somewhere/ before, | 우리가 만났던 어디에서 전에 |
| that it is rather too late, | 그것은 이다 너무 늦은 |
| toward you, | 너에게 |
| that something will happen, | 어떤 것이 일어날 |

### step 1 + step 2 를 결합하여 완전한 문장으로

**step 3 청킹 문장 만들기**
문장의 형태(긍정문, 부정문, 의문문, 명령문, 감탄문), 동사의 시제, 수(단수, 복수), 태(능동, 수동)를 생각하면서

| | |
|---|---|
| I have a feeling that she is lying. | 나는 가지다 느낌을 그녀가 거짓말하는 |
| I have a feeling we have met somewhere before. | 나는 가지다 느낌을 우리가 만났던 어디에서 전에 |
| I have the feeling that it is rather too late. | 나는 가지다 느낌을 그것은 이다 너무 늦은 |
| I have a good feeling toward you. | 나는 가지다 좋은 느낌을 너에게 |
| I have a hunch that something will happen. | 나는 가지다 예감을 어떤 것이 일어날 |

 이해·기억·활용하여할 **의미덩어리 청킹 – 1개의 단어처럼** 생각하세요. ^0^

have a feeling/ have a good feeling/ have a hunch/ toward you/ that she is lying/ we have met somewhere/ that it is rather too late/ that something will happen

## unit 39 · have an idea 「있다 생각을」

「생각이 있다, 알고 있다」 의미로 쓰인다. 어떤 사안에 대해 좋은 생각을 가지고 있는지, 또는 알고 있는지를 물어볼 때 사용하는 표현이다. 부정형인 have no idea는 「알지 못하다 = don't know」의미임을 주의한다.

| 주어 [명사, 명사구, 명사절] | 동사 have | 목적어 idea |
|---|---|---|
| 형용사 | 부사 | 형용사 an |

**Tip** 의미덩어리 청킹 학습법에서는, 동사 have와 목적어 an idea를 각각의 세 단어가 아니라, **청킹동사구 have an idea**를 「느낌을 가지다」라는 한 개의 단어처럼 이해 기억 활용하며, 한 개의 의미덩어리 청킹이므로 머릿속에서 한 번만 생각합니다.
의미덩어리 청킹 학습법에서는, 부사구 to earn some money를 각각의 네 단어가 아니라, **청킹부사구 to earn some money**를 「돈을 버는」이라는 한 개의 단어처럼 이해 기억 활용하며, 한 개의 의미덩어리 청킹이므로 머릿속에서 한 번만 생각합니다.

### 표현하고자 하는 내용 얼개짜기 Outlining

**step 1 청킹동사구** [청킹동사 + 목적어 / 보어]

| have an idea, | 있다 생각을 |
| have an idea, | 있다 생각을 |
| have an idea, | 있다 생각을 |
| have an idea, | 있다 생각을 |
| have an idea, | 있다 생각을 |

**step 2 청킹부사(구, 절)** 등위절, 명사구(절), 형용사구(절)

| to earn some money, | 버는 돈을 |
| of how to solve the problem, | 어떻게 해결하는 문제를 |
| on this topic, | 이 주제에 대해 |
| where we are, | 어디에 우리가 있는 |
| what this word means, | 무엇 이 단어가 의미하는 |

**step 1 + step 2를 결합하여 완전한 문장으로**

### step 3 청킹 문장 만들기
문장의 형태(긍정문, 부정문, 의문문, 명령문, 감탄문), 동사의 시제, 수(단수, 복수), 태(능동, 수동)를 생각하면서

| I have an idea to earn some money. | 나는 있다 생각을 버는 돈을 |
| I have an idea of how to solve the problem. | 나는 있다 생각을 어떻게 해결하는 문제를 |
| I have an idea on this topic. | 나는 있다 생각을 이 주제에 대해 |
| Do you have any idea where we are? | 너는 있느냐 생각을 어디에 우리가 있는? *어딘지 아느냐? |
| I have no idea what this word means. | 나는 없다 생각을 무엇 이 단어가 의미하는 |

 이해 · 기억 · 활용하여할 **의미덩어리 청킹 - 1개의 단어처럼** 생각하세요. ^0^
have an idea/ have no idea/ to earn some money/ of how to solve the problem/ on this topic/ where we are/ what this word means

# unit 40 have a party 「하다 파티를」

「파티를 하다, 파티를 열다」 의미로 쓰이며, 파티를 할 때 사용하는 표현이다.
동사는 hold, give, throw를 사용하기도 한다.

| 주어 [명사, 명사구, 명사절] | 동사 have | 목적어 party |
|---|---|---|
| 형용사 | 부사 | 형용사 a |

**Tip** 의미덩어리 청킹 학습법에서는, 동사 have와 목적어 a party를 각각의 세 단어가 아니라, **청킹동사구 have a party**를 「파티를 하다」라는 한 개의 단어처럼 이해 기억 활용하며, 한 개의 의미덩어리 청킹이므로 머릿속에서 한 번만 생각합니다.
의미덩어리 청킹 학습법에서는, 부사구 with friends를 각각의 두 단어가 아니라, **청킹부사구 with friends**를 「친구들과」이라는 한 개의 단어처럼 이해 기억 활용하며, 한 개의 의미덩어리 청킹이므로 머릿속에서 한 번만 생각합니다.

## 표현하고자 하는 내용 얼개짜기 Outlining

### step 1 청킹동사구
[청킹동사 + 목적어 / 보어]

| have a party, | 하다 파티를 |
| have a party, | 하다 파티를 |
| hold a party, | 열다 파티를 |
| give a party, | 열다 파티를 |
| throw a party, | 열다 파티를 |

### step 2 청킹부사(구, 절)
등위절, 명사구(절), 형용사구(절)

| with friends/ tonight, | 친구들과 오늘 저녁 |
| for Eunice, | 유니스를 위해 |
| for freshmen, | 신입생을 위해 |
| for him/ just last week, | 그를 위해 지난주에 |
| once in a while, | 가끔 |

**step 1 + step 2를 결합하여 완전한 문장으로** ↓

### step 3 청킹 문장 만들기
문장의 형태(긍정문, 부정문, 의문문, 명령문, 감탄문), 동사의 시제, 수(단수, 복수), 태(능동, 수동)를 생각하면서

| I have a birthday party with friends tonight. | 나는 하다 생일파티를 친구들과 오늘 저녁 |
| Let's have a surprise birthday party for Eunice. | 하자 우리가 하는 깜짝 생일 파티를 유니스를 위해 |
| A welcome party was held for freshmen. | 환영파티가 열리다 신입생을 위해 |
| We gave a farewell party for him just last week. | 우리는 열었다 작별파티를 그를 위해 지난주에 |
| I will throw a pizza party once in a while. | 나는 열 것이다 피자파티를 가끔 |

! 이해·기억·활용하여할 **의미덩어리 청킹 – 1개의 단어처럼** 생각하세요. ^O^

have a party/ have a birthday party/ have a surprise birthday party/ hold a party/ give a party/ give a farewell party/ throw a party/ throw a pizza party/ with friends/ for freshmen/ for him/ once in a while

# have a plan 「있다 계획을」

「계획이 있다, 일정이 있다」 의미로 쓰이며, 어떤 것을 할 시간이 있는지 상대방의 형편을 물어볼 때 사용하는 표현이다. 명사 schedule을 사용하기도 하며, have time (시간이 있다) ~과 같은 의미로 사용한다.

| 주어 [명사, 명사구, 명사절] | 동사 have | 목적어 plan |
|---|---|---|
| 형용사 | 부사 | 형용사 a |

**Tip** 의미덩어리 청킹 학습법에서는, 동사 have와 목적어 a plan을 각각의 세 단어가 아니라, **청킹동사구 have a plan**을 「계획이 있다」라는 한 개의 단어처럼 이해 기억 활용하며, 한 개의 의미덩어리 청킹이므로 머릿속에서 한 번만 생각합니다. 의미덩어리 청킹 학습법에서는, 부사구 for that evening을 각각의 세 단어가 아니라, **청킹부사구 for that evening**을 「그날 저녁에」라는 한 개의 단어처럼 이해 기억 활용하며, 한 개의 의미덩어리 청킹이므로 머릿속에서 한 번만 생각합니다.

## 표현하고자 하는 내용 얼개짜기 Outlining

### step 1  청킹동사구
[청킹동사 + 목적어 / 보어]

| have a plan, | 가지다 계획을 |
| have a plan, | 가지다 계획을 |
| have a plan, | 가지다 계획을 |
| have a schedule, | 가지다 일정을 |
| have a schedule, | 가지다 일정을 |

**+**

### step 2  청킹부사(구, 절)
등위절, 명사구(절), 형용사구(절)

| for tomorrow evening, | 내일 저녁에 |
| for that evening, | 그날 저녁에 |
| for the weekend, | 주말에 |
| for this Friday evening, | 이번 금요일 저녁에 |
| yet, | 아직 |

step 1 + step 2를 결합하여 완전한 문장으로
↓

### step 3  청킹 문장 만들기
문장의 형태(긍정문, 부정문, 의문문, 명령문, 감탄문), 동사의 시제, 수(단수, 복수), 태(능동, 수동)를 생각하면서

| Do you have any special plans for tomorrow evening? | 너는 있느냐 특별한 계획을 내일 저녁에? |
| I already have plans for that evening. | 나는 이미 있다 계획을 그날 저녁에 |
| I don't have any plans for the weekend. | 나는 없다 어떠한 계획을 주말에 |
| Do you have any schedule for this Friday evening? | 너는 있느냐 어떤 일정을 이번 금요일 저녁에? |
| I don't have any schedule yet. | 나는 없다 일정을 아직 |

 이해 · 기억 · 활용하여할 **의미덩어리 청킹 – 1개의 단어처럼** 생각하세요. ^O^

have a plan/ have any special plans/ have a schedule/ for tomorrow evening/ for that evening/ for the weekend/ for this Friday evening

## unit 42 have a problem 「있다 문제를」

「문제가 있다」 의미로 쓰인다.
문제가 있거나 불만이 있는 경우에 사용하는 표현이다. 내용은 뒤에 전치사 with~을 사용하여 표현한다.

| 주어 [명사, 명사구, 명사절] | 동사 have | 목적어 problem |
|---|---|---|
| 형용사 | 부사 | 형용사 a |

**Tip** 의미덩어리 청킹 학습법에서는, 동사 have와 목적어 a problem을 각각의 세 단어가 아니라, **청킹동사구 have a problem**을 「문제가 있다」라는 한 개의 단어처럼 이해 기억 활용하며, 한 개의 의미덩어리 청킹이므로 머릿속에서 한 번만 생각합니다.
의미덩어리 청킹 학습법에서는, 부사구 with my schedule을 각각의 세 단어가 아니라, **청킹부사구 with my schedule**을 「나의 일정에」라는 한 개의 단어처럼 이해 기억 활용하며, 한 개의 의미덩어리 청킹이므로 머릿속에서 한 번만 생각합니다.

### 표현하고자 하는 내용 얼개짜기 Outlining

**step 1** 청킹동사구
[청킹동사 + 목적어 / 보어]

| have a problem, | 있다 문제를 |
| have a problem, | 있다 문제를 |
| have a problem, | 있다 문제를 |
| have a problem, | 있다 문제를 |
| have a problem, | 있다 문제를 |

**step 2** 청킹부사(구, 절)
등위절, 명사구(절), 형용사구(절)

| with my computer, | 나의 컴퓨터에 |
| with my schedule/ this weekend, | 나의 일정에 이번 주말 |
| with your car, | 너의 차에 |
| with you, | 너에게 |
| communicating/ in English, | 의사소통하는 영어로 |

**step 1 + step 2를 결합하여 완전한 문장으로**

**step 3** 청킹 문장 만들기
문장의 형태(긍정문, 부정문, 의문문, 명령문, 감탄문), 동사의 시제, 수(단수, 복수), 태(능동, 수동)를 생각하면서

| I have a problem with my computer. | 나는 있다 문제를 나의 컴퓨터에 |
| I have a problem with my schedule this weekend. | 나는 있다 문제를 나의 일정에 이번 주말 |
| Do you have any problems with your car? | 너는 있느냐 어떤 문제를 너의 차에? |
| I don't have any problems with you. | 나는 없다 어떤 문제를 너에게  *너에게 아무 감정 없다. |
| I have no problem communicating in English. | 나는 없다 문제를 의사소통하는 영어로 |

 이해 · 기억 · 활용하여할 **의미덩어리 청킹 − 1개의 단어처럼** 생각하세요. ^o^
have a problem/ have any problems/ have no problem/ with my computer/ with my schedule/ this weekend/ with your car/ with you/ communicating in English

# unit 43 · have a question 「있다 질문을」

「질문이 있다」 의미로 쓰인다.
누구에게 어떤 것을 물어볼 것이 있을 때 말을 시작하면서 사용하는 표현이다.

| 주어 [명사, 명사구, 명사절] | 동사 have | 목적어 question |
|---|---|---|
| 형용사 | 부사 | 형용사 a |

> **Tip** 의미덩어리 청킹 학습법에서는, 동사 have와 목적어 a question을 각각의 세 단어가 아니라, **청킹동사구** have a question 을 「질문이 있다」라는 **한 개의 단어**처럼 이해 기억 활용하며, 한 개의 의미덩어리 청킹이므로 머릿속에서 한 번만 생각합니다.
> 의미덩어리 청킹 학습법에서는, 부사구 about your order를 각각의 세 단어가 아니라, **청킹부사구** about your order를 「너의 주문에 대해」라는 **한 개의 단어**처럼 이해 기억 활용하며, 한 개의 의미덩어리 청킹이므로 머릿속에서 한 번만 생각합니다.

**표현하고자 하는 내용 얼개짜기 Outlining**

### step 1 청킹동사구
[청킹동사 + 목적어 / 보어]

| have a question, | 있다 질문을 |
| have a question, | 있다 질문을 |
| have a question, | 있다 질문을 |
| have a question, | 있다 질문을 |
| have a question, | 있다 질문을 |

**+**

### step 2 청킹부사(구, 절)
등위절, 명사구(절), 형용사구(절)

| for you, | 너에게 |
| to ask you, | 물어볼 너에게 |
| about your order, | 너의 주문에 대해 |
| about this report, | 이 보고서에 대해 |
| on that subject, | 그 주제에 대해 |

**step 1 + step 2를 결합하여 완전한 문장으로**

### step 3 청킹 문장 만들기
문장의 형태(긍정문, 부정문, 의문문, 명령문, 감탄문), 동사의 시제, 수(단수, 복수), 태(능동, 수동)를 생각하면서

| I have a lot of questions for you. | 나는 있다 많은 질문을 너에게 |
| I have a question to ask you. | 나는 있다 질문을 물어볼 너에게 |
| I have a question about your order. | 나는 있다 질문을 너의 주문에 대해 |
| I have a few questions about this report. | 나는 있다 몇 가지 질문을 이 보고서에 대해 |
| I have a question on that subject. | 나는 있다 질문을 그 주제에 대해 |

 이해 · 기억 · 활용하여할 **의미덩어리 청킹 – 1개의 단어처럼** 생각하세요. ^O^
have a question/ have a lot of questions/ have a few questions/ for you/ to ask you/ about your order/ about this report/ on that subject

## unit 44 | have time 「있다 시간을」

「시간이 있다」 의미로 쓰인다. 어떤 것을 할 시간이 있는지 상대방의 형편을 물어볼 때 사용하는 표현이다.
내용은 뒤에 to 부정사~ 또는 for~로 표현한다.

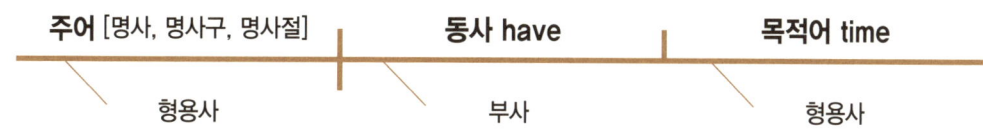

**Tip** 의미덩어리 청킹 학습법에서는, 동사 have와 목적어 time을 각각의 두 단어가 아니라, **청킹동사구 have time**을 「시간이 있다」라는 **한 개의 단어처럼** 이해 기억 활용하며, 한 개의 의미덩어리 청킹이므로 머릿속에서 한 번만 생각합니다. 의미덩어리 청킹 학습법에서는, 부사구 for a cup of coffee를 각각의 다섯 단어가 아니라, **청킹부사구 for a cup of coffee**를 「커피 한잔 하는」이라는 **한 개의 단어처럼** 이해 기억 활용하며, 한 개의 의미덩어리 청킹이므로 머릿속에서 한 번만 생각합니다.

━━━ 표현하고자 하는 내용 얼개짜기 Outlining ━━━

### step 1 청킹동사구
[청킹동사 + 목적어 / 보어]

| have time, | 있다 시간을 |
| have time, | 있다 시간을 |
| have time, | 있다 시간을 |
| have time, | 있다 시간을 |
| have time, | 있다 시간을 |

### step 2 청킹부사(구, 절)
등위절, 명사구(절), 형용사구(절)

| for a drink/ today, | 한잔하는 오늘 |
| for a cup of coffee, | 커피 한잔하는 |
| to spare/ in the afternoon, | 할애하는 오후에 |
| to wait, | 기다리는 |
| to talk/ to you/ now, | 얘기할 너에게 지금 |

step 1 + step 2를 결합하여 완전한 문장으로
↓

### step 3 청킹 문장 만들기
문장의 형태(긍정문, 부정문, 의문문, 명령문, 감탄문), 동사의 시제, 수(단수, 복수), 태(능동, 수동)를 생각하면서

| Do you have time for a drink today? | 너는 있느냐 시간을 한잔하는 오늘? |
| Do you have time for a cup of coffee? | 너는 있느냐 시간을 커피 한잔하는? |
| I have some time to spare in the afternoon. | 나는 있다 약간의 시간을 할애하는 오후에 |
| I don't have time to wait. | 나는 없다 시간을 기다리는 |
| I don't have much time to talk to you now. | 나는 있지 않다 많은 시간을 얘기할 너에게 지금  *시간이 없다. |

이해 · 기억 · 활용하여할 **의미덩어리 청킹 − 1개의 단어처럼** 생각하세요. ^O^
have time/ have some time/ have much time/ for a drink/ for a cup of coffee/ to spare/ in the afternoon/ to wait/ to talk to you

## unit 45

# hear something 「듣다 무엇을」

「무엇을 듣다」 의미로 쓰이며, 타인의 안부를 묻고 궁금해 할 때 쓰는 표현이다. 「무엇에 대해」 듣는 것은 전치사 about~를 사용하며, 「누구로부터」 듣는 것은 전치사 from~을 사용하여 표현한다.

| 주어 [명사, 명사구, 명사절] | 동사 hear | 목적어 something |
|---|---|---|
| 형용사 | 부사 | 형용사 |

**Tip** 의미덩어리 청킹 학습법에서는, 동사 hear와 목적어 something을 각각의 두 단어가 아니라, **청킹동사구 hear something**을 「무엇을 듣다」라는 **한 개의 단어**처럼 이해 기억 활용하며, 한 개의 의미덩어리 청킹이므로 머릿속에서 한 번만 생각합니다.
의미덩어리 청킹 학습법에서는, 부사구 about your raise를 각각의 세 단어가 아니라, **청킹부사구 about your raise**를 「너의 월급인상에 대해」이라는 **한 개의 단어**처럼 이해 기억 활용하며, 한 개의 의미덩어리 청킹이므로 머릿속에서 한 번만 생각합니다.

### 표현하고자 하는 내용 얼개짜기 Outlining

**step 1** 청킹동사구
[청킹동사 + 목적어 / 보어]

| hear something, | 듣다 무엇을 |
| hear something, | 듣다 무엇을 |
| hear something, | 듣다 무엇을 |
| hear something, | 듣다 무엇을 |
| hear, | 듣다 |

**step 2** 청킹부사(구, 절)
등위절, 명사구(절), 형용사구(절)

| about it/ before, | 그것에 대해 전에 |
| about your raise, | 너의 월급인상에 대해 |
| from him/ for a long time, | 그로부터 오랫동안 |
| from him/ for ages, | 그로부터 오랫동안 |
| so much/ about you, | 많이 너에 대해 |

### step 1 + step 2를 결합하여 완전한 문장으로 ↓

**step 3** 청킹 문장 만들기
문장의 형태(긍정문, 부정문, 의문문, 명령문, 감탄문), 동사의 시제, 수(단수, 복수), 태(능동, 수동)를 생각하면서

| I haven't heard anything about it before. | 나는 들은 적이 없다 무엇을 그것에 대해 전에 |
| Have you heard anything about your raise? | 너는 들은 적이 있느냐 너의 월급인상에 대해? |
| I haven't heard anything from him for a long time. | 나는 듣지 못하였다 무엇을 그로부터 오랫동안 |
| I didn't hear something from him for ages. | 나는 듣지 못하였다 무엇을 그로부터 오랫동안 |
| I have heard so much about you. | 나는 들었다 많이 너에 대해 |

**!** 이해 · 기억 · 활용하여할 **의미덩어리 청킹 – 1개의 단어처럼** 생각하세요. ^O^
hear something/ about it/ about your raise/ from him/ for a long time/ for ages/ about you

## unit 46 help somebody 「도와주다 누구를」

「누구를 도와주다」 의미로, 다른 사람에게 도움을 청하거나 상대방에게 도와줄까라고 물어볼 때 사용하는 표현이다. 도움의 내용은 전치사 with~이나 to부정사~를 사용하여 표현한다.

| 주어 [명사, 명사구, 명사절] | 동사 help | 목적어 somebody |
|---|---|---|
| 형용사 | 부사 | 형용사 |

**Tip** 의미덩어리 청킹 학습법에서는, 동사 help와 목적어 somebody를 각각의 두 단어가 아니라, **청킹동사구 help somebody**를 「누구를 도와주다」라는 한 개의 단어처럼 이해 기억 활용하며, 한 개의 의미덩어리 청킹이므로 머릿속에서 한 번만 생각합니다. 의미덩어리 청킹 학습법에서는, 부사구 with my baggage를 각각의 세 단어가 아니라, **청킹부사구 with my baggage**를 「나의 짐에」이라는 한 개의 단어처럼 이해 기억 활용하며, 한 개의 의미덩어리 청킹이므로 머릿속에서 한 번만 생각합니다.

### 표현하고자 하는 내용 얼개짜기 Outlining

**step 1 청킹동사구** [청킹동사 + 목적어 / 보어]

| help somebody, | 도와주다 누구를 |
|---|---|
| help somebody, | 도와주다 누구를 |
| help somebody, | 도와주다 누구를 |
| help somebody, | 도와주다 누구를 |
| help somebody, | 도와주다 누구를 |

**step 2 청킹부사(구, 절)** 등위절, 명사구(절), 형용사구(절)

| with my baggage, | 나의 짐에 |
|---|---|
| to move this table, | 옮기는 이 테이블을 |
| with this suitcase, | 이 가방에 |
| with something, | 무엇에 |
| with your luggage, | 너의 짐에 |

step 1+ step 2를 결합하여 완전한 문장으로

**step 3 청킹 문장 만들기**
문장의 형태(긍정문, 부정문, 의문문, 명령문, 감탄문), 동사의 시제, 수(단수, 복수), 태(능동, 수동)를 생각하면서

| Can you help me with my baggage? | 너는 도와줄 수 있느냐 나를 나의 짐에? |
|---|---|
| Could you help me to move this table? | 너는 도와줄 수 있느냐 나를 옮기는 이 테이블을? |
| Help me with this suitcase, please. | 도와주라 나를 이 가방에 |
| May I help you with something? | 내가 도와줄까 너를 무엇에? |
| Let me help you with your luggage. | 하게하라 내가 도우는 너를 너의 짐에 |

 이해 · 기억 · 활용하여할 **의미덩어리 청킹 – 1개의 단어처럼** 생각하세요. ^0^

help somebody/ help me/ help you/ with my baggage/ to move this table/ with this suitcase/ with something/ with your luggage

청킹 스피킹 AUTO 65

unit 47

# hesitate to call 「주저하다 전화하는 것을」

「전화하는 것을 주저하다, 망설이다」의미로 쓰인다. 특히 Don't hesitate to부정사~는 상대방에게 「어려워하지 말고 부담 없이 ~하라」고 친절하게 말할 때 사용하는 표현이며, Feel free to부정사~와 비슷한 의미를 가진 표현이다.

| 주어 [명사, 명사구, 명사절] | 동사 hesitate | 목적어 to call |
|---|---|---|
| 형용사 | 부사 | 형용사 |

**Tip** 의미덩어리 청킹 학습법에서는, 동사 hesitate와 목적어 to call을 각각의 세 단어가 아니라, **청킹동사구 hesitate to call**을 「**전화하는 것을 주저하다**」라는 한 개의 단어처럼 이해 기억 활용하며, 한 개의 의미덩어리 청킹이므로 머릿속에서 한 번만 생각합니다. 의미덩어리 청킹 학습법에서는, 부사구 at any time을 각각의 세 단어가 아니라, **청킹부사구 at any time**을 「**언제든지**」라는 한 개의 단어처럼 이해 기억 활용하며, 한 개의 의미덩어리 청킹이므로 머릿속에서 한 번만 생각합니다.

### 표현하고자 하는 내용 얼개짜기 Outlining

**step 1** 청킹동사구
[청킹동사 + 목적어 / 보어]

hesitate to call,       주저하다 전화하는 것을
hesitate to contact,    주저하다 연락하는 것을
hesitate to express,    주저하다 표현하는 것을
hesitate to say,        주저하다 말하는 것을
hesitate to talk,       주저하다 말하는 것을

**+**

**step 2** 청킹부사(구, 절)
등위절, 명사구(절), 형용사구(절)

at extension 15,            내선 15번으로
if you have any questions,  만약 너가 있으면 질문이
at any time,                언제든지
directly,                   직접적으로
to me/ if you need anything, 나에게 만약 너가 필요하면 무엇을

step1+step2를 결합하여 완전한 문장으로

**step 3** 청킹 문장 만들기
문장의 형태(긍정문, 부정문, 의문문, 명령문, 감탄문), 동사의 시제, 수(단수, 복수), 태(능동, 수동)를 생각하면서

Don't hesitate to call me at extension 15.                주저하지 마라 전화하는 것을 나에게 내선 15번으로
Don't hesitate to contact me if you have any questions.  주저하지 마라 연락하는 것을 나에게 만약 너가 있으면 질문이
Don't hesitate to express your opinion at any time.      주저하지 마라 표현하는 너의 의견을 언제든지
Don't hesitate to say yes or no directly.                주저하지 마라 말하는 것을 긍정 또는 부정을 직접적으로
Don't hesitate to talk to me if you need anything.       주저하지 마라 말하는 것을 나에게 만약 너가 필요하면 무엇을

 이해 · 기억 · 활용하여할 **의미덩어리 청킹 − 1개의 단어처럼** 생각하세요. ^0^

hesitate to call me/ hesitate to contact me/ hesitate to express your opinion/ hesitate to say yes or no/
hesitate to talk to me/ at extension 15/ if you have any questions/ at any time/ if you need anything

## unit 48 | introduce somebody 「소개하다 누구를」

「누구를 소개하다」 의미로 쓰인다. 자기 자신이나 타인을 다른 사람에게 소개할 때 쓰는 표현이며, 자신에 대한 소개는 May I introduce myself?~로 표현한다. 소개를 받는 상대방은 전치사 to~를 사용하여 「~에게 소개하다」는 형태로 표현한다.

| 주어 [명사, 명사구, 명사절] | 동사 introduce | 목적어 somebody |
|---|---|---|
| 형용사 | 부사 | 형용사 |

**Tip** 의미덩어리 청킹 학습법에서는, 동사 introduce와 목적어 somebody를 각각의 두 단어가 아니라, **청킹동사구 introduce somebody**를 「누구를 소개하다」라는 한 개의 단어처럼 이해 기억 활용하며, 한 개의 의미덩어리 청킹이므로 머릿속에서 한 번만 생각합니다. 의미덩어리 청킹 학습법에서는, 부사구 to my parents를 각각의 세 단어가 아니라, **청킹부사구 to my parents**를 「나의 부모에게」이라는 한 개의 단어처럼 이해 기억 활용하며, 한 개의 의미덩어리 청킹이므로 머릿속에서 한 번만 생각합니다.

### 표현하고자 하는 내용 얼개짜기 Outlining

**step 1 청킹동사구** [청킹동사 + 목적어 / 보어]

| introduce somebody, | 소개하다 누구를 |
| introduce somebody, | 소개하다 누구를 |
| introduce somebody, | 소개하다 누구를 |
| introduce somebody, | 소개하다 누구를 |
| introduce somebody, | 소개하다 누구를 |

 +

**step 2 청킹부사(구, 절)** 등위절, 명사구(절), 형용사구(절)

| to you, | 너에게 |
| to everybody, | 모두에게 |
| to my boss, | 나의 상사에게 |
| to my parents, | 나의 부모에게 |
| to my friend, | 나의 친구에게 |

step1 + step2를 결합하여 완전한 문장으로 ↓

**step 3 청킹 문장 만들기**
문장의 형태(긍정문, 부정문, 의문문, 명령문, 감탄문), 동사의 시제, 수(단수, 복수), 태(능동, 수동)를 생각하면서

| Let me introduce myself to you. | 하게하라 내가 소개하는 나 자신을 너에게 |
| Let me introduce you to everybody. | 하게하라 내가 소개하는 것을 너를 모두에게 |
| I would like to introduce you to my boss. | 나는 소개하기를 원한다 너를 나의 상사에게 |
| I want to introduce you to my parents. | 나는 소개하기를 원한다 너를 나의 부모에게 |
| Let me introduce you to my friend. | 하게하라 내가 소개하는 너를 나의 친구에게 |

 이해 · 기억 · 활용하여할 **의미덩어리 청킹 – 1개의 단어처럼** 생각하세요. ^0^
introduce somebody/ introduce myself/ introduce you/ to you/ to everybody/ to my boss/ to my parents/ to my friend

# look familiar

## 「보이다 익숙한」

「낯이 익다, 많이 본 것 같다」 의미로 쓰인다. 만나서 인사를 하는 상대방이 낯이 익은 얼굴일 때 사용하는 표현이다. 그리고 인사 후 어려 보이거나 나이가 들어 보일 경우 형용사 young, old를 사용하여 look young~, look old~로 표현한다.

| 주어 [명사, 명사구, 명사절] | 동사 look | 보어 familiar |
|---|---|---|
| 형용사 | 부사 | 부사 |

**Tip** 의미덩어리 청킹 학습법에서는, 동사 look과 보어 familiar를 각각의 두 단어가 아니라, **청킹동사구 look familiar를** 「낯이 익다」라는 **한 개의 단어처럼** 이해 기억 활용하며, 한 개의 의미덩어리 청킹이므로 머릿속에서 한 번만 생각합니다. 의미덩어리 청킹 학습법에서는, 부사구 with this name을 각각의 세 단어가 아니라, **청킹부사구 with this name을** 「이 이름에」라는 **한 개의 단어처럼** 이해 기억 활용하며, 한 개의 의미덩어리 청킹이므로 머릿속에서 한 번만 생각합니다.

---

**표현하고자 하는 내용 얼개짜기 Outlining**

### step 1 청킹동사구
[청킹동사 + 목적어 / 보어]

| | |
|---|---|
| look familiar, | 보이다 익숙한 |
| look familiar, | 보이다 익숙한 |
| look familiar, | 보이다 익숙한 |
| look young, | 보이다 어린 |
| look young, | 보이다 어린 |

### step 2 청킹부사(구, 절)
등위절, 명사구(절), 형용사구(절)

| | |
|---|---|
| to me, | 나에게 |
| but I can't place him, | 그러나 나는 누구인지 알아보지 못하다 그를 |
| with this name, | 이 이름에 |
| for your age, | 너의 나이에 비해 |
| than I expect, | ~보다 내가 기대한 |

**step 1 + step 2를 결합하여 완전한 문장으로**

### step 3 청킹 문장 만들기
문장의 형태(긍정문, 부정문, 의문문, 명령문, 감탄문), 동사의 시제, 수(단수, 복수), 태(능동, 수동)를 생각하면서

| | |
|---|---|
| You look so familiar to me. | 너는 보이다 아주 익숙한 나에게  *많이 본 것 같다. |
| He looks familiar, but I can't place him. | 그는 보이다 익숙한 그러나 나는 누구인지 알아보지 못하다 그를 |
| I look familiar with this name. | 나는 보이다 익숙한 이 이름에 |
| You look young for your age. | 너는 보이다 어린 너의 나이에 비해 |
| You look younger than I expect. | 너는 보이다 더 어린 ~보다 내가 기대한 |

  이해 · 기억 · 활용하여할 **의미덩어리 청킹 – 1개의 단어처럼** 생각하세요. ^O^

look familiar/ look young/ look old/ to me/ with this name/ for your age/ but I can't place him/ than I expect

# unit 50 look good 「보이다 좋은」

「좋아 보이다, 기색이 좋다」 의미로 쓰이며, 이때 look은 「~처럼 보이다」로 appear, seem의 의미로 쓰인다. 건강해 보이는 것은 look well~, look better~를 쓰며, 건강이 나빠 보이는 것은 look pale, look under the weather~를 사용하여 표현한다.

| 주어 [명사, 명사구, 명사절] | 동사 look | 보어 good |
|---|---|---|
| 형용사 | 부사 | 부사 |

**Tip**
의미덩어리 청킹 학습법에서는, 동사 look과 보어 good을 각각의 두 단어가 아니라, **청킹동사구 look good**을 「좋아 보이다」라는 한 개의 단어처럼 이해 기억 활용하며, 한 개의 의미덩어리 청킹이므로 머릿속에서 한 번만 생각합니다. 의미덩어리 청킹 학습법에서는, 부사구 these days를 각각의 두 단어가 아니라, **청킹부사 these days**를 「요즈음」이라는 한 개의 단어처럼 이해 기억 활용하며, 한 개의 의미덩어리 청킹이므로 머릿속에서 한 번만 생각합니다.

---

**표현하고자 하는 내용 얼개짜기 Outlining**

### step 1 청킹동사구
[청킹동사 + 목적어 / 보어]

| look good, | 보이다 좋은 |
| look well, | 보이다 건강한 |
| look better, | 보이다 더 좋은 |
| look pale, | 보이다 창백한 |
| look, | 보이다 |

### step 2 청킹부사(구, 절)
등위절, 명사구(절), 형용사구(절)

| these days, | 요즈음 |
| this morning, | 오늘 아침 |
| than ever, | 전보다 |
| in the face, | 얼굴이 |
| under the weather/ today, | 몸이 좋지 않은 오늘 |

**step 1 + step 2를 결합하여 완전한 문장으로**

### step 3 청킹 문장 만들기
문장의 형태(긍정문, 부정문, 의문문, 명령문, 감탄문), 동사의 시제, 수(단수, 복수), 태(능동, 수동)를 생각하면서

| You don't look good these days. | 너는 보이지 않다 좋은 요즈음 |
| You don't look well this morning. | 너는 보이다 건강이 좋지 않은 오늘 아침 |
| You look better than ever. | 너는 보이다 더 좋은 전보다 |
| You look a little pale in the face. | 너는 보이다 약간 창백한 얼굴이 |
| You look under the weather today. | 너는 보이다 몸이 좋지 않은 오늘 |

이해 · 기억 · 활용하여할 **의미덩어리 청킹 – 1개의 단어처럼** 생각하세요. ^O^
look good/ look well/ look better/ look pale/ look a little pale/ look under the weather/ these days/ this morning/ than ever/ in the face

# unit 51: lose one's temper 「잃다 누구의 성질을」

「화를 내다, 성질을 내다」 의미로 쓰이며, 화를 내는 대상은 전치사 with~을 사용하여 표현한다.
반대로 「화를 참다, 성질을 내지 않다」는 keep one's temper~로 표현한다.

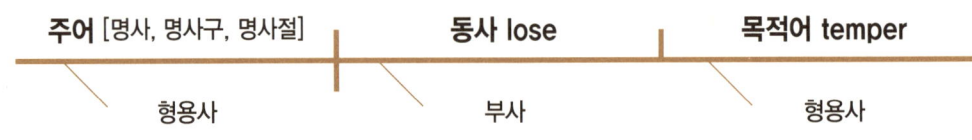

**Tip** 의미덩어리 청킹 학습법에서는, 동사 lose와 목적어 one's temper를 각각의 세 단어가 아니라, **청킹동사구 lose one's temper**를 「성질을 내다」라는 한 개의 단어처럼 이해 기억 활용하며, 한 개의 의미덩어리 청킹이므로 머릿속에서 한 번만 생각합니다. 의미덩어리 청킹 학습법에서는, 부사구 for nothing을 각각의 두 단어가 아니라, **청킹부사구 for nothing**을 「사소한 것에」이라는 한 개의 단어처럼 이해 기억 활용하며, 한 개의 의미덩어리 청킹이므로 머릿속에서 한 번만 생각합니다.

## 표현하고자 하는 내용 얼개짜기 Outlining

### step 1 청킹동사구
[청킹동사 + 목적어 / 보어]

| | |
|---|---|
| lose one's temper, | 잃다 누구의 성질을 |
| lose one's temper, | 잃다 누구의 성질을 |
| lose one's temper, | 잃다 누구의 성질을 |
| lose one's temper, | 잃다 누구의 성질을 |
| lose one's temper, | 잃다 누구의 성질을 |

+

### step 2 청킹부사(구, 절)
등위절, 명사구(절), 형용사구(절)

| | |
|---|---|
| so quickly, | 그렇게 빨리 |
| the other day, | 일전에 |
| very easily, | 아주 쉽게 |
| for nothing, | 사소한 것에 |
| with a customer, | 손님에게 |

**step 1 + step 2를 결합하여 완전한 문장으로**

### step 3 청킹 문장 만들기
문장의 형태(긍정문, 부정문, 의문문, 명령문, 감탄문), 동사의 시제, 수(단수, 복수), 태(능동, 수동)를 생각하면서

| | |
|---|---|
| Don't lose your temper so quickly. | 잃지 말라 너의 성질을 그렇게 빨리   *화내지 마라. |
| I lost my temper the other day. | 나는 잃다 나의 성질을 일전에 |
| I lose my temper very easily. | 나는 잃다 나의 성질을 아주 쉽게 |
| You lose your temper for nothing. | 너는 잃다 너의 성질을 사소한 것에 |
| You lost your temper with a customer. | 너는 잃다 너의 성질을 손님에게 |

 이해 · 기억 · 활용하여할 **의미덩어리 청킹 – 1개의 단어처럼** 생각하세요. ^0^

lose my temper / lose your temper / the other day / for nothing / with a customer

## unit 52 — make a decision 「하다 결정을」

「결정을 하다, 판단을 내리다」 의미로 쓰이며, 동사 decide와 같은 의미이다.
어떤 사안에 대해 결정을 하고 판단을 내릴 때 사용하는 표현이다.

| 주어 [명사, 명사구, 명사절] | 동사 make | 목적어 decision |
|---|---|---|
| 형용사 | 부사 | 형용사 a |

**Tip** 의미덩어리 청킹 학습법에서는, 동사 make와 목적어 a decision을 각각의 세 단어가 아니라, **청킹동사구 make a decision**을 「결정을 하다」라는 한 개의 단어처럼 이해 기억 활용하며, 한 개의 의미덩어리 청킹이므로 머릿속에서 한 번만 생각합니다. 의미덩어리 청킹 학습법에서는, 부사구 on this matter를 각각의 세 단어가 아니라, **청킹부사구 on this matter**를 「이 문제에 대해」라는 한 개의 단어처럼 이해 기억 활용하며, 한 개의 의미덩어리 청킹이므로 머릿속에서 한 번만 생각합니다.

### 표현하고자 하는 내용 얼개짜기 Outlining

**step 1  청킹동사구**
[청킹동사 + 목적어 / 보어]

| make a decision, | 하다 결정을 |
|---|---|
| make a decision, | 하다 결정을 |
| make a decision, | 하다 결정을 |
| make a decision, | 하다 결정을 |
| make a decision, | 하다 결정을 |

**+**

**step 2  청킹부사(구, 절)**
등위절, 명사구(절), 형용사구(절)

| sooner or later, | 조만간 |
|---|---|
| by tomorrow, | 내일까지 |
| on this matter, | 이 문제에 대해 |
| to go on vacation, | 가는 휴가를 |
| based on a lot of factors, | 근거하여 많은 사실들에 |

step 1 + step 2를 결합하여 완전한 문장으로

**step 3  청킹 문장 만들기**
문장의 형태(긍정문, 부정문, 의문문, 명령문, 감탄문), 동사의 시제, 수(단수, 복수), 태(능동, 수동)를 생각하면서

| I have to make a decision sooner or later. | 나는 하여야 한다 결정을 조만간 |
|---|---|
| I will make a decision by tomorrow. | 나는 할 것이다 결정을 내일까지 |
| Make a decision on this matter. | 하라 결정을 이 문제에 대해 |
| I make a decision to go on vacation. | 나는 하다 결정을 가는 휴가를 |
| I made a good decision based on a lot of factors. | 나는 하였다 좋은 결정을 근거하여 많은 사실들에 |

 이해 · 기억 · 활용하여할 **의미덩어리 청킹 – 1개의 단어처럼** 생각하세요. ^0^

make a decision/ sooner or later/ by tomorrow/ on this matter/ to go on vacation/ based on a lot of factors

## unit 53 — make an effort 「하다 노력을」

「노력을 하다, 애쓰다, 공을 들이다」 의미로 쓰인다.
노력하려고 하는 이유나 목적은 뒤에 to부정사~를 사용하여 표현한다.

| 주어 [명사, 명사구, 명사절] | 동사 make | 목적어 effort |
|---|---|---|
| 형용사 | 부사 | 형용사 an |

**Tip** 의미덩어리 청킹 학습법에서는, 동사 make와 목적어 an effort를 각각의 세 단어가 아니라, **청킹동사구 make an effort**를 「노력을 하다」라는 한 개의 단어처럼 이해 기억 활용하며, 한 개의 의미덩어리 청킹이므로 머릿속에서 한 번만 생각합니다. 의미덩어리 청킹 학습법에서는, 부사구 to understand the culture를 각각의 네 단어가 아니라, **청킹부사구 to understand the culture**를 「문화를 이해하기 위하여」라는 한 개의 단어처럼 이해 기억 활용하며, 한 개의 의미덩어리 청킹이므로 머릿속에서 한 번만 생각합니다.

---

**표현하고자 하는 내용 얼개짜기 Outlining**

**step 1 청킹동사구** [청킹동사 + 목적어 / 보어]

| | |
|---|---|
| make an effort, | 하다 노력을 |
| make an effort, | 하다 노력을 |
| make an effort, | 하다 노력을 |
| make an effort, | 하다 노력을 |
| make an effort, | 하다 노력을 |

**+**

**step 2 청킹부사(구, 절)** 등위절, 명사구(절), 형용사구(절)

| | |
|---|---|
| to win, | 이기기 위하여 |
| to understand the culture, | 이해하기 위하여 문화를 |
| to be happy, | 되기 위하여 행복한 |
| to get an A/ in math, | 받기 위하여 A를 수학에서 |
| to correct it, | 바로잡기 위하여 그것을 |

step 1 + step 2를 결합하여 완전한 문장으로

**step 3 청킹 문장 만들기**
문장의 형태(긍정문, 부정문, 의문문, 명령문, 감탄문), 동사의 시제, 수(단수, 복수), 태(능동, 수동)를 생각하면서

| | |
|---|---|
| I always make an effort to win. | 나는 항상 하다 노력을 이기기 위하여 |
| Make an effort to understand the culture. | 하라 노력을 이해하기 위하여 문화를 |
| You have to make an effort to be happy. | 너는 하여야 한다 노력을 되기 위하여 행복한 |
| I made an effort to get an A in math. | 나는 하였다 노력을 받기 위하여 A를 수학에서 |
| I will make every effort to correct it. | 나는 할 것이다 모든 노력을 바로잡기 위하여 그것을 |

 이해 · 기억 · 활용하여할 **의미덩어리 청킹 – 1개의 단어처럼** 생각하세요. ^O^
make an effort/ make every effort/ to win/ to understand the culture/ to be happy/ to get an A in math/ to correct it

## unit 54 make an excuse 「하다 변명을」

「변명하다, 핑계를 대다」 의미로 쓰인다. 어떤 일을 실수하거나 잘못하여 변명을 하거나 핑계를 댈 때 사용하는 표현이다. 변명의 내용은 전치사 for~를 사용하여 표현한다.

| 주어 [명사, 명사구, 명사절] | 동사 make | 목적어 excuse |
|---|---|---|
| 형용사 | 부사 | 형용사 an |

**Tip** 의미덩어리 청킹 학습법에서는, 동사 make와 목적어 an excuse를 각각의 세 단어가 아니라, 청킹동사구 make an excuse를 「변명을 하다」라는 한 개의 단어처럼 이해 기억 활용하며, 한 개의 의미덩어리 청킹이므로 머릿속에서 한 번만 생각합니다. 의미덩어리 청킹 학습법에서는, 부사구 for my fault를 각각의 세 단어가 아니라, 청킹부사구 for my fault를 「나의 실수에 대해」라는 한 개의 단어처럼 이해 기억 활용하며, 한 개의 의미덩어리 청킹이므로 머릿속에서 한 번만 생각합니다.

표현하고자 하는 내용 얼개짜기 Outlining

### step 1 청킹동사구
[청킹동사 + 목적어 / 보어]

| make an excuse, | 하다 변명을 |
| make an excuse, | 하다 변명을 |
| make an excuse, | 하다 변명을 |
| make an excuse, | 하다 변명을 |
| make an excuse, | 하다 변명을 |

### step 2 청킹부사(구, 절)
등위절, 명사구(절), 형용사구(절)

| next time, | 다음에는 |
| point to point, | 차례차례로 |
| for my fault, | 나의 실수에 대해 |
| for being late, | 늦은 것에 대해 |
| for your friend, | 너의 친구를 위해 |

step1 + step2를 결합하여 완전한 문장으로

### step 3 청킹 문장 만들기
문장의 형태(긍정문, 부정문, 의문문, 명령문, 감탄문), 동사의 시제, 수(단수, 복수), 태(능동, 수동)를 생각하면서

| Don't make any excuses next time. | 하지마라 어떠한 변명을 다음에는 |
| I made excuses point to point. | 나는 하였다 변명을 차례차례로 |
| I make no excuses for my fault. | 나는 하지 않다 변명을 나의 실수에 대해 |
| I made excuses for being late. | 나는 하였다 변명을 늦은 것에 대해 |
| You don't have to make excuses for your friend. | 너는 할 필요가 없다 변명을 너의 친구를 위해 |

 이해 · 기억 · 활용하여할 **의미덩어리 청킹 — 1개의 단어처럼** 생각하세요. ^0^

make an excuse/ make no excuses/ next time/ point to point/ for my fault/ for being late/ for your friend

## unit 55 make it 「되게 하다 그것을」

「그것을 되게 하다, 모임에 참석하다, 시간에 맞추어 가다」의미로 쓰인다.
상대방과 시간을 정하려고 얘기할 때 사용하는 표현이다.

| 주어 [명사, 명사구, 명사절] | 동사 make | 목적어 it |
|---|---|---|
| 형용사 | 부사 | 형용사 |

**Tip** 의미덩어리 청킹 학습법에서는, 동사 make와 목적어 it을 각각의 두 단어가 아니라, **청킹동사구 make it을**「그것을 되게 하다」라는 **한 개의 단어처럼** 이해 기억 활용하며, 한 개의 의미덩어리 청킹이므로 머릿속에서 한 번만 생각합니다. 의미덩어리 청킹 학습법에서는, 부사구 to your party를 각각의 세 단어가 아니라, **청킹부사구 to your party를**「너의 파티에」라는 **한 개의 단어처럼** 이해 기억 활용하며, 한 개의 의미덩어리 청킹이므로 머릿속에서 한 번만 생각합니다.

### 표현하고자 하는 내용 얼개짜기 Outlining

**step 1 청킹동사구** [청킹동사 + 목적어 / 보어]

| make it, | 되게 하다 그것을 |
| make it, | 되게 하다 그것을 |
| make it, | 되게 하다 그것을 |
| make it, | 되게 하다 그것을 |
| make it, | 되게 하다 그것을 |

**step 2 청킹부사(구, 절)** 등위절, 명사구(절), 형용사구(절)

| a little later, | 조금 늦게 |
| at three, | 3시에 |
| some other time, | 다른 때에 |
| to your party/ tonight, | 너의 파티에 오늘 저녁 |
| that day, | 그날 |

step 1 + step 2를 결합하여 완전한 문장으로 ↓

**step 3 청킹 문장 만들기**
문장의 형태(긍정문, 부정문, 의문문, 명령문, 감탄문), 동사의 시제, 수(단수, 복수), 태(능동, 수동)를 생각하면서

| Could we make it a little later? | 우리는 할 수 있느냐 조금 늦게? |
| Let's make it at three. | 하게하라 우리가 되는 3시에  *세시에 만나자. |
| Let's make it some other time. | 하게하라 우리가 되는 다른 때에  *나중에 만나자. |
| I can't make it to your party tonight. | 나는 갈 수 없다 너의 파티에 오늘 저녁 |
| I won't be able to make it that day. | 나는 갈 수 없을 것이다 그날  *그날은 안 되겠다. |

 이해 · 기억 · 활용하여할 **의미덩어리 청킹 – 1개의 단어처럼** 생각하세요. ^0^

make it/ a little later/ some other time/ to your party/ that day

# unit 56 | make a mistake 「하다 실수를」

「실수를 하다, 잘못을 저지르다, 과실을 범하다, 잘못 생각하다」 의미로 쓰인다.
의도적으로 고의로 한 것이 아니라, 실수로 잘못 생각하여 행동하였을 때 사용하는 표현이다.

주어 [명사, 명사구, 명사절] | 동사 make | 목적어 mistake
형용사 | 부사 | 형용사 a

**Tip** 의미덩어리 청킹 학습법에서는, 동사 make와 목적어 a mistake를 각각의 세 단어가 아니라, **청킹동사구 make a mistake**를 「실수를 하다」라는 한 개의 단어처럼 이해 기억 활용하며, 한 개의 의미덩어리 청킹이므로 머릿속에서 한 번만 생각합니다. 의미덩어리 청킹 학습법에서는, 부사구 on this bill을 각각의 세 단어가 아니라, **청킹부사구 on this bill**을 「이 계산서에」라는 한 개의 단어처럼 이해 기억 활용하며, 한 개의 의미덩어리 청킹이므로 머릿속에서 한 번만 생각합니다.

표현하고자 하는 내용 얼개짜기 Outlining

### step 1 청킹동사구
[청킹동사 + 목적어 / 보어]

| | |
|---|---|
| make a mistake, | 하다 실수를 |
| make a mistake, | 하다 실수를 |
| make a mistake, | 하다 실수를 |
| make a mistake, | 하다 실수를 |
| make a mistake, | 하다 실수를 |

### step 2 청킹부사(구, 절)
등위절, 명사구(절), 형용사구(절)

| | |
|---|---|
| on this bill, | 이 계산서에 |
| like that/ again, | 그와 같은 다시 |
| on my driver's license test, | 나의 운전면허 시험에서 |
| on the first question, | 첫 번째 문제에서 |
| in calculation, | 계산에 |

step1 + step2를 결합하여 완전한 문장으로
↓

### step 3 청킹 문장 만들기
문장의 형태(긍정문, 부정문, 의문문, 명령문, 감탄문), 동사의 시제, 수(단수, 복수), 태(능동, 수동)를 생각하면서

| | |
|---|---|
| I think you made a mistake on this bill. | 나는 생각하다 너는 하였다 실수를 이 계산서에 |
| Be careful not to make a mistake like that again. | 이다 주의하는 하지 않는 실수를 그와 같은 다시 |
| I made a mistake on my driver's license test. | 나는 하였다 실수를 나의 운전면허 시험에서 |
| I made a mistake on the first question. | 나는 하였다 실수를 첫 번째 문제에서 |
| I must have made a mistake in calculation. | 나는 하였음이 틀림없다 실수를 계산에 |

 이해 · 기억 · 활용하여할 **의미덩어리 청킹 – 1개의 단어처럼** 생각하세요. ^O^

make a mistake/ on this bill/ like that/ on my driver's license test/ on the first question/ in calculation

## unit 57 — make a resolution 「하다 결심을」

「결심을 하다, 각오를 하다, 다짐을 하다」 의미로 쓰인다. 어떤 일에 대해 결심, 각오, 결의, 다짐 등을 할 때 사용하는 표현이다.

| 주어 [명사, 명사구, 명사절] | 동사 make | 목적어 resolution |
|---|---|---|
| 형용사 | 부사 | 형용사 a |

**Tip** 의미덩어리 청킹 학습법에서는, 동사 make와 목적어 a resolution을 각각의 세 단어가 아니라, **청킹동사구 make a resolution**을 「결심을 하다」라는 한 개의 단어처럼 이해 기억 활용하며, 한 개의 의미덩어리 청킹이므로 머릿속에서 한 번만 생각합니다. 의미덩어리 청킹 학습법에서는, 부사구 for the new year를 각각의 네 단어가 아니라, **청킹부사구 for the new year**를 「새해에」라는 한 개의 단어처럼 이해 기억 활용하며, 한 개의 의미덩어리 청킹이므로 머릿속에서 한 번만 생각합니다.

---

표현하고자 하는 내용 얼개짜기 Outlining

### step 1 청킹동사구
[청킹동사 + 목적어 / 보어]

| make a resolution, | 하다 결심을 |
| make a resolution, | 하다 결심을 |
| make a resolution, | 하다 결심을 |
| make a resolution, | 하다 결심을 |
| make a resolution, | 하다 결심을 |

### step 2 청킹부사(구, 절)
등위절, 명사구(절), 형용사구(절)

| to lose weight, | 줄이는 체중을 |
| for the new year, | 새해에 |
| to stop drinking, | 끊는 음주를 |
| never to repeat that act, | 반복하지 않는 그 행동을 |
| to visit my parents more often, | 방문하는 나의 부모님들을 더 자주 |

step1 + step2를 결합하여 완전한 문장으로

### step 3 청킹 문장 만들기
문장의 형태(긍정문, 부정문, 의문문, 명령문, 감탄문), 동사의 시제, 수(단수, 복수), 태(능동, 수동)를 생각하면서

| Did you make a New York's resolution to lose weight? | 너는 하였느냐 새해 결심을 줄이는 체중을? |
| What resolution did you make for the new year? | 어떤 결심을 너는 하였느냐 새해에? |
| I made a resolution to stop drinking. | 나는 하였다 결심을 끊는 음주를 |
| I make a resolution never to repeat that act. | 나는 하다 결심을 반복하지 않는 그 행동을 |
| I made a resolution to visit my parents more often. | 나는 하였다 결심을 방문하는 나의 부모님들을 더 자주 |

 이해 · 기억 · 활용하여할 **의미덩어리 청킹 – 1개의 단어처럼** 생각하세요. ^O^

make a resolution/ make a New Year's resolution/ to lose weight/ for the new year/ to stop drinking/ never to repeat that act/ to visit my parents

## unit 58 — make a speech 「하다 연설을」

「연설을 하다」 의미로 쓰인다. 사람들 앞에서 연설을 할 때 사용하는 표현이며, 연설의 내용은 뒤에 전치사 on~을 사용하여 표현한다. 동사 deliver를 사용하여 deliver a speech~로 표현하기도 한다.

| 주어 [명사, 명사구, 명사절] | 동사 make | 목적어 speech |
|---|---|---|
| 형용사 | 부사 | 형용사 a |

**Tip** 의미덩어리 청킹 학습법에서는, 동사 make와 목적어 a speech를 각각의 세 단어가 아니라, **청킹동사구** make a speech 를 「연설을 하다」라는 한 개의 단어처럼 이해 기억 활용하며, 한 개의 의미덩어리 청킹이므로 머릿속에서 한 번만 생각합니다. 의미덩어리 청킹 학습법에서는, 부사구 in front of people을 각각의 네 단어가 아니라, **청킹부사구** in front of people을 「사람들 앞에서」라는 한 개의 단어처럼 이해 기억 활용하며, 한 개의 의미덩어리 청킹이므로 머릿속에서 한 번만 생각합니다.

---

표현하고자 하는 내용 얼개짜기 Outlining

### step 1 청킹동사구
[청킹동사 + 목적어 / 보어]

| make a speech, | 하다 연설을 |
| make a speech, | 하다 연설을 |
| make a speech, | 하다 연설을 |
| make a speech, | 하다 연설을 |
| make a speech, | 하다 연설을 |

 **+**

### step 2 청킹부사(구, 절)
등위절, 명사구(절), 형용사구(절)

| in front of people, | 사람들 앞에서 |
| in public, | 대중 앞에서 |
| that night, | 그날 저녁에 |
| on human rights, | 인권에 대해 |
| in English/ to the people, | 영어로 사람들에게 |

step1 + step2를 결합하여 완전한 문장으로 ↓

### step 3 청킹 문장 만들기
문장의 형태(긍정문, 부정문, 의문문, 명령문, 감탄문), 동사의 시제, 수(단수, 복수), 태(능동, 수동)를 생각하면서

| I will make a speech in front of people. | 나는 할 것이다 연설을 사람들 앞에서 |
| I got used to making speeches in public. | 나는 되었다 익숙한 하는 연설을 대중 앞에서 |
| I made a good-bye speech that night. | 나는 하였다 고별연설을 그날 저녁에 |
| I make a short speech on human rights. | 나는 하다 짧은 연설을 인권에 대해 |
| Please make a brief speech in English to the people. | 하라 간단한 연설을 영어로 사람들에게 |

 이해 · 기억 · 활용하여할 **의미덩어리 청킹 − 1개의 단어처럼** 생각하세요. ^O^

make a speech/ make a good-bye speech/ make a short speech/ make a brief speech/ in front of people/ in public/ that night/ on human rights/ in English/ to the people

## unit 59 — meet each other 「만나다 서로서로」

「서로서로 만나다」 의미로 쓰인다. 처음 만나서 인사를 하는 상대방이 낯이 익은 얼굴인 경우, 「예전에 어디에서 만난 적이 있지 않느냐」고 물어 볼 때 사용하는 표현이다.

```
주어 [명사, 명사구, 명사절]   동사 meet     목적어 each other
        형용사                 부사              형용사
```

**Tip** 의미덩어리 청킹 학습법에서는, 동사 meet와 목적어 each other를 각각의 세 단어가 아니라, **청킹동사구 meet each other**를 「서로서로를 만나다」라는 한 개의 단어처럼 이해 기억 활용하며, 한 개의 의미덩어리 청킹이므로 머릿속에서 한 번만 생각합니다. 의미덩어리 청킹 학습법에서는, 부사구 by any chance를 각각의 세 단어가 아니라, **청킹부사구 by any chance**를 「우연히」라는 한 개의 단어처럼 이해 기억 활용하며, 한 개의 의미덩어리 청킹이므로 머릿속에서 한 번만 생각합니다.

### 표현하고자 하는 내용 얼개짜기 Outlining

**step 1 청킹동사구** [청킹동사 + 목적어 / 보어]

| | |
|---|---|
| meet (each other), | 만나다 서로서로 |
| meet (each other), | 만나다 서로서로 |
| meet (each other), | 만나다 서로서로 |
| meet (each other), | 만나다 서로서로 |
| meet (each other), | 만나다 서로서로 |

**+**

**step 2 청킹부사(구, 절)** 등위절, 명사구(절), 형용사구(절)

| | |
|---|---|
| by any chance, | 우연히 |
| somewhere/ before, | 어디에서 전에 |
| before, | 전에 |
| before, | 전에 |
| yet, | 아직 |

step 1 + step 2를 결합하여 완전한 문장으로

**step 3 청킹 문장 만들기**
문장의 형태(긍정문, 부정문, 의문문, 명령문, 감탄문), 동사의 시제, 수(단수, 복수), 태(능동, 수동)를 생각하면서

| | |
|---|---|
| Have we ever met by any chance? | 우리는 만난 적이 있느냐 우연히? |
| Have we met somewhere before? | 우리는 만난 적이 있느냐 어디에서 전에? |
| Where have we met before? | 어디에서 우리는 만난 적이 있느냐 전에? |
| I think we have met before. | 나는 생각하다 우리는 만난 적이 있다 전에 |
| Have you two met each other yet? | 너희 둘은 만났느냐 서로서로 아직? |

 이해·기억·활용하여할 **의미덩어리 청킹 – 1개의 단어처럼** 생각하세요. ^o^

meet each other/ by any chance

## unit 60 pay attention 「하다 주의를」

「주의하다, 신경 쓰다, 관심을 갖다, 유의하다」 의미로 쓰인다.
주의와 관심을 기울여 집중하라고 할 때 사용하는 표현이다.

주어 [명사, 명사구, 명사절] | 동사 pay | 목적어 attention
형용사 | 부사 | 형용사

**Tip** 의미덩어리 청킹 학습법에서는, 동사 pay와 목적어 attention을 각각의 두 단어가 아니라, **청킹동사구** pay attention을 「주의를 하다」라는 **한 개의 단어**처럼 이해 기억 활용하며, 한 개의 의미덩어리 청킹이므로 머릿속에서 한 번만 생각합니다.
의미덩어리 청킹 학습법에서는, 부사구 to this point를 각각의 세 단어가 아니라, **청킹부사구** to this point를 「이 점에」라는 **한 개의 단어**처럼 이해 기억 활용하며, 한 개의 의미덩어리 청킹이므로 머릿속에서 한 번만 생각합니다.

--- 표현하고자 하는 내용 얼개짜기 Outlining ---

### step 1 청킹동사구
[청킹동사 + 목적어 / 보어]

pay attention,   하다 주의를
pay attention,   하다 주의를
pay attention,   하다 주의를
pay attention,   하다 주의를
pay attention,   하다 주의를

### step 2 청킹부사(구, 절)
등위절, 명사구(절), 형용사구(절)

to what I am saying,         무엇 내가 말하고 있는 것에
and listen/ to me/ carefully, 그리고 듣다 나를 주의 깊게
to this point,               이 점에
to such small potatoes,      그러한 하찮은 것에
to rumors,                   소문들에

step 1 + step 2를 결합하여 완전한 문장으로

### step 3 청킹 문장 만들기
문장의 형태(긍정문, 부정문, 의문문, 명령문, 감탄문), 동사의 시제, 수(단수, 복수), 태(능동, 수동)를 생각하면서

Please pay attention to what I am saying.         하라 주의를 무엇 내가 말하고 있는 것에
Pay attention and listen to me carefully.          하라 주의를 그리고 들어라 나를 주의 깊게
We must pay particular attention to this point.    우리는 하여야 하다 특별한 주의를 이 점에
Don't pay attention to such small potatoes.        신경 쓰지 마라 그러한 하찮은 것에
I try not to pay attention to rumors.              나는 노력하다 신경 쓰지 않는 소문들에

 이해 · 기억 · 활용하여할 **의미덩어리 청킹 - 1개의 단어**처럼 생각하세요. ^0^

pay attention/ to this point/ to such small potatoes/ to rumors/ to what I am saying/ and listen to me

## unit 61 put one's hand 「두다 누구의 손을」

「누구의 손을 ~에 두다」 의미로 쓰인다. 일상생활에서 신체부위 특히 손을 어디에 두는지를 말할 때 사용하는 표현이다. 범죄 용의자를 체포하려고 경찰이 「손들어!」라고 하는 것은 Put your hands up!~으로 표현한다.

주어 [명사, 명사구, 명사절] — 형용사
동사 put — 부사
목적어 hand — 형용사

**Tip** 의미덩어리 청킹 학습법에서는, 동사 put과 목적어 one's hand를 각각의 세 단어가 아니라, **청킹동사구 put one's hand**를 「누구의 손을 ~에 두다」라는 한 개의 단어처럼 이해 기억 활용하며, 한 개의 의미덩어리 청킹이므로 머릿속에서 한 번만 생각합니다. 의미덩어리 청킹 학습법에서는, 부사구 on your heads를 각각의 세 단어가 아니라, **청킹부사구 on your heads**를 「너의 머리 위에」라는 한 개의 단어처럼 이해 기억 활용하며, 한 개의 의미덩어리 청킹이므로 머릿속에서 한 번만 생각합니다.

표현하고자 하는 내용 얼개짜기 Outlining

**step 1 청킹동사구** [청킹동사 + 목적어 / 보어]

put one's hands,   두다 누구의 손을
put one's hands,   두다 누구의 손을
put one's hands,   두다 누구의 손을
put one's hands,   두다 누구의 손을
put one's hands,   두다 누구의 손을

**step 2 청킹부사(구, 절)** 등위절, 명사구(절), 형용사구(절)

on your heads,                       너의 머리 위에
behind your back,                    등 뒤에
together/ and close your eyes,       같이 그리고 감다 너의 눈을
down/ on your sides,                 아래로 너의 옆에
up/ if you know the answer,          위로 만약 너가 알면 정답을

step 1 + step 2를 결합하여 완전한 문장으로

**step 3 청킹 문장 만들기**
문장의 형태(긍정문, 부정문, 의문문, 명령문, 감탄문), 동사의 시제, 수(단수, 복수), 태(능동, 수동)를 생각하면서

Put your hands on your heads.                두라 너의 손을 너의 머리 위에
Put your hands behind your back.             두라 너의 손을 등 뒤에
Put your hands together and close your eyes. 두라 너의 손을 같이 그리고 감아라 너의 눈을
Put your hands down on your sides.           두라 너의 손을 아래로 너의 옆에
Put your hand up if you know the answer.     두라 너의 손을 위로 만약 너가 알면 정답을

 이해 · 기억 · 활용하여할 **의미덩어리 청킹 – 1개의 단어처럼** 생각하세요. ^O^
put your hands/ on your heads/ behind your back/ on your sides/ and close your eyes/ if you know the answer

80 의미덩어리 청킹Chunking을 알면, 영어를 저절로 말하게 된다!

## unit 62 · raise a voice 「높이다 목소리를」

「목소리를 높이다」 의미로 쓰인다. 상대가 목소리를 높이거나 목소리를 높여 반대할 때 사용하는 표현이다. 반대하는 내용은 뒤에 전치사 against~를 사용하여 표현한다. 「목소리를 낮추어라」는 Keep your voice down~으로 표현한다.

| 주어 [명사, 명사구, 명사절] | 동사 raise | 목적어 voice |
|---|---|---|
| 형용사 | 부사 | 형용사 a |

**Tip** 의미덩어리 청킹 학습법에서는, 동사 raise와 목적어 a voice를 각각의 세 단어가 아니라, **청킹동사구 raise a voice**를 「목소리를 높이다」라는 한 개의 단어처럼 이해 기억 활용하며, 한 개의 의미덩어리 청킹이므로 머릿속에서 한 번만 생각합니다. 의미덩어리 청킹 학습법에서는, 부사구 against the plan을 각각의 세 단어가 아니라, **청킹부사구 against the plan**을 「계획에 반대하는」라는 한 개의 단어처럼 이해 기억 활용하며, 한 개의 의미덩어리 청킹이므로 머릿속에서 한 번만 생각합니다.

---

표현하고자 하는 내용 얼개짜기 Outlining

### step 1 청킹동사구
[청킹동사 + 목적어 / 보어]

| raise a voice, | 높이다 목소리를 |
| raise a voice, | 높이다 목소리를 |
| raise a voice, | 높이다 목소리를 |
| raise a voice, | 높이다 목소리를 |
| raise a voice, | 높이다 목소리를 |

### step 2 청킹부사(구, 절)
등위절, 명사구(절), 형용사구(절)

| at me, | 나에게 |
| at such a trifle, | 그러한 사소한 일에 |
| against the plan, | 계획에 반대하는 |
| in anger, | 분노로 |
| in the meeting, | 회의에서 |

step 1 + step 2를 결합하여 완전한 문장으로 ↓

### step 3 청킹 문장 만들기
문장의 형태(긍정문, 부정문, 의문문, 명령문, 감탄문), 동사의 시제, 수(단수, 복수), 태(능동, 수동)를 생각하면서

| Don't raise your voice at me. | 높이지 마라 목소리를 나에게 |
| You don't have to raise your voice at such a trifle. | 너는 높일 필요가 없다 너의 목소리를 그러한 사소한 일에 |
| I raise my voice against the plan. | 나는 높이다 나의 목소리를 계획에 반대하는 |
| I raised my voice in anger. | 나는 높였다 나의 목소리를 분노로 |
| I raised my voice in the meeting. | 나는 높였다 나의 목소리를 회의에서 |

 이해·기억·활용하여할 의미덩어리 청킹 – 1개의 단어처럼 생각하세요. ^0^

raise a voice/ raise my voice/ raise your voice/ at me/ at such a trifle/ against the plan/ in anger/ in the meeting

unit 63

# run late

「되다 늦은」

「늦게 되다」 의미로 쓰이며, 이때 run은 become의 뜻으로 「되다」 의미로 사용된다.
사람이 시간이 늦거나, 회의 · 기차 · 버스 등이 예정된 시간보다 늦을 때 사용하는 표현이다.

| 주어 [명사, 명사구, 명사절] | 동사 run | 보어 late |
|---|---|---|
| 형용사 | 부사 | 부사 |

**Tip** 의미덩어리 청킹 학습법에서는, 동사 run과 보어 late를 각각의 두 단어가 아니라, **청킹동사구 run late**를 「늦게 되다」라는 한 개의 단어처럼 이해 기억 활용하며, 한 개의 의미덩어리 청킹이므로 머릿속에서 한 번만 생각합니다. 의미덩어리 청킹 학습법에서는, 부사구 to a meeting을 각각의 세 단어가 아니라, **청킹부사구 to a meeting**을 「회의에」라는 한 개의 단어처럼 이해 기억 활용하며, 한 개의 의미덩어리 청킹이므로 머릿속에서 한 번만 생각합니다.

---

**표현하고자 하는 내용 얼개짜기 Outlining**

**step 1** 청킹동사구
[청킹동사 + 목적어 / 보어]

| run late, | 되다 늦은 |
| run late, | 되다 늦은 |
| run late, | 되다 늦은 |
| run late, | 되다 늦은 |
| run late, | 되다 늦은 |

**step 2** 청킹부사(구, 절)
등위절, 명사구(절), 형용사구(절)

| to a meeting, | 회의에 |
| and I have to hurry, | 그리고 나는 서둘러야 하다 |
| as usual, | 평소처럼 |
| this morning, | 오늘 아침 |
| and I couldn't call you, | 그리고 나는 전화할 수 없었다 너에게 |

**step 1 + step 2를 결합하여 완전한 문장으로**

**step 3** 청킹 문장 만들기
문장의 형태(긍정문, 부정문, 의문문, 명령문, 감탄문), 동사의 시제, 수(단수, 복수), 태(능동, 수동)를 생각하면서

I am running late to a meeting. — 나는 되고 있다 늦은 회의에
I am running late and I have to hurry. — 나는 되고 있다 늦은 그래서 나는 서둘러야 하다
He is running late as usual. — 그는 되고 있다 늦은 평소처럼
All the trains are running late this morning. — 모든 기차들은 되고 있다 늦은 오늘 아침
My meeting ran late and I couldn't call you. — 나의 회의는 되었다 늦은 그래서 나는 전화할 수 없었다 너에게

 이해 · 기억 · 활용하여할 **의미덩어리 청킹 – 1개의 단어처럼** 생각하세요. ^0^

run late/ to a meeting/ as usual/ this morning/ and I have to hurry/ and I couldn't call you

# unit 64

## see somebody 「만나다 (애인으로) 누구를」

단순히 만나는 것이 아니라, 「애인으로 누구를 만나다」 의미로 쓰인다. 사람을 처음 만나는 경우는 meet 동사를 사용하며, 그 이후 안면이 있으면서 아는 사람을 만나는 경우 see 동사를 사용한다. 「누구에게 소개하다」는 set up somebody~로 표현한다.

**Tip** 의미덩어리 청킹 학습법에서는, 동사 see와 목적어 somebody를 각각의 두 단어가 아니라, **청킹동사구 see somebody** 를 「애인으로 누구를 만나다」라는 한 개의 단어처럼 이해 기억 활용하며, 한 개의 의미덩어리 청킹이므로 머릿속에서 한 번만 생각합니다. 의미덩어리 청킹 학습법에서는, 부사구 at the moment를 각각의 세 단어가 아니라, **청킹부사구 at the moment** 를 「지금」이라는 한 개의 단어처럼 이해 기억 활용하며, 한 개의 의미덩어리 청킹이므로 머릿속에서 한 번만 생각합니다.

---

**표현하고자 하는 내용 얼개짜기 Outlining**

### step 1 청킹동사구
[청킹동사 + 목적어 / 보어]

| | |
|---|---|
| see somebody, | 만나다 (애인으로) 누구를 |
| see somebody, | 만나다 (애인으로) 누구를 |
| see somebody, | 만나다 (애인으로) 누구를 |
| meet somebody, | 만나다 누구를 |
| set up somebody, | 소개하다 누구에게 |

**+**

### step 2 청킹부사(구, 절)
등위절, 명사구(절), 형용사구(절)

| | |
|---|---|
| lately, | 최근에 |
| seriously, | 깊이 |
| at the moment, | 지금 |
| soon, | 곧 |
| with someone nice you know, | 좋은 사람 너가 아는 |

**step 1 + step 2를 결합하여 완전한 문장으로**

### step 3 청킹 문장 만들기
문장의 형태(긍정문, 부정문, 의문문, 명령문, 감탄문), 동사의 시제, 수(단수, 복수), 태(능동, 수동)를 생각하면서

| | |
|---|---|
| Are you seeing somebody lately? | 너는 만나고 있느냐 누구를 최근에?*사귀는 사람이 있느냐? |
| Are you seeing anyone seriously? | 너는 만나고 있느냐 누구를 깊이? |
| I am not seeing anyone at the moment. | 나는 만나지 않고 있다 누구를 지금 |
| I would like to meet someone decent soon. | 나는 만나기를 원하다 어떤 사람을 괜찮은 곧 |
| Could you set me up with someone nice you know? | 너는 소개해 주겠느냐 나에게 좋은 사람 너가 아는? |

---

**!** 이해 · 기억 · 활용하여할 **의미덩어리 청킹 − 1개의 단어처럼** 생각하세요. ^0^

see somebody/ meet someone decent/ set me up/ with someone nice/ at the moment

# unit 65 see you 「보다 너를」

「너를 보다, 만나다」 의미로 쓰이며, 상대방을 오랜만에 만났을 때 사용하는 표현이다.
「오랜만이다」를 「보지 못하였다 너를 오랫동안」 형태로 사용하여 표현한다.

| 주어 [명사, 명사구, 명사절] | 동사 see | 목적어 you |
|---|---|---|
| 형용사 | 부사 | 형용사 |

**Tip** 의미덩어리 청킹 학습법에서는, 동사 see와 목적어 you를 각각의 두 단어가 아니라, **청킹동사구 see you**를 「너를 보다」라는 한 개의 단어처럼 이해 기억 활용하며, 한 개의 의미덩어리 청킹이므로 머릿속에서 한 번만 생각합니다. 의미덩어리 청킹 학습법에서는, 부사구 for a long time을 각각의 네 단어가 아니라, **청킹부사구 for a long time**을 「오랫동안」이라는 한 개의 단어처럼 이해 기억 활용하며, 한 개의 의미덩어리 청킹이므로 머릿속에서 한 번만 생각합니다.

── 표현하고자 하는 내용 얼개짜기 Outlining ──

### step 1 청킹동사구
[청킹동사 + 목적어 / 보어]

| see you, | 보다 너를 |
| see you, | 보다 너를 |
| see you, | 보다 너를 |
| see you, | 보다 너를 |
| see you, | 보다 너를 |

**+**

### step 2 청킹부사(구, 절)
등위절, 명사구(절), 형용사구(절)

| for a long time, | 오랫동안 |
| for ages, | 오랫동안 |
| in ages, | 오랫동안 |
| in years, | 몇 년 동안 |
| in more than a year, | 일 년 이상 |

step 1 + step 2를 결합하여 완전한 문장으로
↓

### step 3 청킹 문장 만들기
문장의 형태(긍정문, 부정문, 의문문, 명령문, 감탄문), 동사의 시제, 수(단수, 복수), 태(능동, 수동)를 생각하면서

| I haven't seen you for a long time. | 나는 보지 못하였다 너를 오랫동안 |
| I haven't seen you for ages. | 나는 보지 못하였다 너를 오랫동안 |
| I haven't seen you in ages. | 나는 보지 못하였다 너를 오랫동안 |
| I haven't seen you in years. | 나는 보지 못하였다 너를 몇 년 동안 |
| I haven't seen you in more than a year. | 나는 보지 못하였다 너를 일 년 이상 |

! 이해 · 기억 · 활용하여할 **의미덩어리 청킹 – 1개의 단어처럼** 생각하세요. ^0^
see you/ for a long time/ for ages/ in ages/ in years/ in more than a year

## unit 66 : set a date 「정하다 날짜를」

「날짜를 정하다」 의미로 쓰인다. 회의, 결혼식, 모임, 여행 등의 날짜를 정할 때 사용하는 표현이다.
날짜를 정하는 대상은 뒤에 전치사 for~를 사용하여 표현한다.

| 주어 [명사, 명사구, 명사절] | 동사 set | 목적어 date |
|---|---|---|
| 형용사 | 부사 | 형용사 a |

**Tip** 의미덩어리 청킹 학습법에서는, 동사 set과 목적어 a date를 각각의 세 단어가 아니라, **청킹동사구 set a date**를 「날짜를 정하다」라는 **한 개의 단어처럼** 이해 기억 활용하며, 한 개의 의미덩어리 청킹이므로 머릿속에서 한 번만 생각합니다. 의미덩어리 청킹 학습법에서는, 부사구 for the meeting을 각각의 세 단어가 아니라, **청킹부사구 for the meeting**을 「회의의」이라는 **한 개의 단어처럼** 이해 기억 활용하며, 한 개의 의미덩어리 청킹이므로 머릿속에서 한 번만 생각합니다.

― 표현하고자 하는 내용 얼개짜기 Outlining ―

### step 1 청킹동사구
[청킹동사 + 목적어 / 보어]

set a date,  　　정하다 날짜를
set a date,  　　정하다 날짜를
set a date,  　　정하다 날짜를
set a date,  　　정하다 날짜를
set a date,  　　정하다 날짜를

### step 2 청킹부사(구, 절)
등위절, 명사구(절), 형용사구(절)

for the meeting,  　　회의의
for the wedding,  　　결혼식의
for a trip/ to Japan,  　　여행의 일본으로
for this review/ as soon as possible,  　　이 검토를 가능한 한 빨리
for a second meeting/ in the spring,  　　두 번째 회의를 봄에

step1 + step2를 결합하여 완전한 문장으로

### step 3 청킹 문장 만들기
문장의 형태(긍정문, 부정문, 의문문, 명령문, 감탄문), 동사의 시제, 수(단수, 복수), 태(능동, 수동)를 생각하면서

Let's set a date for the meeting.　　하자 우리가 정하는 날짜를 회의의
Have you set a date for the wedding?　　너는 정하였느냐 날짜를 결혼식의?
I set a date for a trip to Japan.　　나는 정하다 날짜를 여행의 일본으로
Please set a date for this review as soon as possible.　　정하자 날짜를 이 검토를 가능한 한 빨리
We are setting a date for a second meeting in the spring.　　우리는 정하고 있다 날짜를 두 번째 회의를 봄에

 이해 · 기억 · 활용하여할 **의미덩어리 청킹 – 1개의 단어처럼** 생각하세요. ^0^
set a date/ for the meeting/ for the wedding/ for a trip/ to Japan/ for this review/ as soon as possible/ for a second meeting/ in the spring

# unit 67 stay awake 「계속하다 깨어있는」

「깨어있다」 의미로 쓰인다. 잠자지 않고 계속 깨어있는 것을 말할 때 사용하는 표현이다. 이때 stay는 뒤에 형용사를 두어 「~한 상태로 있다, ~한 상태를 유지하다」라는 의미로 사용된다.

```
주어 [명사, 명사구, 명사절]        동사 stay        보어 awake
       형용사                      부사              부사
```

**Tip** 의미덩어리 청킹 학습법에서는, 동사 stay와 보어 awake를 각각의 두 단어가 아니라, **청킹동사구 stay awake를 「깨어있다」**라는 **한 개의 단어처럼** 이해 기억 활용하며, 한 개의 의미덩어리 청킹이므로 머릿속에서 한 번만 생각합니다. 의미덩어리 청킹 학습법에서는, 부사구 all night를 각각의 두 단어가 아니라, **청킹부사구 all night를 「밤새도록」**이라는 **한 개의 단어처럼** 이해 기억 활용하며, 한 개의 의미덩어리 청킹이므로 머릿속에서 한 번만 생각합니다.

표현하고자 하는 내용 얼개짜기 Outlining

### step 1 청킹동사구
[청킹동사 + 목적어 / 보어]

| stay awake, | 계속하다 깨어있는 |
| stay awake, | 계속하다 깨어있는 |
| stay awake, | 계속하다 깨어있는 |
| stay awake, | 계속하다 깨어있는 |
| stay awake, | 계속하다 깨어있는 |

**+**

### step 2 청킹부사(구, 절)
등위절, 명사구(절), 형용사구(절)

| any longer, | 더 이상 |
| all night/ yesterday, | 밤새도록 어제 |
| at night/ worrying about money, | 밤에 걱정하면서 돈을 |
| in the meeting, | 회의에서 |
| and not to fall asleep, | 그리고 되지 않는 잠자는 |

step 1 + step 2를 결합하여 완전한 문장으로

### step 3 청킹 문장 만들기
문장의 형태(긍정문, 부정문, 의문문, 명령문, 감탄문), 동사의 시제, 수(단수, 복수), 태(능동, 수동)를 생각하면서

I can't stay awake any longer. — 나는 계속할 수 없다 깨어있는 더 이상
I stayed awake all night yesterday. — 나는 계속하였다 깨어있는 밤새도록 어제
I stay awake at night worrying about money. — 나는 계속하다 깨어있는 밤에 걱정하면서 돈을
I couldn't stay awake in the meeting. — 나는 계속하지 못하다 깨어있는 회의에서
Everyone told me to stay awake and not to fall asleep. — 모든 사람이 말하였다 내가 계속 깨어있는 그리고 되지않는 잠자는

**!** 이해 · 기억 · 활용하여할 **의미덩어리 청킹 – 1개의 단어처럼** 생각하세요. ^0^

stay awake/ all night/ worrying about money/ in the meeting/ and not to fall asleep

## unit 68 — take one's advice 「받아들이다 누구의 충고를」

「충고를 받아들이다, 조언을 따르다」 의미로 쓰인다. 어떤 문제에 대해 누구의 충고나 조언을 받아들일 때 사용하는 표현이다. 동사 follow로 follow one's advice~를 사용하기도 한다.

| 주어 [명사, 명사구, 명사절] | 동사 take | 목적어 advice |
|---|---|---|
| 형용사 | 부사 | 형용사 |

**Tip** 의미덩어리 청킹 학습법에서는, 동사 take와 목적어 one's advice를 각각의 세 단어가 아니라, **청킹동사구 take one's advice**를 「충고를 받아들이다」라는 한 개의 단어처럼 이해 기억 활용하며, 한 개의 의미덩어리 청킹이므로 머릿속에서 한 번만 생각합니다. 의미덩어리 청킹 학습법에서는, 부사구 on this question을 각각의 세 단어가 아니라, **청킹부사구 on this question**을 「이 문제에 대해」라는 한 개의 단어처럼 이해 기억 활용하며, 한 개의 의미덩어리 청킹이므로 머릿속에서 한 번만 생각합니다.

표현하고자 하는 내용 얼개짜기 Outlining

### step 1 청킹동사구
[청킹동사 + 목적어 / 보어]

| take one's advice, | 받아들이다 누구의 충고를 |
| take one's advice, | 받아들이다 누구의 충고를 |
| take one's advice, | 받아들이다 누구의 충고를 |
| take one's advice, | 받아들이다 누구의 충고를 |
| take one's advice, | 받아들이다 누구의 충고를 |

＋

### step 2 청킹부사(구, 절)
등위절, 명사구(절), 형용사구(절)

| on this question, | 이 문제에 대해 |
| to heart, | 마음으로 |
| as to what he should do, | ~에 대해 무엇 그가 하는 것이 좋은 |
| and start saving, | 그리고 시작하는 저축을 |
| and stay away/ from him, | 그리고 멀어지다 그에게서 |

step 1 + step 2를 결합하여 완전한 문장으로

### step 3 청킹 문장 만들기
문장의 형태(긍정문, 부정문, 의문문, 명령문, 감탄문), 동사의 시제, 수(단수, 복수), 태(능동, 수동)를 생각하면서

You would better take my advice on this question.
I will take your advice to heart.
He took my advice as to what he should do.
Why don't you take my advice and start saving?
Take my advice and stay away from him!

너는 받아들이는 것이 좋다 나의 충고를 이 문제에 대해
나는 받아들일 것이다 너의 충고를 마음으로
그는 따랐다 나의 충고를 ~에 대해 무엇 그가 하는 것이 좋은
어떠니 너는 받아들이는 나의 충고를 그리고 시작하는 저축을?
받아들이라 나의 충고를 그리고 멀어지라 그에게서

 이해 · 기억 · 활용하여할 **의미덩어리 청킹 – 1개의 단어처럼** 생각하세요. ^O^

take my advice/ take your advice/ on this question/ to heart/ as to what he should do/ and start saving/ and stay away from him

청킹 스피킹 AUTO

## unit 69 — take the blame 「받다 비난을」

「비난을 받다, 책임을 지다」 의미로 쓰인다. 어떤 행동이나 결과에 대해 비난을 받고 책임을 지는 것을 말할 때 사용하는 표현이다. 비난과 책임의 내용은 뒤에 전치사 for~로 표현하며, 명사 responsibility를 사용하여 take the responsibility~로 표현하기도 한다.

| 주어 [명사, 명사구, 명사절] | 동사 take | 목적어 blame |
|---|---|---|
| 형용사 | 부사 | 형용사 the |

**Tip**
의미덩어리 청킹 학습법에서는, 동사 take와 목적어 the blame을 각각의 세 단어가 아니라, **청킹동사구 take the blame**을 「비난을 받다」라는 한 개의 단어처럼 이해 기억 활용하며, 한 개의 의미덩어리 청킹이므로 머릿속에서 한 번만 생각합니다.
의미덩어리 청킹 학습법에서는, 부사구 for my behavior를 각각의 세 단어가 아니라, **청킹부사구 for my behavior**를 「이 행동에 대해」이라는 한 개의 **단어처럼** 이해 기억 활용하며, 한 개의 의미덩어리 청킹이므로 머릿속에서 한 번만 생각합니다.

### 표현하고자 하는 내용 얼개짜기 Outlining

**step 1  청킹동사구** [청킹동사 + 목적어 / 보어]

| take the blame, | 받다 비난을 |
| take the blame, | 받다 비난을 |
| take the blame, | 받다 비난을 |
| take the blame, | 받다 비난을 |
| take the blame, | 받다 비난을 |

+

**step 2  청킹부사(구, 절)** 등위절, 명사구(절), 형용사구(절)

| for this delay, | 이 지연에 대해 |
| for everything, | 모든 것에 대해 |
| for my behavior, | 나의 행동에 대해 |
| for what happened, | 일어난 것에 대해 |
| for a mistake/ he made, | 실수에 대해 그가 한 |

step 1 + step 2를 결합하여 완전한 문장으로

**step 3  청킹 문장 만들기**
문장의 형태(긍정문, 부정문, 의문문, 명령문, 감탄문), 동사의 시제, 수(단수, 복수), 태(능동, 수동)를 생각하면서

| I take the blame for this delay. | 나는 받다 비난을 이 지연에 대해 |
| I will take the blame for everything. | 나는 받을 것이다 비난을 모든 것에 대해 |
| I will take the blame for my behavior. | 나는 받을 것이다 비난을 나의 행동에 대해 |
| I take the blame for what happened. | 나는 받다 비난을 일어난 것에 대해 |
| I don't take the blame for a mistake he made. | 나는 받지 않을 것이다 비난을 실수에 대해 그가 한 |

  이해 · 기억 · 활용하여할 의미덩어리 청킹 — 1개의 단어처럼 생각하세요. ^O^

take the blame/ for this delay/ for everything/ for my behavior/ for what happened/ for a mistake he made

## unit 70 · take a break 「취하다 휴식을」

「휴식을 취하다」 의미로 쓰인다. 정신적으로나 육체적으로 잠시 휴식이 필요할 때 사용하는 표현이다.
명사 rest를 사용하여 take a rest~로 표현하기도 한다.

| 주어 [명사, 명사구, 명사절] | 동사 take | 목적어 break |
|---|---|---|
| 형용사 | 부사 | 형용사 a |

**Tip** 의미덩어리 청킹 학습법에서는, 동사 take와 목적어 a break를 각각의 세 단어가 아니라, **청킹동사구 take a break**를 「휴식을 취하다」라는 한 개의 단어처럼 이해 기억 활용하며, 한 개의 의미덩어리 청킹이므로 머릿속에서 한 번만 생각합니다.
의미덩어리 청킹 학습법에서는, 부사구 for a while을 각각의 세 단어가 아니라, **청킹부사구 for a while**을 「잠시 동안」이라는 한 개의 단어처럼 이해 기억 활용하며, 한 개의 의미덩어리 청킹이므로 머릿속에서 한 번만 생각합니다.

### 표현하고자 하는 내용 얼개짜기 Outlining

**step 1** 청킹동사구
[청킹동사 + 목적어 / 보어]

take a break,         취하다 휴식을
take a break,         취하다 휴식을
take a break,         취하다 휴식을
take a break,         취하다 휴식을
take a rest,          취하다 휴식을

**step 2** 청킹부사(구, 절)
등위절, 명사구(절), 형용사구(절)

and get some fresh air,       그리고 받다 신선한 공기를
and start again,              그리고 시작하다 다시
for a while/ on the stairs,   잠시 동안 계단에서
and come back/ in 10 minutes, 그리고 돌아오는 10분 후에
for a few minutes,            몇 분 동안

step 1 + step 2를 결합하여 완전한 문장으로

**step 3** 청킹 문장 만들기
문장의 형태(긍정문, 부정문, 의문문, 명령문, 감탄문), 동사의 시제, 수(단수, 복수), 태(능동, 수동)를 생각하면서

Take a break and get some fresh air.                   취하자 휴식을 그리고 받자 신선한 공기를
Let's take a ten minute break and start again.         하자 우리가 취하는 10분 휴식을 그리고 시작하자 다시
Shall we take a break for a while on the stairs?       우리들은 취할까 휴식을 잠시 동안 계단에서?
Why don't we take a coffee break and come back in 10 minutes? 어떠니 우리들은 가지는 것을 커피 휴식을 그리고 돌아오는 10분 후에?
You had better take a rest for a few minutes.          너는 취하는 것이 좋다 휴식을 몇 분 동안

 이해 · 기억 · 활용하여할 **의미덩어리 청킹 – 1개의 단어처럼** 생각하세요. ^0^

take a break/ take a ten minute break/ take a coffee break/ take a rest/ for a while/ on the stairs/
for a few minutes/ and get some fresh air/ and start again/ and come back/ in 10 minutes

청킹 스피킹 AUTO 89

# take care 「하다 주의를」

「주의를 하다, 돌보다, 신경을 쓰다, 처리하다」의미로 쓰인다. 상대방에게 주의하여 잘 하라고 말할 때 사용하는 표현이다. 단순히 Take care~라고 하면 헤어질 때 「잘 가, 조심해, 몸 건강해」라는 의미로 사용한다.

| 주어 [명사, 명사구, 명사절] | 동사 take | 목적어 care |
|---|---|---|
| 형용사 | 부사 | 형용사 |

**Tip** 의미덩어리 청킹 학습법에서는, 동사 take와 목적어 care를 각각의 두 단어가 아니라, **청킹동사구 take care**를 「주의를 하다」라는 한 개의 단어처럼 이해 기억 활용하며, 한 개의 의미덩어리 청킹이므로 머릿속에서 한 번만 생각합니다. 의미덩어리 청킹 학습법에서는, 부사구 not to make a mistake를 각각의 다섯 단어가 아니라, **청킹부사구 not to make a mistake**를 「실수를 하지 않는」이라는 한 개의 단어처럼 이해 기억 활용하며, 한 개의 의미덩어리 청킹이므로 머릿속에서 한 번만 생각합니다.

---표현하고자 하는 내용 얼개짜기 Outlining---

### step 1 청킹동사구
[청킹동사 + 목적어 / 보어]

| take care, | 하다 주의를 |
|---|---|
| take care, | 하다 주의를 |
| take care, | 하다 주의를 |
| take care, | 하다 주의를 |
| take care, | 하다 주의를 |

### step 2 청킹부사(구, 절)
등위절, 명사구(절), 형용사구(절)

| of yourself, | 너 자신을 |
|---|---|
| and have a nice flight, | 그리고 하다 즐거운 비행기 여행을 |
| not to make a mistake, | 하지 않는 실수를 |
| not to forget anything, | 잊어버리지 않는 어떤 것을 |
| of it/ right away, | 그것을 즉시 |

**step1+step2를 결합하여 완전한 문장으로**

### step 3 청킹 문장 만들기
문장의 형태(긍정문, 부정문, 의문문, 명령문, 감탄문), 동사의 시제, 수(단수, 복수), 태(능동, 수동)를 생각하면서

| Take care of yourself, please. = Take care. | 하라 주의를 너 자신을 | *몸조심하라. |
|---|---|---|
| Take care and have a nice flight! | 하라 주의를 그리고 하라 즐거운 비행기 여행을 | |
| Take care not to make a mistake. | 하라 주의를 하지 않는 실수를 | |
| Take care not to forget anything. | 하라 주의를 잊어버리지 않는 어떤 것을 | |
| I will take care of it right away. | 나는 할 것이다 처리를 그것을 즉시 | *즉시 처리할 것이다. |

이해 · 기억 · 활용하여할 **의미덩어리 청킹 – 1개의 단어처럼** 생각하세요. ^0^

take care/ take care of yourself/ take care of it/ not to make a mistake/ not to forget anything/ right away/ and have a nice flight

# unit 72 take the opportunity 「잡다 기회를」

「기회를 잡다」의미로 쓰인다. 적절한 기회를 있어서 이를 잡는 것을 말할 때 사용하는 표현이다.
주의할 것은 take this opportunity to부정사~는「이 기회를 빌어 ~하겠다」라는 의미이다.

| 주어 [명사, 명사구, 명사절] | 동사 take | 목적어 opportunity |
|---|---|---|
| 형용사 | 부사 | 형용사 the |

**Tip** 의미덩어리 청킹 학습법에서는, 동사 take와 목적어 the opportunity를 각각의 세 단어가 아니라, **청킹동사구 take the opportunity**를 「기회를 잡다」라는 한 개의 단어처럼 이해 기억 활용하며, 한 개의 의미덩어리 청킹이므로 머릿속에서 한 번만 생각합니다. 의미덩어리 청킹 학습법에서는, 부사구 without hesitation을 각각의 두 단어가 아니라, **청킹부사구 without hesitation**을「주저 없이」이라는 한 개의 단어처럼 이해 기억 활용하며, 한 개의 의미덩어리 청킹이므로 머릿속에서 한 번만 생각합니다.

## 표현하고자 하는 내용 얼개짜기 Outlining

**step 1 청킹동사구** [청킹동사 + 목적어 / 보어]

| take the opportunity, | 잡다 기회를 |
| take the opportunity, | 잡다 기회를 |
| take the opportunity, | 잡다 기회를 |
| take this opportunity, | 잡다 이 기회를 |
| take this opportunity, | 잡다 이 기회를 |

+

**step 2 청킹부사(구, 절)** 등위절, 명사구(절), 형용사구(절)

| without hesitation, | 주저 없이 |
| to buy a new car, | 사는 새로운 차를 |
| to exchange views, | 교환하는 견해들을 |
| to say a word, | 말하는 한마디를 |
| to thank all of you, | 감사하는 여러분 모두에게 |

step 1 + step 2를 결합하여 완전한 문장으로

**step 3 청킹 문장 만들기**
문장의 형태(긍정문, 부정문, 의문문, 명령문, 감탄문), 동사의 시제, 수(단수, 복수), 태(능동, 수동)를 생각하면서

| I will take the opportunity without hesitation. | 나는 잡을 것이다 기회를 주저 없이 |
| Why not take the opportunity to buy a new car? | 어떠니 잡는 기회를 사는 새로운 차를? |
| We take the opportunity to exchange views. | 우리는 잡다 기회를 교환하는 견해들을 |
| I take this opportunity to say a word. | 나는 잡다 이 기회를 말하는 한마디를 |
| I would like to take this opportunity to thank all of you. | 나는 잡고 싶다 이 기회를 감사하는 여러분 모두에게 |

 이해 · 기억 · 활용하여할 **의미덩어리 청킹 – 1개의 단어처럼** 생각하세요. ^O^
take the opportunity/ take this opportunity/ without hesitation/ to buy a new car/ to exchange views/ to say a word/ to thank all of you

# take one's time 「가지다 시간을」

「시간을 가지다, 천천히 하다, 서두르지 않고 하다」 의미로 쓰인다.
어떤 것에 대해 여유를 가지고 천천히 하라고 말할 때 사용하는 표현이다. Take it easy~로 표현하기도 한다.

| 주어 [명사, 명사구, 명사절] | 동사 take | 목적어 time |
|---|---|---|
| 형용사 | 부사 | 형용사 |

**Tip** 의미덩어리 청킹 학습법에서는, 동사 take와 목적어 one's time을 각각의 세 단어가 아니라, **청킹동사구** take one's time을 「시간을 가지다」라는 한 개의 단어처럼 이해 기억 활용하며, 한 개의 의미덩어리 청킹이므로 머릿속에서 한 번만 생각합니다. 의미덩어리 청킹 학습법에서는, 부사구 with your food를 각각의 세 단어가 아니라, **청킹부사구** with your food를 「너의 음식에」이라는 한 개의 단어처럼 이해 기억 활용하며, 한 개의 의미덩어리 청킹이므로 머릿속에서 한 번만 생각합니다.

## 표현하고자 하는 내용 얼개짜기 Outlining

**step 1 청킹동사구** [청킹동사 + 목적어 / 보어]

| take one's time, | 가지다 누구의 시간을 |
| take one's time, | 가지다 누구의 시간을 |
| take one's time, | 가지다 누구의 시간을 |
| take one's time, | 가지다 누구의 시간을 |
| take one's time, | 가지다 누구의 시간을 |

**step 2 청킹부사(구, 절)** 등위절, 명사구(절), 형용사구(절)

| and do it right, | 그리고 하다 그것을 바르게 |
| and look around, | 그리고 둘러보다 |
| and speak slowly, | 그리고 말하다 천천히 |
| with your food, | 너의 음식에 |
| for thinking about the offer. | 생각하는 것에 제의에 대해 |

**step 1 + step 2를 결합하여 완전한 문장으로**

↓

**step 3 청킹 문장 만들기**
문장의 형태(긍정문, 부정문, 의문문, 명령문, 감탄문), 동사의 시제, 수(단수, 복수), 태(능동, 수동)를 생각하면서

| Take your time and do it right! | 가져라 너의 시간을 그리고 하라 그것을 바르게 |
| Take your time and look around. | 가져라 너의 시간을 그리고 둘러보라 |
| Take your time and speak slowly. | 가져라 너의 시간을 그리고 말하라 천천히 |
| Take your time with your food. | 가져라 너의 시간을 너의 음식에 |
| Take your time for thinking about the offer. | 가져라 너의 시간을 생각하는 것에 제의에 대해 |

**!** 이해·기억·활용하여할 **의미덩어리 청킹 – 1개의 단어처럼** 생각하세요. ^0^
take your time/ with your food/ for thinking about the offer/ and do it right/ and look around/ and speak slowly

## unit 74 take a walk 「하다 산책을」

「산책을 하다」 의미로 쓰인다. 비슷한 형태로 「목욕을 하다」는 take a bath~,
「샤워를 하다」는 take a shower~, 「낮잠을 자다」는 take a nap~으로 표현한다.

| 주어 [명사, 명사구, 명사절] | 동사 take | 목적어 walk |
|---|---|---|
| 형용사 | 부사 | 형용사 a |

**Tip** 의미덩어리 청킹 학습법에서는, 동사 take와 목적어 a walk를 각각의 세 단어가 아니라, **청킹동사구 take a walk를 「산책을 하다」**라는 한 개의 단어처럼 이해 기억 활용하며, 한 개의 의미덩어리 청킹이므로 머릿속에서 한 번만 생각합니다. 의미덩어리 청킹 학습법에서는, 부사구 with my dog를 각각의 세 단어가 아니라, **청킹부사구 with my dog**을 「나의 개와」이라는 한 개의 단어처럼 이해 기억 활용하며, 한 개의 의미덩어리 청킹이므로 머릿속에서 한 번만 생각합니다.

### 표현하고자 하는 내용 얼개짜기 Outlining

**step 1 청킹동사구** [청킹동사 + 목적어 / 보어]

| take a walk, | 하다 산책을 |
| take a walk, | 하다 산책을 |
| take a bath, | 하다 목욕을 |
| take a shower, | 하다 샤워를 |
| take a nap, | 취하다 낮잠을 |

**step 2 청킹부사(구, 절)** 등위절, 명사구(절), 형용사구(절)

| along the beach/ before dinner, | 해변을 따라 저녁 전에 |
| with my dog, | 나의 개와 |
| in the river, | 강에서 |
| and get some sleep, | 그리고 취하다 약간의 잠을 |
| after lunch, | 점심 후에 |

step 1 + step 2를 결합하여 완전한 문장으로

**step 3 청킹 문장 만들기**
문장의 형태(긍정문, 부정문, 의문문, 명령문, 감탄문), 동사의 시제, 수(단수, 복수), 태(능동, 수동)를 생각하면서

| I take a walk along the beach before dinner. | 나는 하다 산책을 해변을 따라 저녁 전에 |
| I would like to take a walk with my dog. | 나는 하기를 원한다 산책을 나의 개와 |
| I used to take a bath in the river. | 나는 하곤 했다 목욕을 강에서 |
| You had better take a shower and get some sleep. | 너는 하는 것이 좋다 샤워를 그리고 취하라 약간의 잠을 |
| Why don't you take a nap after lunch? | 어떠니 너는 취하는 낮잠을 점심 후에? |

! 이해 · 기억 · 활용하여할 **의미덩어리 청킹 – 1개의 단어처럼** 생각하세요. ^0^
take a walk/ take a bath/ take a shower/ take a nap/ along the beach/ with my dog/ in the river/ after lunch/ before dinner/ and get some sleep

## unit 75 thank you 「감사하다 너에게」

「너에게 감사하다, 고맙다」 의미로 쓰이며, 감사의 뜻을 담아 말할 때 사용하는 표현이다.
감사의 내용은 뒤에 전치사 for~를 사용하여 표현한다.

| 주어 [명사, 명사구, 명사절] | 동사 thank | 목적어 you |
|---|---|---|
| 형용사 | 부사 | 형용사 |

**Tip** 의미덩어리 청킹 학습법에서는, 동사 thank와 목적어 you를 각각의 두 단어가 아니라, **청킹동사구 thank you**를 「너에게 감사하다」라는 한 개의 단어처럼 이해 기억 활용하며, 한 개의 의미덩어리 청킹이므로 머릿속에서 한 번만 생각합니다. 의미덩어리 청킹 학습법에서는, 부사구 for the wonderful gift를 각각의 네 단어가 아니라, **청킹부사구 for the wonderful gift**를 「멋진 선물에 대해」이라는 한 개의 단어처럼 이해 기억 활용하며, 한 개의 의미덩어리 청킹이므로 머릿속에서 한 번만 생각합니다.

---

표현하고자 하는 내용 얼개짜기 Outlining

### step 1 청킹동사구
[청킹동사 + 목적어 / 보어]

| thank you, | 감사하다 너에게 |
| thank you, | 감사하다 너에게 |
| thank you, | 감사하다 너에게 |
| thank you, | 감사하다 너에게 |
| thank you, | 감사하다 너에게 |

+

### step 2 청킹부사(구, 절)
등위절, 명사구(절), 형용사구(절)

| for everything, | 모든 것에 대해 |
| for the wonderful gift, | 멋진 선물에 대해 |
| for your help, | 너의 도움에 대해 |
| for coming, | 온 것에 대해 |
| for saying so, | 말한 것에 대해 그렇게 |

step 1 + step 2를 결합하여 완전한 문장으로

### step 3 청킹 문장 만들기
문장의 형태(긍정문, 부정문, 의문문, 명령문, 감탄문), 동사의 시제, 수(단수, 복수), 태(능동, 수동)를 생각하면서

| Thank you for everything. | 감사하다 너에게 모든 것에 대해 | *여러 가지로 감사하다. |
| Thank you for the wonderful gift. | 감사하다 너에게 멋진 선물에 대해 |
| Thank you for your help. | 감사하다 너에게 너의 도움에 대해 |
| Thank you for coming. | 감사하다 너에게 온 것에 대해 |
| Thank you for saying so. | 감사하다 너에게 말한 것에 대해 그렇게 |

---

 이해·기억·활용하여할 **의미덩어리 청킹 – 1개의 단어처럼** 생각하세요. ^O^

thank you/ for everything/ for the wonderful gift/ for your help/ for coming/ for saying so

## unit 76 — wipe one's eyes 「닦다 눈물을」

「눈물을 닦다」 의미로 쓰인다. 슬픔에 빠져서 울고 있는 다른 사람을 위로할 때 쓰는 표현이다.
「그만 울어라」라는 표현은 Wipe your eyes~, Dry your eyes ~, Dry your tears~로 표현한다.

주어 [명사, 명사구, 명사절] — 동사 wipe — 목적어 eyes
형용사 — 부사 — 형용사

**Tip** 의미덩어리 청킹 학습법에서는, 동사 wipe와 목적어 one's eyes를 각각의 세 단어가 아니라, **청킹동사구 wipe one's eyes**를 「눈물을 닦다」라는 한 개의 단어처럼 이해 기억 활용하며, 한 개의 의미덩어리 청킹이므로 머릿속에서 한 번만 생각합니다. 의미덩어리 청킹 학습법에서는, 부사구 with the back of my hand를 각각의 여섯 단어가 아니라, **청킹부사구 with the back of my hand**를 「나의 손등으로」이라는 한 개의 단어처럼 이해 기억 활용하며, 한 개의 의미덩어리 청킹이므로 머릿속에서 한 번만 생각합니다.

표현하고자 하는 내용 얼개짜기 Outlining

**step 1  청킹동사구**
[청킹동사 + 목적어 / 보어]

| | |
|---|---|
| wipe one's eyes, | 닦다 눈물을 |
| wipe one's eyes, | 닦다 눈물을 |
| wipe one's eyes, | 닦다 눈물을 |
| wipe one's eyes, | 닦다 눈물을 |
| dry one's eyes, | 닦다 눈물을 |

**+**

**step 2  청킹부사(구, 절)**
등위절, 명사구(절), 형용사구(절)

| | |
|---|---|
| and catch your breath, | 그리고 붙잡다 너의 숨을 |
| with my sleeve, | 나의 소매로 |
| with the back of my hand, | 나의 손등으로 |
| with a handkerchief, | 손수건으로 |
| with a tissue, | 휴지로 |

step 1 + step 2를 결합하여 완전한 문장으로 ↓

**step 3  청킹 문장 만들기**
문장의 형태(긍정문, 부정문, 의문문, 명령문, 감탄문), 동사의 시제, 수(단수, 복수), 태(능동, 수동)를 생각하면서

| | |
|---|---|
| Wipe your eyes and catch your breath. | 닦아라 너의 눈물을 그리고 붙잡아라 너의 숨을  *그만 울어라. |
| I wipe my eyes with my sleeve. | 나는 닦다 나의 눈물을 나의 소매로 |
| I wipe my eyes with the back of my hand. | 나는 닦다 나의 눈물을 나의 손등으로 |
| Wipe your eyes with a handkerchief. | 닦아라 너의 눈물을 손수건으로 |
| Dry your eyes with a tissue. | 닦아라 너의 눈물을 휴지로 |

! 이해 · 기억 · 활용하여할 **의미덩어리 청킹 — 1개의 단어처럼** 생각하세요. ^0^
wipe my eyes/ wipe your eyes/ dry your eyes/ with my sleeve/ with the back of my hand/ with a handkerchief/ with a tissue/ and catch your breath

## unit 77 wish you the best 「바라다 너가 최고인」

「너가 최고이기를 바라다」 의미로 쓰이며, 다른 사람의 행운이나 성공을 기원할 때 사용하는 표현이다. 단순히 Best of luck!~형태로도 사용하기도 하며, 명사 happiness, success를 사용하여 wish you the happiness~, wish you the success~로 표현하기도 한다.

| 주어 [명사, 명사구, 명사절] | 동사 wish | 목적어 best |
|---|---|---|
| 형용사 | 부사 | 형용사 the |

**Tip** 의미덩어리 청킹 학습법에서는, 동사 wish와 목적어 the best를 각각의 세 단어가 아니라, **청킹동사구 wish the best**를 「최고이기를 바라다」라는 한 개의 단어처럼 이해 기억 활용하며, 한 개의 의미덩어리 청킹이므로 머릿속에서 한 번만 생각합니다.
의미덩어리 청킹 학습법에서는, 부사구 in the coming year를 각각의 네 단어가 아니라, **청킹부사구 in the coming year**를 「다가오는 해에」라는 한 개의 단어처럼 이해 기억 활용하며, 한 개의 의미덩어리 청킹이므로 머릿속에서 한 번만 생각합니다.

### 표현하고자 하는 내용 얼개짜기 Outlining

**step 1 청킹동사구** [청킹동사 + 목적어 / 보어]

| wish you the best, | 바라다 너가 최고인 |
| wish you the best, | 바라다 너가 최고인 |
| wish you the best, | 바라다 너가 최고인 |
| wish you the happiness, | 바라다 너가 행복한 |
| wish you the success, | 바라다 너가 성공하는 |

**step 2 청킹부사(구, 절)** 등위절, 명사구(절), 형용사구(절)

| of luck, | 행운의 |
| of everything/ this year, | 모든 것의 금년에 |
| in the coming year, | 다가오는 해에 |
| in the world, | 세상에서 |
| for the future, | 미래에 |

step 1 + step2를 결합하여 완전한 문장으로
↓

**step 3 청킹 문장 만들기**
문장의 형태(긍정문, 부정문, 의문문, 명령문, 감탄문), 동사의 시제, 수(단수, 복수), 태(능동, 수동)를 생각하면서

| I wish you the best of luck. | 나는 바라다 너가 최고인 행운의 | *너의 행운을 빈다. |
| I wish you the best of everything this year. | 나는 바라다 너가 최고인 모든 것의 금년에 | *모든 일이 잘 되길 빈다. |
| I wish you all the best in the coming year. | 나는 바라다 너가 최고인 다가오는 해에 | |
| I wish you all the happiness in the world. | 나는 바라다 너가 행복한 세상에서 | |
| I wish you all the success for the future. | 나는 바라다 너가 성공하는 미래에 | *너의 성공을 빈다. |

이해 · 기억 · 활용하여할 **의미덩어리 청킹 – 1개의 단어처럼** 생각하세요. ^O^
wish you the best/ wish you all the best/ wish you all the happiness/ wish you all the success/ of luck/ of everything/ this year/ in the coming year/ in the world/ for the future

# CHUNKING SPEAKING AUTO 02

## 해외여행

공항
비행기
교통
관광
숙박
식당
쇼핑
⋮

**CHUNKING SPEAKING AUTO**

| unit 78 | afford to buy | 「여유가 되다 사는 것을」 | 100 |
| unit 79 | be caught | 「이다 잡힌」 | 101 |
| unit 80 | be a difference | 「이다 차이인」 | 102 |
| unit 81 | be good | 「이다 유효한」 | 103 |
| unit 82 | be a price | 「이다 가격인」 | 104 |
| unit 83 | be ready | 「이다 준비가 된」 | 105 |
| unit 84 | be tight | 「이다 딱 붙는」 | 106 |
| unit 85 | be a train | 「이다 기차인」 | 107 |
| unit 86 | be a way | 「이다 방법인」 | 108 |
| unit 87 | book a room | 「예약하다 방을」 | 109 |
| unit 88 | book somebody | 「예약하다 누구를」 | 110 |
| unit 89 | buy one | 「사다 하나를」 | 111 |
| unit 90 | charge a bill | 「청구하다 계산서를」 | 112 |
| unit 91 | charge money | 「청구하다 돈을」 | 113 |
| unit 92 | check valuables | 「맡기다 귀중품을」 | 114 |
| unit 93 | clean a room | 「청소하다 방을」 | 115 |
| unit 94 | drop off somebody | 「내려주다 누구를」 | 116 |
| unit 95 | enjoy a meal | 「즐기다 식사를」 | 117 |
| unit 96 | exceed the speed limit | 「초과하다 제한속도를」 | 118 |
| unit 97 | exchange this | 「교환하다 이것을」 | 119 |
| unit 98 | fill up a tank | 「가득 채우다 탱크를」 | 120 |
| unit 99 | find something | 「찾다 무엇을」 | 121 |
| unit 100 | find a way | 「찾다 길을」 | 122 |
| unit 101 | get a discount | 「받다 할인을」 | 123 |
| unit 102 | get lost | 「되다 길을 잃은」 | 124 |
| unit 103 | get the point | 「이해하다 요점을」 | 125 |
| unit 104 | get a refund | 「받다 환불을」 | 126 |
| unit 105 | give a discount | 「해주다 할인을」 | 127 |
| unit 106 | give somebody a ride | 「주다 누구에게 태워주는 것을」 | 128 |
| unit 107 | give me a ticket | 「주다 나에게 티켓을」 | 129 |
| unit 108 | have an appetite | 「가지다 식욕을」 | 130 |
| unit 109 | have dinner | 「먹다 저녁을」 | 131 |
| unit 110 | have a drink | 「하다 한잔을」 | 132 |
| unit 111 | have a flight | 「있다 비행기를」 | 133 |
| unit 112 | have a sale | 「하다 세일을」 | 134 |
| unit 113 | have a sense | 「가지다 감각을」 | 135 |
| unit 114 | have a size | 「있다 사이즈를」 | 136 |
| unit 115 | have something | 「가지다 어떤 것을」 | 137 |
| unit 116 | have a style | 「있다 스타일을」 | 138 |

| | | | |
|---|---|---|---|
| unit 117 | have a table | 「있다 좌석을」 | 139 |
| unit 118 | have a vacancy | 「있다 빈 방을」 | 140 |
| unit 119 | help oneself | 「돕다 자신을」 | 141 |
| unit 120 | like a seat | 「원하다 좌석을」 | 142 |
| unit 121 | like steak | 「원하다 스테이크를」 | 143 |
| unit 122 | look good | 「보이다 좋은」 | 144 |
| unit 123 | make a noise | 「내다 소음을」 | 145 |
| unit 124 | make an offer | 「하다 제의를」 | 146 |
| unit 125 | make a reservation | 「하다 예약을」 | 147 |
| unit 126 | need help | 「필요하다 도움을」 | 148 |
| unit 127 | park a car | 「주차하다 차를」 | 149 |
| unit 128 | pay | 「지불하다」 | 150 |
| unit 129 | pay money | 「지불하다 돈을」 | 150 |
| unit 130 | propose a toast | 「제안하다 건배를」 | 150 |
| unit 131 | pull over a car | 「세우다 차를」 | 150 |
| unit 132 | put baggage | 「두다 짐을」 | 150 |
| unit 133 | put a name | 「적다 이름을」 | 150 |
| unit 134 | recommend a restaurant | 「추천하다 식당을」 | 150 |
| unit 135 | recommend a place | 「추천하다 장소를」 | 150 |
| unit 136 | return a car | 「반환하다 차를」 | 150 |
| unit 137 | serve breakfast | 「제공하다 아침을」 | 150 |
| unit 138 | show somebody a way | 「알려주다 누구에게 길을」 | 160 |
| unit 139 | spend money | 「소비하다 돈을」 | 161 |
| unit 140 | suit somebody | 「어울리다 누구에게」 | 162 |
| unit 141 | take baggage | 「가져가다 짐을」 | 163 |
| unit 142 | take a bus | 「타다 버스를」 | 164 |
| unit 143 | take a look | 「하다 보는 것을」 | 165 |
| unit 144 | take an order | 「받다 주문을」 | 166 |
| unit 145 | take a picture | 「찍다 사진을」 | 167 |
| unit 146 | take a seat | 「잡다 자리를」 | 168 |
| unit 147 | take somebody | 「데려가다 누구를」 | 169 |
| unit 148 | take a subway | 「타다 지하철을」 | 170 |
| unit 149 | take a taxi | 「타다 택시를」 | 171 |
| unit 150 | take time | 「걸리다 시간이」 | 172 |
| unit 151 | tell somebody a way | 「말하다 누구에게 길을」 | 173 |
| unit 152 | treat somebody | 「접대하다 누구를」 | 174 |
| unit 153 | try on a jacket | 「입어보다 자켓을」 | 175 |
| unit 154 | visit a place | 「방문하다 장소를」 | 176 |

## unit 78 — afford to buy 「여유가 되다 사는 것을」

경제적·시간적으로 「살 여유가 되다, 할 시간이 있다」 의미로 쓰인다. 주로 부정형으로 「살 여유가 되지 않다, 할 시간이 없다」로 더 많이 사용하며, 특히 쇼핑을 하기 위해 상점에 들어갔을 때 생각보다 가격이 비싼 경우에 사용하기도 한다.

| 주어 [명사, 명사구, 명사절] | 동사 afford | 목적어 to buy |
|---|---|---|
| 형용사 | 부사 | 형용사 |

**Tip** 의미덩어리 청킹 학습법에서는, 동사 afford와 목적어 to buy를 각각의 세 단어가 아니라, **청킹동사구 afford to buy**를 「살 여유가 되다」라는 **한 개의 단어처럼** 이해 기억 활용하며, 한 개의 의미덩어리 청킹이므로 머릿속에서 한 번만 생각합니다. 의미덩어리 청킹 학습법에서는, 부사구 in a lump sum을 각각의 네 단어가 아니라, **청킹부사구 in a lump sum**을 「일시불로」라는 **한 개의 단어처럼** 이해 기억 활용하며, 한 개의 의미덩어리 청킹이므로 머릿속에서 한 번만 생각합니다.

### 표현하고자 하는 내용 얼개짜기 Outlining

**step 1** 청킹동사구
[청킹동사 + 목적어 / 보어]

| afford to buy, | 여유가 되다 사는 것을 |
| afford to pay, | 여유가 되다 지불하는 것을 |
| afford to go, | 여유가 되다 가는 것을 |
| have money, | 가지다 돈을 |
| have money, | 가지다 돈을 |

**step 2** 청킹부사(구, 절)
등위절, 명사구(절), 형용사구(절)

| right now, | 지금 |
| in a lump sum, | 일시불로 |
| on an overseas trip, | 해외여행을 |
| to buy a new car, | 새 차를 |
| with me, | 나에게 |

**step 1 + step 2를 결합하여 완전한 문장으로**

**step 3** 청킹 문장 만들기
문장의 형태(긍정문, 부정문, 의문문, 명령문, 감탄문), 동사의 시제, 수(단수, 복수), 태(능동, 수동)를 생각하면서

| I can't afford to buy it right now. | 나는 여유가 없다 사는 그것을 지금 |
| I can't afford to pay that much money in a lump sum. | 나는 여유가 없다 지불하는 그렇게 많은 돈을 일시불로 |
| I can't afford to go on an overseas trip. | 나는 여유가 없다 가는 해외여행을 |
| I don't have enough money to buy a new car. | 나는 가지지 않다 충분한 돈을 사는 새 차를 |
| I don't have much money with me. | 나는 가지지 않다 많은 돈을 나에게 |

이해·기억·활용하여할 **의미덩어리 청킹 – 1개의 단어처럼** 생각하세요. ^O^

afford to buy it / afford to pay that much money / afford to go on an overseas trip / have money / have enough money / have much money / right now / in a lump sum / to buy a new car / with me

# be caught 「이다 잡힌」

「잡히다, 만나다, 걸리다」 의미로 쓰인다.
특히 비, 소나기, 폭풍이나 교통 혼잡에 걸린 경우에 전치사 in~을 사용하여 표현한다.

| 주어 [명사, 명사구, 명사절] | 동사 be | 보어 caught |
|---|---|---|
| 형용사 | 부사 | 부사 |

> **Tip** 의미덩어리 청킹 학습법에서는, 동사 be와 보어 caught를 각각의 두 단어가 아니라, **청킹동사구 be caught**를 「잡히다」라는 한 개의 단어처럼 이해 기억 활용하며, 한 개의 의미덩어리 청킹이므로 머릿속에서 한 번만 생각합니다. 의미덩어리 청킹 학습법에서는, 부사구 in a shower를 각각의 세 단어가 아니라, **청킹부사구 in a shower**를 「소나기를」이라는 한 개의 단어처럼 이해 기억 활용하며, 한 개의 의미덩어리 청킹이므로 머릿속에서 한 번만 생각합니다.

### 표현하고자 하는 내용 얼개짜기 Outlining

**step 1** 청킹동사구
[청킹동사 + 목적어 / 보어]

| | |
|---|---|
| be caught, | 이다 잡힌 |
| be caught, | 이다 잡힌 |
| be caught, | 이다 잡힌 |
| be caught, | 이다 잡힌 |
| get caught, | 되다 만난 |

**step 2** 청킹부사(구, 절)
등위절, 명사구(절), 형용사구(절)

| | |
|---|---|
| in a shower/ on the way/ here, | 소나기에 도중에 여기에 |
| in a storm, | 폭풍에 |
| in a rush-hour traffic jam, | 러시아워 교통 혼잡에 |
| in heavy traffic, | 심한 교통 혼잡에 |
| in the rain/ while climbing a mountain, | 비에 ~중에 오르는 산을 |

### step 1+step 2를 결합하여 완전한 문장으로
↓

**step 3** 청킹 문장 만들기
문장의 형태(긍정문, 부정문, 의문문, 명령문, 감탄문), 동사의 시제, 수(단수, 복수), 태(능동, 수동)를 생각하면서

| | |
|---|---|
| I was caught in a shower on the way here. | 나는 이었다 잡힌 소나기에 도중에 여기에 |
| I was caught in a storm. | 나는 이었다 만난 폭풍에 |
| I was caught in a rush-hour traffic jam. | 나는 이었다 걸린 러시아워 교통 혼잡에 |
| The bus is caught in heavy traffic. | 버스는 이다 걸린 심한 교통 혼잡에 |
| I got caught in the rain while climbing a mountain. | 나는 되었다 만난 비에 ~중에 오르는 산을 |

 이해 · 기억 · 활용하여할 **의미덩어리 청킹 – 1개의 단어처럼** 생각하세요. ^0^

be caught/ get caught/ in a shower/ on the way/ in a storm/ in a rush-hour traffic jam/ in heavy traffic/ in the rain/ while climbing a mountain

## be a difference 「이다 차이인」

「차이가 있다」의미로 쓰이며, 둘 사이의 차이를 물어볼 때 사용하는 표현이다.
비교 대상 둘은 between A and B~를 사용하여 표현한다.

| 주어 [명사, 명사구, 명사절] | 동사 be | 보어 difference |
|---|---|---|
| 형용사 | 부사 | 형용사 a |

**Tip** 의미덩어리 청킹 학습법에서는, 동사 be와 보어 a difference를 각각의 세 단어가 아니라, **청킹동사구 be a difference**를 「차이가 있다」라는 **한 개의 단어처럼** 이해 기억 활용하며, 한 개의 의미덩어리 청킹이므로 머릿속에서 한 번만 생각합니다. 의미덩어리 청킹 학습법에서는, 부사구 between that and this를 각각의 네 단어가 아니라, **청킹부사구 between that and this**를 「저것과 이것 사이에」라는 **한 개의 단어처럼** 이해 기억 활용하며, 한 개의 의미덩어리 청킹이므로 머릿속에서 한 번만 생각합니다.

### 표현하고자 하는 내용 얼개짜기 Outlining

**step 1 청킹동사구**
[청킹동사 + 목적어 / 보어]

be a difference,    이다 차이인
be a difference,    이다 차이인
be a difference,    이다 차이인
be a difference,    이다 차이인
be a difference,    이다 차이인

**+**

**step 2 청킹부사(구, 절)**
등위절, 명사구(절), 형용사구(절)

between that and this,           저것과 이것 사이에
between the two,                 둘 사이에
between first class and economy, 일등석과 일반석 사이에
between New York and Seoul,      뉴욕과 서울 사이에
between the two rooms,           두 방 사이에

**step 1 + step 2를 결합하여 완전한 문장으로**

**step 3 청킹 문장 만들기**
문장의 형태(긍정문, 부정문, 의문문, 명령문, 감탄문), 동사의 시제, 수(단수, 복수), 태(능동, 수동)를 생각하면서

What is the basic difference between that and this?         무엇 이느냐 근본적인 차이는 저것과 이것 사이에?
What is the difference between the two?                     무엇 이느냐 차이는 둘 사이에?
What is the difference between first class and economy?    무엇 이느냐 차이는 일등석과 일반석 사이에?
What is the time difference between New York and Seoul?    얼마 이느냐 시차는 뉴욕과 서울 사이에?
What is the price difference between the two rooms?        얼마 이느냐 가격 차이는 두 방 사이에?

이해·기억·활용하여할 **의미덩어리 청킹 — 1개의 단어처럼** 생각하세요. ^0^

be a difference/ be the basic difference/ be the time difference/ be the price difference/ between that and this/ between the two/ between first class and economy/ between New York and Seoul/ between the two rooms

# unit 81 be good 「이다 유효한」

법적으로 공식적으로 「유효하다, 효력이 있다」 의미로 쓰인다.
같은 의미로 be valid를 사용하여 표현하기도 한다.

| 주어 [명사, 명사구, 명사절] | 동사 be | 보어 good |
|---|---|---|
| 형용사 | 부사 | 부사 |

**Tip** 의미덩어리 청킹 학습법에서는, 동사 be와 보어 good을 각각의 두 단어가 아니라, **청킹동사구 be good**을 「유효하다」라는 **한 개의 단어처럼** 이해 기억 활용하며, 한 개의 의미덩어리 청킹이므로 머릿속에서 한 번만 생각합니다. 의미덩어리 청킹 학습법에서는, 부사구 on the day of issue를 각각의 다섯 단어가 아니라, **청킹부사구 on the day of issue**를 「발행일에」라는 **한 개의 단어처럼** 이해 기억 활용하며, 한 개의 의미덩어리 청킹이므로 머릿속에서 한 번만 생각합니다.

---

표현하고자 하는 내용 얼개짜기 Outlining

**step 1** 청킹동사구
[청킹동사 + 목적어 / 보어]

be good,         이다 유효한
be good,         이다 유효한
be good,         이다 유효한
hold good,       지속되다 유효한
be valid,        이다 유효한

**+**

**step 2** 청킹부사(구, 절)
등위절, 명사구(절), 형용사구(절)

on the day of issue/ only,     발행일에 단지
through June 16,               6월 16일까지
for half a year,               반 년 동안
for a year,                    1년 동안
until the end of the month,    월말까지

step1+step2를 결합하여 완전한 문장으로

**step 3** 청킹 문장 만들기
문장의 형태(긍정문, 부정문, 의문문, 명령문, 감탄문), 동사의 시제, 수(단수, 복수), 태(능동, 수동)를 생각하면서

This ticket is good on the day of issue only.       이 티켓은 이다 유효한 발행일에 단지
Sale prices are good through June 16.              세일 가격은 이다 유효한 6월 16일까지
This visa is good for half a year.                 이 비자는 이다 유효한 반 년 동안
The contract holds good for a year.                계약은 지속되다 유효한 1년 동안
This special offer is valid until the end of the month.   이 특별한 제의는 이다 유효한 월말까지

**!** 이해 · 기억 · 활용하여할 **의미덩어리 청킹 – 1개의 단어처럼** 생각하세요. ^O^
be good/ hold good/ be valid/ on the day of issue/ through June 16/ for half a year/ for a year/ until the end of the month

# be a price 「이다 가격인」

「~한 가격이다」 의미로 쓰인다. 형용사 best, lowest, reasonable 등을 붙인 아래 표현은 가격을 흥정하고 할인을 요구하는 경우, 이를 거절하면서 할인을 해줄 수 없을 때 사용하는 표현이다.

주어 [명사, 명사구, 명사절]　　동사 be　　보어 price
　　　형용사　　　　　　　　　　부사　　　　형용사 a

**Tip** 의미덩어리 청킹 학습법에서는, 동사 be와 보어 a price를 각각의 세 단어가 아니라, **청킹동사구 be a price**를 「~한 가격이다」라는 한 개의 단어처럼 이해 기억 활용하며, 한 개의 의미덩어리 청킹이므로 머릿속에서 한 번만 생각합니다. 의미덩어리 청킹 학습법에서는, 부사구 for it을 각각의 두 단어가 아니라, **청킹부사구 for it**을 「그것에 대해」라는 한 개의 단어처럼 이해 기억 활용하며, 한 개의 의미덩어리 청킹이므로 머릿속에서 한 번만 생각합니다.

## 표현하고자 하는 내용 얼개짜기 Outlining

### step 1 청킹동사구
[청킹동사 + 목적어 / 보어]

| be a price, | 이다 가격인 |
| be a price, | 이다 가격인 |
| be a price, | 이다 가격인 |
| sell, | 팔다 |
| sell, | 팔다 |

### step 2 청킹부사(구, 절)
등위절, 명사구(절), 형용사구(절)

| I can offer you, | 내가 제공할 수 있는 너에게 |
| we can offer, | 우리가 제공할 수 있는 |
| for it, | 그것에 대해 |
| at a fixed price, | 정찰가격으로 |
| at cost, | 원가로 |

**step 1 + step 2를 결합하여 완전한 문장으로**

### step 3 청킹 문장 만들기
문장의 형태(긍정문, 부정문, 의문문, 명령문, 감탄문), 동사의 시제, 수(단수, 복수), 태(능동, 수동)를 생각하면서

| It is the best price I can offer you. | 그것은 이다 최고의 가격인 내가 제공할 수 있는 너에게 |
| This is the lowest price we can offer. | 이것은 이다 가장 낮은 가격인 우리가 제공할 수 있는 |
| It is a reasonable price for it. | 그것은 이다 합리적인 가격인 그것에 대해 |
| We sell at a fixed price. | 우리는 팔다 정찰가격으로 |
| We are selling at cost. | 우리는 팔고 있다 원가로 |

 이해 · 기억 · 활용하여할 **의미덩어리 청킹 − 1개의 단어처럼** 생각하세요. ^O^
be a price/ be the best price/ be the lowest price/ be a reasonable price/ sell at a fixed price/ sell at cost/ I can offer you/ we can offer/ for it

## unit 83 be ready 「이다 준비가 된」

「준비가 되다」 의미로 쓰인다. 어떤 일에 대해 준비가 되어 있는지 물어보거나 대답할 때 사용하는 표현이다. 준비의 내용은 뒤에 to부정사~ 또는 전치사 for~를 사용하여 표현한다.

| 주어 [명사, 명사구, 명사절] | 동사 be | 보어 ready |
|---|---|---|
| 형용사 | 부사 | 부사 |

**Tip** 의미덩어리 청킹 학습법에서는, 동사 be와 보어 ready를 각각의 두 단어가 아니라, **청킹동사구 be ready를 「준비가 되다」**라는 한 개의 단어처럼 이해 기억 활용하며, 한 개의 의미덩어리 청킹이므로 머릿속에서 한 번만 생각합니다. 의미덩어리 청킹 학습법에서는, 부사구 for the exam을 각각의 세 단어가 아니라, **청킹부사구 for the exam을 「시험에」**라는 한 개의 단어처럼 이해 기억 활용하며, 한 개의 의미덩어리 청킹이므로 머릿속에서 한 번만 생각합니다.

표현하고자 하는 내용 얼개짜기 Outlining

**step 1 청킹동사구** [청킹동사 + 목적어 / 보어]

| be ready, | 이다 준비가 된 |
| be ready, | 이다 준비가 된 |
| be ready, | 이다 준비가 된 |
| be ready, | 이다 준비가 된 |
| be ready, | 이다 준비가 된 |

+

**step 2 청킹부사(구, 절)** 등위절, 명사구(절), 형용사구(절)

| to order/ now, | 주문하는 지금 |
| to start/ at once, | 출발하는 즉시 |
| to go out/ now, | 나가는 밖으로 지금 |
| for the exam/ on Friday, | 시험에 금요일의 |
| for take-off, | 이륙의 |

step 1 + step 2를 결합하여 완전한 문장으로

**step 3 청킹 문장 만들기**
문장의 형태(긍정문, 부정문, 의문문, 명령문, 감탄문), 동사의 시제, 수(단수, 복수), 태(능동, 수동)를 생각하면서

| Are you ready to order now? | 너는 이느냐 준비가 된 주문하는 지금? |
| I am ready to start at once. | 나는 이다 준비가 된 출발하는 즉시 |
| I am ready to go out now. | 나는 이다 준비가 된 나가는 밖으로 지금 |
| I am ready for the exam on Friday. | 나는 이다 준비가 된 시험에 금요일의 |
| The plane is ready for take-off. | 비행기는 이다 준비가 된 이륙의 |

이해 · 기억 · 활용하여할 **의미덩어리 청킹 - 1개의 단어처럼** 생각하세요. ^0^

be ready/ to order/ to start/ at once/ to go out/ for the exam/ on Friday/ for take-off

## unit 84 be tight 「이다 딱 붙는」

「딱 붙다, 꽉 조이다」 의미로 쓰인다. 옷가게, 구두가게 등에서 옷, 구두 등을 입거나 신어본 후, 잘 맞지 않을 때 사용하는 표현이다. 반대는 형용사 loose를 사용하여 be loose~로 표현한다.

```
주어 [명사, 명사구, 명사절]        동사 be          보어 tight
    형용사                        부사              부사
```

**Tip** 의미덩어리 청킹 학습법에서는, 동사 be와 보어 tight를 각각의 두 단어가 아니라, 청킹동사구 be tight를 「딱 붙다」라는 한 개의 단어처럼 이해 기억 활용하며, 한 개의 의미덩어리 청킹이므로 머릿속에서 한 번만 생각합니다. 의미덩어리 청킹 학습법에서는, 부사구 around the waist를 각각의 세 단어가 아니라, 청킹부사구 around the waist를 「허리 주위로」라는 한 개의 단어처럼 이해 기억 활용하며, 한 개의 의미덩어리 청킹이므로 머릿속에서 한 번만 생각합니다.

표현하고자 하는 내용 얼개짜기 Outlining

### step 1 청킹동사구
[청킹동사 + 목적어 / 보어]

| be tight, | 이다 딱 붙는 |
| be tight, | 이다 딱 붙는 |
| be tight, | 이다 딱 붙는 |
| be tight, | 이다 딱 붙는 |
| be loose, | 이다 헐거운 |

+

### step 2 청킹부사(구, 절)
등위절, 명사구(절), 형용사구(절)

| around the waist, | 허리 주위로 |
| around the bust, | 가슴 주위로 |
| at the toes, | 발가락이 |
| for me, | 나에게 |
| in the hip, | 히프 쪽이 |

step 1 + step 2를 결합하여 완전한 문장으로

### step 3 청킹 문장 만들기
문장의 형태(긍정문, 부정문, 의문문, 명령문, 감탄문), 동사의 시제, 수(단수, 복수), 태(능동, 수동)를 생각하면서

| It is a little tight around the waist. | 그것은 이다 약간 딱 붙는 허리 주위로 |
| This blouse is a little tight around the bust. | 이 블라우스는 이다 약간 딱 붙는 가슴 주위로 |
| My shoes are tight at the toes. | 나의 신발은 이다 꽉 죄는 발가락이 |
| This dress is too tight for me. | 이 옷은 이다 너무 딱 붙는 나에게 |
| It is too loose in the hip. | 그것은 이다 너무 헐거운 히프 쪽이 |

이해 · 기억 · 활용하여할 **의미덩어리 청킹 – 1개의 단어처럼** 생각하세요. ^O^

be tight/ be a little tight/ be loose/ be too loose/ around the waist/ around the bust/ at the toes/ for me/ in the hip

## unit 85 be a train 「이다 기차인」

「~행 기차이다」 의미로 쓰인다. ~행은 전치사 for~를 사용하며, 철도를 이용하면서 기차를 타거나 플랫폼을 물어볼 때 사용하는 표현이다. be bound for~를 사용하여 표현하기도 한다.

주어 [명사, 명사구, 명사절] — 동사 be — 보어 train
형용사 — 부사 — 형용사 a

**Tip** 의미덩어리 청킹 학습법에서는, 동사 be와 보어 a train을 각각의 세 단어가 아니라, **청킹동사구 be a train**을 「~행 기차이다」라는 한 개의 단어처럼 이해 기억 활용하며, 한 개의 의미덩어리 청킹이므로 머릿속에서 한 번만 생각합니다. 의미덩어리 청킹 학습법에서는, 부사구 for New York을 각각의 세 단어가 아니라, **청킹부사구 for New York**을 「뉴욕으로」라는 한 개의 단어처럼 이해 기억 활용하며, 한 개의 의미덩어리 청킹이므로 머릿속에서 한 번만 생각합니다.

### 표현하고자 하는 내용 얼개짜기 Outlining

**step 1 청킹동사구** [청킹동사 + 목적어 / 보어]

| be a train, | 이다 기차인 |
| be a train, | 이다 기차인 |
| be bound, | 이다 향하는 |
| leave, | 출발하다 |
| leave, | 출발하다 |

**+**

**step 2 청킹부사(구, 절)** 등위절, 명사구(절), 형용사구(절)

| for New York, | 뉴욕으로 |
| leaving at 10 o'clock, | 출발하는 10시에 |
| for New York, | 뉴욕으로 |
| for New York, | 뉴욕으로 |
| for New York, | 뉴욕으로 |

step1+step2를 결합하여 완전한 문장으로

**step 3 청킹 문장 만들기**
문장의 형태(긍정문, 부정문, 의문문, 명령문, 감탄문), 동사의 시제, 수(단수, 복수), 태(능동, 수동)를 생각하면서

| Is this the train for New York? | 이느냐 이것은 기차인 뉴욕행? |
| Is this the train leaving at 10 o'clock? | 이느냐 이것은 기차인 출발하는 10시에? |
| This train is bound for New York. | 이 기차는 이다 향하는 뉴욕으로 |
| What time does the train leave for New York? | 몇 시에 기차는 출발하느냐 뉴욕행? |
| Which platform does the train for New York leave from? | 어느 플랫폼에서 기차는 뉴욕행 떠나느냐? |

 이해 · 기억 · 활용하여할 **의미덩어리 청킹 – 1개의 단어처럼** 생각하세요. ^O^

be a train/ be bound for New York/ leave for New York/ leaving at 10 o'clock

청킹 스피킹 AUTO 107

## unit 86 be a way 「이다 방법인」

「방법이다, 길이다」 의미로 쓰인다. 어디로 가는 교통수단을 찾을 때나 길을 물어볼 때 사용하는 표현으로, 내용은 뒤에 to부정사~ 또는 전치사 to~로 표현한다.

```
주어 [명사, 명사구, 명사절]    동사 be    보어 way
       형용사                   부사       형용사 a
```

**Tip** 의미덩어리 청킹 학습법에서는, 동사 be와 보어 a way를 각각의 세 단어가 아니라, 청킹동사구 be a way를 「길이다」라는 한 개의 단어처럼 이해 기억 활용하며, 한 개의 의미덩어리 청킹이므로 머릿속에서 한 번만 생각합니다. 의미덩어리 청킹 학습법에서는, 부사구 to get to the hotel을 각각의 다섯 단어가 아니라, 청킹부사구 to get to the hotel을 「호텔로 가는」이라는 한 개의 단어처럼 이해 기억 활용하며, 한 개의 의미덩어리 청킹이므로 머릿속에서 한 번만 생각합니다.

### 표현하고자 하는 내용 얼개짜기 Outlining

**step 1 청킹동사구** [청킹동사 + 목적어 / 보어]

| | |
|---|---|
| be a way, | 이다 방법인 |
| be a way, | 이다 길인 |
| be a way, | 이다 방법인 |
| be a way, | 이다 길인 |
| be a way, | 이다 길인 |

**+**

**step 2 청킹부사(구, 절)** 등위절, 명사구(절), 형용사구(절)

| | |
|---|---|
| to get there, | 가는 거기에 |
| to get to the hotel, | 가는 호텔로 |
| to get to City Hall, | 가는 시청으로 |
| to the station, | 역으로 가는 |
| to the beach, | 해변으로 가는 |

step 1 + step 2를 결합하여 완전한 문장으로

**step 3 청킹 문장 만들기**
문장의 형태(긍정문, 부정문, 의문문, 명령문, 감탄문), 동사의 시제, 수(단수, 복수), 태(능동, 수동)를 생각하면서

| | |
|---|---|
| What is the fastest way to get there? | 무엇 이느냐 가장 빠른 방법인 가는 거기에? |
| What is the shortest way to get to the hotel? | 무엇 이느냐 가장 빠른 길은 가는 호텔로? |
| Taking the subway is the fastest way to get to City Hall. | 전철을 타는 것은 이다 가장 빠른 방법인 가는 시청으로 |
| Is this the way to the station? | 이것은 이느냐 길인 역으로 가는? |
| Is this the right way to the beach? | 이것은 이느냐 맞는 길인 해변으로 가는? |

 이해 · 기억 · 활용하여할 **의미덩어리 청킹 – 1개의 단어처럼** 생각하세요. ^0^

be a way/ be the fastest way/ be the shortest way/ be the right way/ to get there/ to get to the hotel/ to get to City Hall/ to the station/ to the beach

## unit 87

# book a room

「예약하다 방을」

「방을 예약하다」 의미로 숙박과 관련하여 쓰이며, 방을 예약하고자 물어 볼 때 사용하는 표현이다.
「예약하다」는 동사 book, reserve, make a reservation을 사용하여 표현한다.

주어 [명사, 명사구, 명사절] — 동사 book — 목적어 room
형용사 — 부사 — 형용사 a

**Tip** 의미덩어리 청킹 학습법에서는, 동사 book과 목적어 a room을 각각의 세 단어가 아니라, **청킹동사구** book a room을 「방을 예약하다」라는 한 개의 단어처럼 이해 기억 활용하며, 한 개의 의미덩어리 청킹이므로 머릿속에서 한 번만 생각합니다. 의미덩어리 청킹 학습법에서는, 부사구 with a view of the lake를 각각의 여섯 단어가 아니라, **청킹부사구** with a view of the lake를 「호수 전망이 있는」이라는 한 개의 단어처럼 이해 기억 활용하며, 한 개의 의미덩어리 청킹이므로 머릿속에서 한 번만 생각합니다.

표현하고자 하는 내용 얼개짜기 Outlining

### step 1 청킹동사구
[청킹동사 + 목적어 / 보어]

| | |
|---|---|
| book a room, | 예약하다 방을 |
| book a room, | 예약하다 방을 |
| book a room, | 예약하다 방을 |
| book a room, | 예약하다 방을 |
| reserve a room, | 예약하다 방을 |

**+**

### step 2 청킹부사(구, 절)
등위절, 명사구(절), 형용사구(절)

| | |
|---|---|
| with a view of the lake, | 전망이 있는 호수의 |
| for three nights, | 3일 밤을 |
| for the weekend, | 주말에 |
| for this summer, | 이번 여름을 위해 |
| in the name of Justin, | 저스틴 이름으로 |

step 1 + step 2를 결합하여 완전한 문장으로

### step 3 청킹 문장 만들기
문장의 형태(긍정문, 부정문, 의문문, 명령문, 감탄문), 동사의 시제, 수(단수, 복수), 태(능동, 수동)를 생각하면서

| | |
|---|---|
| I would like to book a room with a view of the lake. | 나는 예약하기를 원하다 방을 전망이 있는 호수의 |
| Could you book a room for three nights? | 너는 예약하여 줄 수 있느냐 방을 3일 밤을? |
| Can I book a room for the weekend? | 나는 예약할 수 있느냐 방을 주말에? |
| I have already booked a room for this summer. | 나는 이미 예약하였다 방을 이번 여름을 위해 |
| I have reserved a room in the name of Justin. | 나는 예약하였다 방을 저스틴 이름으로 |

 이해 · 기억 · 활용하여할 **의미덩어리 청킹 – 1개의 단어처럼** 생각하세요. ^o^

book a room/ reserve a room/ with a view of the lake/ for three nights/ for the weekend/ for this summer/ in the name of Justin

## unit 88

# book somebody 「예약하다 누구를」

「누구를 예약 명단에 올리다」 의미로 항공편이나 숙박 예약에 쓰인다. 예약을 위해 문의를 하고 확인할 때 사용하는 표현이며, 예약이 모두 완료가 되어 더 이상 예약을 할 수 없는 것은 be booked up~으로 표현한다.

| 주어 [명사, 명사구, 명사절] | 동사 book | 목적어 somebody |
|---|---|---|
| 형용사 | 부사 | 형용사 |

**Tip** 의미덩어리 청킹 학습법에서는, 동사 book과 목적어 somebody를 각각의 두 단어가 아니라, **청킹동사구 book somebody**를 「누구를 예약명단에 올리다」라는 한 개의 단어처럼 이해 기억 활용하며, 한 개의 의미덩어리 청킹이므로 머릿속에서 한 번만 생각합니다. 의미덩어리 청킹 학습법에서는, 부사구 on the next flight를 각각의 네 단어가 아니라, **청킹부사구 on the next flight**를 「다음 비행기 편에」라는 한 개의 단어처럼 이해 기억 활용하며, 한 개의 의미덩어리 청킹이므로 머릿속에서 한 번만 생각합니다.

### 표현하고자 하는 내용 얼개짜기 Outlining

**step 1 청킹동사구**
[청킹동사 + 목적어 / 보어]

| book somebody, | 예약하다 누구를 |
| book somebody, | 예약하다 누구를 |
| book somebody, | 예약하다 누구를 |
| book somebody, | 예약하다 누구를 |
| be booked up, | 예약이 완료되다 |

**step 2 청킹부사(구, 절)**
등위절, 명사구(절), 형용사구(절)

| on that flight, | 그 비행기 편에 |
| on the next flight, | 다음 비행기 편에 |
| on the 10 o'clock flight, | 10시 비행기 편에 |
| on our flight 77/ to Seoul/ tomorrow, | 우리 비행기 77편에 서울행 내일 |
| for today, | 오늘 |

step 1 + step 2를 결합하여 완전한 문장으로

**step 3 청킹 문장 만들기**
문장의 형태(긍정문, 부정문, 의문문, 명령문, 감탄문), 동사의 시제, 수(단수, 복수), 태(능동, 수동)를 생각하면서

| Could you book me on that flight? | 너는 예약해 주겠느냐 나를 그 비행기 편에? |
| We can book you on the next flight. | 우리들은 예약할 수 있다 너를 다음 비행기 편에 |
| I have booked you on the 10 o'clock flight. | 나는 예약하였다 너를 10시 비행기 편에 |
| You are booked on our flight 77 to Seoul tomorrow. | 너는 예약되어 있다 우리 비행기 77편에 서울행 내일 |
| All flights to Seoul are booked up for today. | 모든 비행기 편 서울행 좌석이 매진되다 오늘 |

**!** 이해 · 기억 · 활용하여할 **의미덩어리 청킹 – 1개의 단어처럼** 생각하세요. ^O^
book somebody/ book me/ book you/ be booked up/ on that flight/ on the next flight/ on the 10 o'clock flight/ on our flight 77/ to Seoul/ for today

## unit 89 buy one 「사다 하나를」

쇼핑을 할 때 「하나를 사다」의미로, 「하나를 사면 하나를 무료로 주는」
buy one and get one free~ 표현을 많이 사용한다. 덤으로 더 줄 때는 throw in~을 사용하여 표현한다.

주어 [명사, 명사구, 명사절] — 동사 buy — 목적어 one
형용사 — 부사 — 형용사

**Tip** 의미덩어리 청킹 학습법에서는, 동사 buy와 목적어 one을 각각의 두 단어가 아니라, **청킹동사구 buy one**을 「하나를 사다」라는 한 개의 단어처럼 이해 기억 활용하며, 한 개의 의미덩어리 청킹이므로 머릿속에서 한 번만 생각합니다. 의미덩어리 청킹 학습법에서는, 등위절 and get one free를 각각의 네 단어가 아니라, **청킹등위절 and get one free**를 「그리고 하나를 무료로 받다」라는 한 개의 단어처럼 이해 기억 활용하며, 한 개의 의미덩어리 청킹이므로 머릿속에서 한 번만 생각합니다.

### 표현하고자 하는 내용 얼개짜기 Outlining

**step 1** 청킹동사구
[청킹동사 + 목적어 / 보어]

| | |
|---|---|
| buy one, | 사다 하나를 |
| buy one, | 사다 하나를 |
| throw in, | 덤으로 주다 |
| give it, | 주다 그것을 |
| be free, | 이다 무료인 |

**step 2** 청킹부사(구, 절)
등위절, 명사구(절), 형용사구(절)

| | |
|---|---|
| and get one free, | 그리고 받다 하나를 무료로 |
| and get one 50% off, | 그리고 받다 하나를 50% 할인을 |
| a few more, | 몇 개 더 |
| to you/ for nothing, | 너에게 공짜로 |
| of charge, | 요금의 |

### step 1 + step 2를 결합하여 완전한 문장으로

**step 3** 청킹 문장 만들기
문장의 형태(긍정문, 부정문, 의문문, 명령문, 감탄문), 동사의 시제, 수(단수, 복수), 태(능동, 수동)를 생각하면서

| | |
|---|---|
| Buy one and get one free. | 사라 하나를 그러면 받을 것이다 하나를 무료로 |
| Buy one and get one 50% off. | 사라 하나를 그러면 받을 것이다 하나를 50% 할인을 |
| Could you throw in a few more? | 너는 덤으로 줄 수 있느냐 몇 개 더? |
| I will give it to you for nothing. | 나는 줄 것이다 그것을 너에게 공짜로 |
| This is free of charge. | 이것은 이다 무료인 요금의 |

이해 · 기억 · 활용하여할 **의미덩어리 청킹 – 1개의 단어처럼** 생각하세요. ^O^
buy one/ throw in/ give it/ be free of charge/ and get one free/ and get one 50% off/ a few more/ to you/ for nothing

청킹 스피킹 AUTO 111

## unit 90 · charge a bill 「청구하다 계산서를」

「계산서를 청구하다」 의미로 주로 숙박 등에 쓰인다. 호텔 부대시설을 이용하면서 요금이 부과되어지는 경우, 숙박료에 포함하여 청구하라고 요구할 때 사용하는 표현이다.

| 주어 [명사, 명사구, 명사절] | 동사 charge | 목적어 bill |
|---|---|---|
| 형용사 | 부사 | 형용사 a |

**Tip** 의미덩어리 청킹 학습법에서는, 동사 charge와 목적어 a bill을 각각의 세 단어가 아니라, **청킹동사구 charge a bill**을 「계산서를 청구하다」라는 한 개의 단어처럼 이해 기억 활용하며, 한 개의 의미덩어리 청킹이므로 머릿속에서 한 번만 생각합니다. 의미덩어리 청킹 학습법에서는, 부사구 to my account를 각각의 세 단어가 아니라, **청킹부사구 to my account**를 「나의 계산으로」라는 한 개의 단어처럼 이해 기억 활용하며, 한 개의 의미덩어리 청킹이므로 머릿속에서 한 번만 생각합니다.

### 표현하고자 하는 내용 얼개짜기 Outlining

**step 1 청킹동사구** [청킹동사 + 목적어 / 보어]

| charge a bill, | 청구하다 계산서를 |
| charge it, | 청구하다 그것을 |
| charge it, | 청구하다 그것을 |
| put it, | 올리다 그것을 |
| add it, | 더하다 그것을 |

**＋**

**step 2 청킹부사(구, 절)** 등위절, 명사구(절), 형용사구(절)

| to my account, | 나의 계산으로 |
| to my account, | 나의 계산으로 |
| to my room, | 나의 방으로 |
| on my hotel bill, | 나의 호텔 숙박료에 |
| to my hotel bill, | 나의 호텔 숙박료에 |

step 1+step 2를 결합하여 완전한 문장으로

**step 3 청킹 문장 만들기**
문장의 형태(긍정문, 부정문, 의문문, 명령문, 감탄문), 동사의 시제, 수(단수, 복수), 태(능동, 수동)를 생각하면서

| Please charge the bill to my account. | 청구하라 계산서를 나의 계산으로 |
| Can you charge it to my account, please? | 너는 청구해 주겠느냐 그것을 나의 계산으로? |
| Charge it to my room, please. | 청구하라 그것을 나의 방으로 *요금을 내 방으로 달아라. |
| Put it on my hotel bill, please. | 올려라 그것을 나의 호텔 숙박료에 |
| Add it to my hotel bill, please. | 더하라 그것을 나의 호텔 숙박료에 |

 이해 · 기억 · 활용하여할 **의미덩어리 청킹 – 1개의 단어처럼** 생각하세요. ^O^

charge a bill/ charge it/ put it/ add it/ to my account/ to my room/ on my hotel bill

## unit 91

# charge money 「청구하다 돈을」

「돈을 청구하다, 요금을 청구하다」 의미로 쓰인다.
숙박 요금, 주차 요금, 티켓 가격, 물건 가격 등이 얼마인지를 물어보고 대답할 때 사용하는 표현이다.

|주어 [명사, 명사구, 명사절]|동사 charge|목적어 money|
|---|---|---|
|형용사|부사|형용사|

**Tip** 의미덩어리 청킹 학습법에서는, 동사 charge와 목적어 money를 각각의 두 단어가 아니라, **청킹동사구 charge money**를 「돈을 청구하다」라는 한 개의 단어처럼 이해 기억 활용하며, 한 개의 의미덩어리 청킹이므로 머릿속에서 한 번만 생각합니다. 의미덩어리 청킹 학습법에서는, 부사구 for a single room을 각각의 네 단어가 아니라, **청킹부사구 for a single room**을 「싱글 룸에」라는 한 개의 단어처럼 이해 기억 활용하며, 한 개의 의미덩어리 청킹이므로 머릿속에서 한 번만 생각합니다.

### 표현하고자 하는 내용 얼개짜기 Outlining

**step 1** 청킹동사구
[청킹동사 + 목적어 / 보어]

| | |
|---|---|
|charge money,|청구하다 돈을|
|charge money,|청구하다 돈을|
|charge money,|청구하다 돈을|
|charge money,|청구하다 돈을|
|charge money,|청구하다 돈을|

**step 2** 청킹부사(구, 절)
등위절, 명사구(절), 형용사구(절)

| | |
|---|---|
|for a single room/ for one night,|싱글 룸에 하루 저녁에|
|for one night,|하루 저녁에|
|to park here,|주차하는 여기에|
|for every thirty minutes,|매 30분마다|
|for a one-way ticket,|편도 티켓에 대해|

**step 1 + step 2를 결합하여 완전한 문장으로**

**step 3** 청킹 문장 만들기
문장의 형태(긍정문, 부정문, 의문문, 명령문, 감탄문), 동사의 시제, 수(단수, 복수), 태(능동, 수동)를 생각하면서

| | |
|---|---|
|How much do you charge for a single room for one night?|얼마를 너는 청구하느냐 싱글 룸에 하루 저녁에?|
|We charge 100 dollars for one night.|우리는 청구하다 100달러를 하루 저녁에|
|How much do you charge to park here?|얼마를 너는 청구하느냐 주차하는 여기에?|
|We charge one dollar for every thirty minutes.|우리는 청구하다 1달러를 매 30분마다|
|How much do you charge for a one-way ticket?|얼마를 너는 청구하느냐 편도 티켓에 대해?|

 이해·기억·활용하여할 **의미덩어리 청킹 – 1개의 단어처럼** 생각하세요. ^0^
charge money/ charge 100 dollars/ for a single room/ for one night/ to park here/ for every thirty minutes/ for a one-way ticket

## unit 92 check valuables 「맡기다 귀중품을」

「귀중품을 맡기다」 의미로 쓰인다.
주로 호텔에서 귀중품을 맡길 때 사용하는 표현이며, 비슷한 의미로 동사 deposit, keep, leave를 사용한다.

| 주어 [명사, 명사구, 명사절] | 동사 check | 목적어 valuables |
|---|---|---|
| 형용사 | 부사 | 형용사 |

**Tip** 의미덩어리 청킹 학습법에서는, 동사 check과 목적어 valuables를 각각의 두 단어가 아니라, **청킹동사구 check valuables**를 「귀중품을 맡기다」라는 한 개의 단어처럼 이해 기억 활용하며, 한 개의 의미덩어리 청킹이므로 머릿속에서 한 번만 생각합니다.
의미덩어리 청킹 학습법에서는, 부사구 in the safe deposit box를 각각의 다섯 단어가 아니라, **청킹부사구 in the safety deposit box**를 「안전 금고에」라는 한 개의 단어처럼 이해 기억 활용하며, 한 개의 의미덩어리 청킹이므로 머릿속에서 한 번만 생각합니다.

### 표현하고자 하는 내용 얼개짜기 Outlining

**step 1 청킹동사구**
[청킹동사 + 목적어 / 보어]

check valuables,     맡기다 귀중품을
check valuables,     맡기다 귀중품을
deposit valuables,   맡기다 귀중품을
leave valuables,     맡기다 귀중품을
keep valuables,      보관하다 귀중품을

**step 2 청킹부사(구, 절)**
등위절, 명사구(절), 형용사구(절)

here,                          여기에
with you,                      너에게
in the safety deposit box,     안전 금고에
in the hotel safe,             호텔 금고에
for me,                        나를 위해

**step 1 + step 2를 결합하여 완전한 문장으로**

**step 3 청킹 문장 만들기**
문장의 형태(긍정문, 부정문, 의문문, 명령문, 감탄문), 동사의 시제, 수(단수, 복수), 태(능동, 수동)를 생각하면서

I would like to check my valuables here.              나는 맡기기를 원한다 나의 귀중품을 여기에
Can I check my valuables with you?                    내가 맡길 수 있느냐 나의 귀중품을 너에게?
Please deposit your valuables in the safety deposit box.   맡기라 너의 귀중품을 안전 금고에
Leave your valuables in the hotel safe.               맡기라 너의 귀중품을 호텔 금고에
Would you keep my valuables for me?                   너는 보관해 주겠느냐 나의 귀중품을 나를 위해?

이해 · 기억 · 활용하여할 **의미덩어리 청킹 - 1개의 단어처럼** 생각하세요. ^O^

check valuables/ check my valuables/ deposit valuables/ deposit your valuables/ leave valuables/ for me/ leave your valuables/ keep valuables/ keep my valuables/ with you/ in the safety deposit box/ in the hotel safe

## unit 93 clean a room 「청소하다 방을」

「방을 청소하다」 의미로 쓰인다.
숙박시설을 이용하면서 방 청소나 불편한 사항 해결 등 서비스를 부탁할 때 사용하는 표현이다.

| 주어 [명사, 명사구, 명사절] | 동사 clean | 목적어 room |
|---|---|---|
| 형용사 | 부사 | 형용사 a |

**Tip** 의미덩어리 청킹 학습법에서는, 동사 clean과 목적어 a room을 각각의 세 단어가 아니라, **청킹동사구 clean a room**을 「방을 청소하다」라는 한 개의 단어처럼 이해 기억 활용하며, 한 개의 의미덩어리 청킹이므로 머릿속에서 한 번만 생각합니다.
의미덩어리 청킹 학습법에서는, 부사절 while I am out를 각각의 네 단어가 아니라, **청킹부사절 while I am out**를 「내가 외출하는 동안에」라는 한 개의 단어처럼 이해 기억 활용하며, 한 개의 의미덩어리 청킹이므로 머릿속에서 한 번만 생각합니다.

---

**표현하고자 하는 내용 얼개짜기 Outlining**

### step 1 청킹동사구
[청킹동사 + 목적어 / 보어]

| clean a room, | 청소하다 방을 |
| clean a room, | 청소하다 방을 |
| have a towel, | 있다 수건을 |
| leave a key, | 두다 열쇠를 |
| have hot water, | 나오다 온수가 |

### step 2 청킹부사(구, 절)
등위절, 명사구(절), 형용사구(절)

| while I am out, | 동안에 내가 외출하는 |
| yet, | 아직 |
| in my room, | 나의 방에 |
| in my room, | 나의 방에 |
| so I can't have baths or showers, | 그래서 나는 못하다 목욕이나 샤워를 |

**step1 + step2를 결합하여 완전한 문장으로**

### step 3 청킹 문장 만들기
문장의 형태(긍정문, 부정문, 의문문, 명령문, 감탄문), 동사의 시제, 수(단수, 복수), 태(능동, 수동)를 생각하면서

| Would you clean my room while I am out? | 너는 청소하여 주겠느냐 나의 방을 동안에 내가 외출하는? |
| My room hasn't been cleaned yet. | 나의 방은 청소되지 않았다 아직 |
| I don't have enough towels in my room. | 나는 있지 않다 충분한 수건을 나의 방에 |
| I left the key in my room. | 나는 두었다 열쇠를 나의 방에 |
| I don't have any hot water so I can't have baths or showers. | 나는 없다 뜨거운 물이 그래서 나는 못하다 목욕이나 샤워를 |

---

**!** 이해·기억·활용하여할 **의미덩어리 청킹 – 1개의 단어처럼** 생각하세요. ^0^

clean a room/ clean my room/ have a towel/ have enough towels/ leave a key/ have hot water/ in my room/ while I am out/ so I can't have baths or showers

## unit 94

# drop off somebody 「내려주다 누구를」

「누구를 내려주다」 의미로 쓰인다.
교통수단 특히 차, 버스, 기차 등에서 내릴 때 사용하는 표현이다.

| 주어 [명사, 명사구, 명사절] | 동사 drop | 목적어 somebody |
|---|---|---|
| 형용사 | 부사 off | 형용사 |

**Tip** 의미덩어리 청킹 학습법에서는, 동사 drop off와 목적어 somebody를 각각의 세 단어가 아니라, **청킹동사구 drop off somebody**를 「내려주다 누구를」라는 한 개의 단어처럼 이해 기억 활용하며, 한 개의 의미덩어리 청킹이므로 머릿속에서 한 번만 생각합니다. 의미덩어리 청킹 학습법에서는, 부사구 at the next stop을 각각의 네 단어가 아니라, **청킹부사구 at the next stop**을 「다음 정류장에서」라는 한 개의 단어처럼 이해 기억 활용하며, 한 개의 의미덩어리 청킹이므로 머릿속에서 한 번만 생각합니다.

### 표현하고자 하는 내용 얼개짜기 Outlining

**step 1 청킹동사구**
[청킹동사 + 목적어 / 보어]

| drop off somebody, | 내려주다 누구를 |
| drop off somebody, | 내려주다 누구를 |
| drop off somebody, | 내려주다 누구를 |
| get off, | 내리다 |
| get off, | 내리다 |

**+**

**step 2 청킹부사(구, 절)**
등위절, 명사구(절), 형용사구(절)

| at the next stop, | 다음 정류장에서 |
| at the train station, | 기차역에 |
| anywhere/ around here, | 아무데나 이 근처에 |
| here, | 여기에서 |
| to go/ to the park, | 가는 공원으로 |

step 1+step 2를 결합하여 완전한 문장으로

**step 3 청킹 문장 만들기**
문장의 형태(긍정문, 부정문, 의문문, 명령문, 감탄문), 동사의 시제, 수(단수, 복수), 태(능동, 수동)를 생각하면서

| Please drop me off at the next stop. | 내려주라 나를 다음 정류장에서 |
| Can you drop me off at the train station? | 너는 내려줄 수 있느냐 나를 기차역에? |
| You can drop me off anywhere around here. | 너는 내려줄 수 있다 나를 아무데나 이 근처에서 |
| Let me get off here. | 하게하라 내가 내리는 여기에서  *여기에서 내리겠다. |
| Where should I get off to go to the park? | 어디에서 나는 내려야 하느냐 가는 공원으로? |

 이해・기억・활용하여할 **의미덩어리 청킹 - 1개의 단어처럼** 생각하세요. ^0^

drop off somebody/ drop me off/ get off / at the next stop/ at the train station/ anywhere around here/ to go to the park

## unit 95 · enjoy a meal 「즐기다 식사를」

「식사를 즐기다, 음식을 맛있게 먹다」 의미로 쓰인다. 식사 후 음식에 대한 얘기를 할 때 사용하는 표현이다.
식사 전에 「식사 즐겁게 하라」는 인사말은 Enjoy your meal~, Enjoy your food~로 표현한다.

| 주어 [명사, 명사구, 명사절] | 동사 enjoy | 목적어 meal |
|---|---|---|
| 형용사 | 부사 | 형용사 a |

**Tip** 의미덩어리 청킹 학습법에서는, 동사 enjoy와 목적어 a meal을 각각의 세 단어가 아니라, **청킹동사구 enjoy a meal**을 「식사를 즐기다」라는 한 개의 단어처럼 이해 기억 활용하며, 한 개의 의미덩어리 청킹이므로 머릿속에서 한 번만 생각합니다.
의미덩어리 청킹 학습법에서는, 부사구 after a meeting을 각각의 세 단어가 아니라, **청킹부사구 after a meeting**을 「회의 후에」라는 한 개의 단어처럼 이해 기억 활용하며, 한 개의 의미덩어리 청킹이므로 머릿속에서 한 번만 생각합니다.

--- 표현하고자 하는 내용 얼개짜기 Outlining ---

**step 1** 청킹동사구 [청킹동사 + 목적어 / 보어]

| enjoy a meal, | 즐기다 식사를 |
| enjoy food, | 즐기다 음식을 |
| enjoy lunch, | 즐기다 점심을 |
| enjoy lunch, | 즐기다 점심을 |
| enjoy dinner, | 즐기다 저녁을 |

+

**step 2** 청킹부사(구, 절)
등위절, 명사구(절), 형용사구(절)

| very much, | 매우 |
| I have prepared | 내가 준비한 |
| together/ after the meeting, | 함께 회의 후에 |
| at school, | 학교에서 |
| often/ with your family, | 자주 너와 가족과 같이 |

step 1+step2를 결합하여 완전한 문장으로

**step 3** 청킹 문장 만들기
문장의 형태(긍정문, 부정문, 의문문, 명령문, 감탄문), 동사의 시제, 수(단수, 복수), 태(능동, 수동)를 생각하면서

I enjoyed your meal very much.  나는 즐기었다 너의 음식을 매우  *맛있게 잘 먹었다.
I hope you enjoy the food I have prepared.  나는 바라다 너가 즐기기를 음식을 내가 준비한
We enjoyed lunch together after the meeting.  우리는 즐기었다 점심을 함께 회의 후에
Did you enjoy your lunch at school?  너는 즐기었느냐 너의 점심을 학교에서?  *점심 맛있게 먹었니?
Enjoy dinner often with your family.  즐기라 저녁을 자주 너와 가족과 같이

 이해 · 기억 · 활용하여할 **의미덩어리 청킹 – 1개의 단어처럼** 생각하세요. ^O^
enjoy a meal/ enjoy **your** meal/ enjoy food/ enjoy lunch/ enjoy **your** lunch/ enjoy dinner/ after the meeting/ at school/ with your family/ I have prepared

## unit 96 exceed the speed limit 「초과하다 제한속도를」

「제한속도를 초과하다, 위반하다」 의미로 쓰인다. 교통법규를 위반하여 차를 과속하거나 신호위반을 할 때 사용하는 표현이다. 「정지신호를 위반하다」는 run a red light~로 표현한다.

| 주어 [명사, 명사구, 명사절] | 동사 exceed | 목적어 speed limit |
|---|---|---|
| 형용사 | 부사 | 형용사 the |

> **Tip** 의미덩어리 청킹 학습법에서는, 동사 exceed와 목적어 the speed limit를 각각의 네 단어가 아니라, **청킹동사구 exceed the speed limit**를 「제한속도를 초과하다」라는 한 개의 단어처럼 이해 기억 활용하며, 한 개의 의미덩어리 청킹이므로 머릿속에서 한 번만 생각합니다. 의미덩어리 청킹 학습법에서는, **등위절 and get a ticket**을 각각의 네 단어가 아니라, 청킹등위절 and get a ticket을 「그리고 속도위반 딱지를 받다」라는 한 개의 단어처럼 이해 기억 활용하며, 한 개의 의미덩어리 청킹이므로 머릿속에서 한 번만 생각합니다.

### 표현하고자 하는 내용 얼개짜기 Outlining

**step 1 청킹동사구** [청킹동사 + 목적어 / 보어]

| | |
|---|---|
| exceed the speed limit, | 초과하다 제한속도를 |
| break the speed limit, | 위반하다 제한속도를 |
| speed, | 빠르게 가다 |
| go, | 가다 |
| run a red light, | 달리다 정지신호에서 |

**step 2 청킹부사(구, 절)** 등위절, 명사구(절), 형용사구(절)

| | |
|---|---|
| by 20 km/h, | 시속 20킬로미터를 |
| and get a ticket, | 그리고 받다 속도위반 딱지를 |
| over the limit, | 제한을 넘어서 |
| over the speed limit, | 제한속도를 넘어서 |
| at the intersection, | 교차로에서 |

**step 1 + step 2를 결합하여 완전한 문장으로**

**step 3 청킹 문장 만들기**
문장의 형태(긍정문, 부정문, 의문문, 명령문, 감탄문), 동사의 시제, 수(단수, 복수), 태(능동, 수동)를 생각하면서

| | |
|---|---|
| You exceeded the speed limit by 20 km/h. | 너는 초과하였다 제한속도를 시속 20킬로미터를 |
| I break the speed limit and get a ticket. | 나는 위반하다 제한속도를 그리고 받다 속도위반 딱지를 |
| Please don't speed over the limit. | 빠르게 가지마라 제한을 넘어서 |
| Don't go over the speed limit. | 가지마라 제한속도를 넘어서 |
| You ran a red light at the intersection. | 너는 달렸다 정지신호에서 교차로에서   *신호를 위반했다. |

이해 · 기억 · 활용하여할 **의미덩어리 청킹 – 1개의 단어처럼** 생각하세요. ^0^

exceed the speed limit/ break the speed limit/ speed over the limit/ go over the speed limit/ run a red light/ by 20 km/h/ and get a ticket/ at the intersection

## unit 97 exchange this 「교환하다 이것을」

「이것을 교환하다」 의미로 쓰인다.
물건을 사고 난 후, 물건이 불량품이거나 불필요할 경우 교환하고자 할 때 사용하는 표현이다.

| 주어 [명사, 명사구, 명사절] | 동사 exchange | 목적어 this |
|---|---|---|
| 형용사 | 부사 | 형용사 |

**Tip** 의미덩어리 청킹 학습법에서는, 동사 exchange와 목적어 this를 각각의 두 단어가 아니라, **청킹동사구 exchange this**를 「이것을 교환하다」라는 한 개의 단어처럼 이해 기억 활용하며, 한 개의 의미덩어리 청킹이므로 머릿속에서 한 번만 생각합니다.
의미덩어리 청킹 학습법에서는, 부사구 for a different item을 각각의 네 단어가 아니라, **청킹부사구 for a different item**을 「다른 물건으로」라는 한 개의 단어처럼 이해 기억 활용하며, 한 개의 의미덩어리 청킹이므로 머릿속에서 한 번만 생각합니다.

### 표현하고자 하는 내용 얼개짜기 Outlining

**step 1  청킹동사구**
[청킹동사 + 목적어 / 보어]

| exchange this, | 교환하다 이것을 |
| exchange this, | 교환하다 이것을 |
| exchange a bag, | 교환하다 가방을 |
| exchange a shirt, | 교환하다 셔츠를 |
| exchange it, | 교환하다 그것을 |

**step 2  청킹부사(구, 절)**
등위절, 명사구(절), 형용사구(절)

| for another, | 다른 것으로 |
| for something else, | 다른 것으로 |
| for a different item, | 다른 물건으로 |
| for a smaller one, | 더 작은 것으로 |
| for another/ for you, | 다른 것으로 너를 위해 |

step1+step2를 결합하여 완전한 문장으로

**step 3  청킹 문장 만들기**
문장의 형태(긍정문, 부정문, 의문문, 명령문, 감탄문), 동사의 시제, 수(단수, 복수), 태(능동, 수동)를 생각하면서

| Can I exchange this for another? | 나는 교환할 수 있느냐 이것을 다른 것으로? |
| I would like to exchange this for something else. | 나는 교환하기를 원하다 이것을 다른 것으로 |
| I would like to exchange this bag for a different item. | 나는 교환하기를 원하다 이 가방을 다른 물건으로 |
| Can I exchange this shirt for a smaller one? | 나는 교환할 수 있느냐 이 셔츠를 더 작은 것으로? |
| We exchange it for another for you. | 우리는 교환해주다 그것을 다른 것으로 너를 위해 |

 이해 · 기억 · 활용하여할 **의미덩어리 청킹 – 1개의 단어처럼** 생각하세요. ^O^
exchange this/ exchange a bag/ exchange this bag/ exchange a shirt/ exchange this shirt/ exchange it/ for another/ for something else/ for a different item/ for a smaller one/ for you

## unit 98 — fill up a tank 「가득 채우다 탱크를」

「탱크를 가득 채우다」 의미로 쓰인다.
주유소에서 차에 기름을 넣을 때 사용하는 표현이며, 종류는 뒤에 전치사 with~을 사용하여 표현한다.

| 주어 [명사, 명사구, 명사절] | 동사 fill | 목적어 tank |
|---|---|---|
| 형용사 | 부사 up | 형용사 a |

**Tip** 의미덩어리 청킹 학습법에서는, 동사 fill up과 목적어 a tank를 각각의 네 단어가 아니라, **청킹동사구 fill up a tank**를 「탱크를 가득 채우다」라는 한 개의 단어처럼 이해 기억 활용하며, 한 개의 의미덩어리 청킹이므로 머릿속에서 한 번만 생각합니다. 의미덩어리 청킹 학습법에서는, 부사구 with regular gas를 각각의 세 단어가 아니라, **청킹부사구 with regular gas**를 「보통 휘발유로」라는 한 개의 단어처럼 이해 기억 활용하며, 한 개의 의미덩어리 청킹이므로 머릿속에서 한 번만 생각합니다.

표현하고자 하는 내용 얼개짜기 Outlining

### step 1 청킹동사구
[청킹동사 + 목적어 / 보어]

fill up a tank,       가득 채우다 탱크를
fill it up,           가득 채우다 그것을
fill it up,           가득 채우다 그것을
fill it up,           가득 채우다 그것을
fill up a car,        가득 채우다 차를

### step 2 청킹부사(구, 절)
등위절, 명사구(절), 형용사구(절)

with gasoline,        휘발유를
with regular,         보통 휘발유로
with unleaded,        무연 휘발유로
and check the oil,    그리고 체크하다 엔진오일을
with regular gas,     보통 휘발유로

+

step 1 + step 2를 결합하여 완전한 문장으로

### step 3 청킹 문장 만들기
문장의 형태(긍정문, 부정문, 의문문, 명령문, 감탄문), 동사의 시제, 수(단수, 복수), 태(능동, 수동)를 생각하면서

Would you fill up the tank with gasoline?   너는 가득 채워주겠느냐 탱크를 휘발유를?
Fill it up with regular, please.            가득 채우라 그것을 보통 휘발유로
Fill it up with unleaded, please.           가득 채우라 그것을 무연 휘발유로
Fill it up and check the oil, please.       가득 채우라 그것을 그리고 체크하라 엔진오일을
I filled up my car with regular gas.        나는 가득 채웠다 나의 차를 보통 휘발유로

! 이해 · 기억 · 활용하여할 의미덩어리 청킹 – 1개의 단어처럼 생각하세요. ^O^
fill up a tank/ fill up my car/ fill it up/ with gasoline/ with regular/ with unleaded/ with regular gas/ and check the oil

# unit 99 find something 「찾다 무엇을」

「무엇을 찾다」 의미로 쓰인다. 쇼핑을 하려고 상점에 들어가 둘러보았지만, 찾는 것이 없거나 살 마음이 없을 때 사용하는 표현이다.

| 주어 [명사, 명사구, 명사절] | 동사 find | 목적어 something |
|---|---|---|
| 형용사 | 부사 | 형용사 |

**Tip** 의미덩어리 청킹 학습법에서는, 동사 find와 목적어 something을 각각의 두 단어가 아니라, **청킹동사구 find something**을 「무엇을 찾다」라는 한 개의 단어처럼 이해 기억 활용하며, 한 개의 의미덩어리 청킹이므로 머릿속에서 한 번만 생각합니다. 의미덩어리 청킹 학습법에서는, 형용사절 I like를 각각의 두 단어가 아니라, **청킹형용사절 I like**를 「내가 좋아하는」이라는 한 개의 단어처럼 이해 기억 활용하며, 한 개의 의미덩어리 청킹이므로 머릿속에서 한 번만 생각합니다.

### 표현하고자 하는 내용 얼개짜기 Outlining

**step 1 청킹동사구** [청킹동사 + 목적어 / 보어]

| find something, | 찾다 무엇을 |
| find what 절, | 찾다 ~을 |
| see something, | 보다 무엇을 |
| think, | 생각하다 |
| come, | 오다 |

**+**

**step 2 청킹부사(구, 절)** 등위절, 명사구(절), 형용사구(절)

| I like, | 내가 좋아하는 |
| what I'm interested in, | 무엇 내가 이다 관심이 있는 |
| I want, | 내가 원하는 |
| for a while, | 잠시 동안 |
| back/ another time, | 다시 언제 한번 |

step 1 + step 2를 결합하여 완전한 문장으로

**step 3 청킹 문장 만들기**
문장의 형태(긍정문, 부정문, 의문문, 명령문, 감탄문), 동사의 시제, 수(단수, 복수), 태(능동, 수동)를 생각하면서

| I can't find anything I like. | 나는 찾을 수 없다 어떤 것 내가 좋아하는 |
| I can't find what I'm interested in. | 나는 찾을 수 없다 무엇 내가 이다 관심이 있는 |
| I don't see anything I want. | 나는 볼 수 없다 어떤 것 내가 원하는 |
| Let me think for a while. | 하게하라 내가 생각하는 잠시 동안 |
| I will come back another time. | 나는 올 것이다 다시 언제 한번 |

 이해 · 기억 · 활용하여할 **의미덩어리 청킹 − 1개의 단어처럼** 생각하세요. ^0^
find something/ see something/ think for a while/ come back another time/ I like/ I want/ what I'm interested in

unit 100

# find a way 「찾다 길을」

「길을 찾다, 방법을 찾다」 의미로 쓰인다.
길이나 방법, 방안, 해결책 등을 찾기 위해 노력할 때 사용하는 표현이다. 내용은 뒤에 to부정사~로 표현한다.

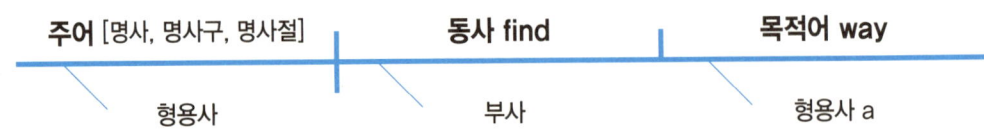

**Tip** 의미덩어리 청킹 학습법에서는, 동사 find와 목적어 a way를 각각의 세 단어가 아니라, **청킹동사구 find a way**를 「길을 찾다」라는 한 개의 단어처럼 이해 기억 활용하며, 한 개의 의미덩어리 청킹이므로 머릿속에서 한 번만 생각합니다. 의미덩어리 청킹 학습법에서는, 부사구 to solve this problem을 각각의 네 단어가 아니라, **청킹부사구 to solve this problem**을 「이 문제를 해결하는」이라는 한 개의 단어처럼 이해 기억 활용하며, 한 개의 의미덩어리 청킹이므로 머릿속에서 한 번만 생각합니다.

---- 표현하고자 하는 내용 얼개짜기 Outlining ----

**step 1 청킹동사구**
[청킹동사 + 목적어 / 보어]

| | |
|---|---|
| find a way, | 찾다 길을 |
| find a way, | 찾다 길을 |
| find a way,, | 찾다 길을 |
| find a way, | 찾다 길을 |
| find a way, | 찾다 길을 |

**step 2 청킹부사(구, 절)**
등위절, 명사구(절), 형용사구(절)

| | |
|---|---|
| to solve this problem, | 해결하는 이 문제를 |
| to handle this problem, | 다루는 이 문제를 |
| to drive/ to work, | 운전하는 직장으로 |
| back to your hotel/ from here, | 다시 호텔로 여기에서부터 |
| out of here, | 여기에서부터 |

step 1 + step2를 결합하여 완전한 문장으로

**step 3 청킹 문장 만들기**
문장의 형태(긍정문, 부정문, 의문문, 명령문, 감탄문), 동사의 시제, 수(단수, 복수), 태(능동, 수동)를 생각하면서

| | |
|---|---|
| I want to find a way to solve this problem. | 나는 원하다 찾는 길을 해결하는 이 문제를 |
| I can't find a way to handle this problem. | 나는 찾을 수 없다 방법을 다루는 이 문제를 |
| I will have to find another way to drive to work. | 나는 찾아야 할 것이다 다른 길을 운전하는 직장으로 |
| Can you find your way back to your hotel from here? | 너는 찾을 수 있느냐 너의 길을 다시 호텔로 여기에서부터? |
| Let's find our way out of here. | 하자 우리가 찾는 우리의 방법을 여기에서부터 *여기서 나가자. |

 이해 · 기억 · 활용하여할 **의미덩어리 청킹 – 1개의 단어처럼** 생각하세요. ^O^

find a way/ find another way/ find your way/ find our way/ to solve this problem/ to handle this problem/ to drive to work/ to your hotel/ from here/ out of here

# unit 101 get a discount 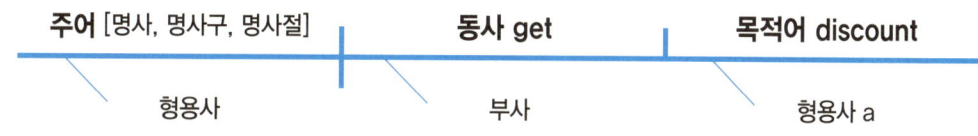「받다 할인을」

「할인을 받다」 의미로 주로 쇼핑에서 쓰인다. 가격을 흥정하면서 할인을 요구하는 경우에, 이를 승낙하여 할인을 해줄 때 사용하는 표현이다. 또한 표를 예매하거나 살 때 할인을 받을 수 있는지 물어보고 대답할 때 사용하기도 한다.

| 주어 [명사, 명사구, 명사절] | 동사 get | 목적어 discount |
|---|---|---|
| 형용사 | 부사 | 형용사 a |

**Tip** 의미덩어리 청킹 학습법에서는, 동사 get과 목적어 a discount를 각각의 세 단어가 아니라, **청킹동사구 get a discount** 를 「할인을 받다」라는 한 개의 단어처럼 이해 기억 활용하며, 한 개의 의미덩어리 청킹이므로 머릿속에서 한 번만 생각합니다. 의미덩어리 청킹 학습법에서는, 부사구 for cash를 각각의 두 단어가 아니라, **청킹부사구 for cash**를 「현금에 대해」라는 한 개의 단어처럼 이해 기억 활용하며, 한 개의 의미덩어리 청킹이므로 머릿속에서 한 번만 생각합니다.

### 표현하고자 하는 내용 얼개짜기 Outlining

**step 1 청킹동사구**
[청킹동사 + 목적어 / 보어]

| | |
|---|---|
| get a discount, | 받다 할인을 |
| get a discount, | 받다 할인을 |
| get a discount, | 받다 할인을 |
| get a discount, | 받다 할인을 |
| get a discount, | 받다 할인을 |

**+**

**step 2 청킹부사(구, 절)**
등위절, 명사구(절), 형용사구(절)

| | |
|---|---|
| for cash, | 현금에 대해 |
| if you pay/ in cash, | 만약 너가 지불하면 현금으로 |
| if you purchase/ in cash, | 만약 너가 구입하면 현금으로 |
| for your credit card, | 너의 신용카드로 |
| if you show your student ID, | 만약 너가 보여주면 너의 학생증을 |

**step 1 + step 2를 결합하여 완전한 문장으로**

**step 3 청킹 문장 만들기**
문장의 형태(긍정문, 부정문, 의문문, 명령문, 감탄문), 동사의 시제, 수(단수, 복수), 태(능동, 수동)를 생각하면서

| | |
|---|---|
| You can get the discount for cash. | 너는 받을 수 있다 할인을 현금에 대해 |
| You will get a discount if you pay in cash. | 너는 받을 것이다 할인을 만약 너가 지불하면 현금으로 |
| You can get a 10-percent discount if you purchase in cash. | 너는 받을 수 있다 10퍼센트 할인을 만약 너가 구입하면 현금으로 |
| You can get the discount for your credit card. | 너는 받을 수 있다 할인을 너의 신용카드로 |
| You can get a 20-percent discount if you show your student ID. | 너는 받을 수 있다 20퍼센트 할인을 만약 너가 보여주면 너의 학생증을 |

 이해 · 기억 · 활용하여할 **의미덩어리 청킹 – 1개의 단어처럼** 생각하세요. ^0^
get a discount/ get a 10-percent discount/ get a 20-percent discount/ for cash/ for your credit card/
if you pay in cash/ if you purchase in cash/ if you show your student ID

# get lost 「되다 길을 잃은」

「길을 잃게 되다」의미로 쓰인다.
어디로 찾아가는 도중에 길을 잃었을 때 사용하는 표현이며, lose one's way~를 사용하여 표현하기도 한다.

주어 [명사, 명사구, 명사절] — 동사 get — 보어 lost
형용사 — 부사 — 부사

**Tip** 의미덩어리 청킹 학습법에서는, 동사 get과 보어 lost를 각각의 두 단어가 아니라, **청킹동사구 get lost를 「길을 잃게 되다」** 라는 한 개의 단어처럼 이해 기억 활용하며, 한 개의 의미덩어리 청킹이므로 머릿속에서 한 번만 생각합니다. 의미덩어리 청킹 학습법에서는, 부사구 in the middle of the city를 각각의 여섯 단어가 아니라, **청킹부사구 in the middle of the city를 「도시의 한 복판에서」** 라는 한 개의 단어처럼 이해 기억 활용하며, 한 개의 의미덩어리 청킹이므로 머릿속에서 한 번만 생각합니다.

── 표현하고자 하는 내용 얼개짜기 Outlining ──

### step 1 청킹동사구
[청킹동사 + 목적어 / 보어]

| | |
|---|---|
| get lost, | 되다 길을 잃은 |
| get lost, | 되다 길을 잃은 |
| get lost, | 되다 길을 잃은 |
| be lost, | 이다 길을 잃은 |
| lose a way, | 잃다 길을 |

### step 2 청킹부사(구, 절)
등위절, 명사구(절), 형용사구(절)

| | |
|---|---|
| on my way/ here, | 오는 도중에 여기에 |
| and wandered around/ for hours, | 그리고 방황하다 몇 시간 동안 |
| in the middle of the city, | 한 복판에서 도시의 |
| on the highway, | 고속도로에서 |
| and asked a passer-by where I was. | 그리고 물었다 행인에게 어디에 내가 있는지 |

step 1 + step 2를 결합하여 완전한 문장으로

### step 3 청킹 문장 만들기
문장의 형태(긍정문, 부정문, 의문문, 명령문, 감탄문), 동사의 시제, 수(단수, 복수), 태(능동, 수동)를 생각하면서

| | |
|---|---|
| I got lost on my way here. | 나는 되었다 길을 잃은 오는 도중에 여기에 |
| I got lost and wandered around for hours. | 나는 되었다 길을 잃은 그리고 방황하다 몇 시간 동안 |
| I got lost in the middle of the city. | 나는 되었다 길을 잃은 한 복판에서 도시의 |
| I was lost on the highway. | 나는 이었다 길을 잃은 고속도로에서 |
| I have lost my way and asked a passer-by where I was. | 나는 잃었다 길을 그리고 물었다 행인에게 어디에 내가 있는지 |

! 이해·기억·활용하여할 **의미덩어리 청킹 − 1개의 단어처럼** 생각하세요. ^O^
get lost/ be lost/ lose my way/ on my way here/ in the middle of the city/ on the highway/ and wander around for hours/ and ask a passer-by where I was

# unit 103 get the point 「이해하다 요점을」

「요점을 이해하다, 논지를 이해하다」의미로 쓰인다.
대화의 요점이나 본론으로 바로 들어가자고 이야기할 때 사용하는 표현이다.

| 주어 [명사, 명사구, 명사절] | 동사 get | 목적어 point |
|---|---|---|
| 형용사 | 부사 | 형용사 the |

**Tip** 의미덩어리 청킹 학습법에서는, 동사 get과 목적어 the point를 각각의 세 단어가 아니라, **청킹동사구 get the point**를 「요점을 이해하다」라는 한 개의 단어처럼 이해 기억 활용하며, 한 개의 의미덩어리 청킹이므로 머릿속에서 한 번만 생각합니다. 의미덩어리 청킹 학습법에서는, 부사구 of the question을 각각의 세 단어가 아니라, **청킹부사구 of the question**을 「질문의」이라는 한 개의 단어처럼 이해 기억 활용하며, 한 개의 의미덩어리 청킹이므로 머릿속에서 한 번만 생각합니다.

― 표현하고자 하는 내용 얼개짜기 Outlining ―

**step 1 청킹동사구**
[청킹동사 + 목적어 / 보어]

| get the point, | 이해하다 요점을 |
| get the point, | 이해하다 요점을 |
| get, | 이르다 |
| get, | 이르다 |
| get, | 이르다 |

**+**

**step 2 청킹부사(구, 절)**
등위절, 명사구(절), 형용사구(절)

| and save the details, | 남겨두다 자세한 것을 |
| of the question, | 질문의 |
| to the point, | 요점으로 |
| right/ to the point, | 바로 요점으로 |
| straight/ to the point, | 바로 요점으로 |

step 1 + step 2를 결합하여 완전한 문장으로

**step 3 청킹 문장 만들기**
문장의 형태(긍정문, 부정문, 의문문, 명령문, 감탄문), 동사의 시제, 수(단수, 복수), 태(능동, 수동)를 생각하면서

| Just get the point and save the details. | 이해하라 요점을 그리고 남겨두라 자세한 것을 |
| I am afraid you don't get the point of the question. | 나는 이다 유감인 너는 이해하지 못하다 요점을 질문의 |
| Let's get to the point. | 하자 우리가 들어가자 요점으로 |
| I will get right to the point. | 나는 이를 것이다 바로 요점으로  *바로 본론을 말한다. |
| Get straight to the point. | 들어가라 바로 요점으로 |

 이해 · 기억 · 활용하여할 **의미덩어리 청킹 – 1개의 단어처럼** 생각하세요. ^0^

get the point/ get to the point/ get right to the point/ get straight to the point/ of the question/ and save the details

# unit 104 get a refund 「받다 환불을」

「환불을 받다, 반품하고 환불을 받다」 의미로 쓰인다. 쇼핑 후 물건이 불량품이거나 불필요할 경우, 반품하고 환불받고자 할 때 사용하는 표현이다. 또한 have a refund~ 표현을 사용하기도 하며, 환불 대상은 전치사 on~을 사용한다.

```
주어 [명사, 명사구, 명사절]    동사 get    목적어 refund
        형용사                    부사         형용사 a
```

**Tip** 의미덩어리 청킹 학습법에서는, 동사 get과 목적어 a refund를 각각의 세 단어가 아니라, **청킹동사구 get a refund를**「환불을 받다」라는 한 개의 단어처럼 이해 기억 활용하며, 한 개의 의미덩어리 청킹이므로 머릿속에서 한 번만 생각합니다. 의미덩어리 청킹 학습법에서는, 부사구 on these items를 각각의 세 단어가 아니라, **청킹부사구 on these items를**「이 품목들에 대해」라는 한 개의 단어처럼 이해 기억 활용하며, 한 개의 의미덩어리 청킹이므로 머릿속에서 한 번만 생각합니다.

표현하고자 하는 내용 얼개짜기 Outlining

### step 1 청킹동사구
[청킹동사 + 목적어 / 보어]

| get a refund, | 받다 환불을 |
| get a refund, | 받다 환불을 |
| get a refund, | 받다 환불을 |
| get a refund, | 받다 환불을 |
| have a refund, | 하다 환불을 |

**+**

### step 2 청킹부사(구, 절)
등위절, 명사구(절), 형용사구(절)

| on these tickets, | 이 티켓들에 대해 |
| on these items, | 이 품목들에 대해 |
| on it/ immediately, | 그것에 대해 즉시 |
| without a receipt, | 영수증 없이 |
| on this, | 이것에 대해 |

step 1+step2를 결합하여 완전한 문장으로

### step 3 청킹 문장 만들기
문장의 형태(긍정문, 부정문, 의문문, 명령문, 감탄문), 동사의 시제, 수(단수, 복수), 태(능동, 수동)를 생각하면서

| I would like to get a refund on these tickets. | 나는 받기를 원하다 환불을 이 티켓들에 대해 |
| Can I get a refund on these items? | 나는 받을 수 있느냐 환불을 이 품목들에 대해? |
| You may get a refund on it immediately. | 너는 받을 수 있다 환불을 그것에 대해 즉시 |
| You won't be able to get a refund without a receipt. | 너는 받을 수 없을 것이다 환불을 영수증 없이 |
| Can I have a refund on this? | 나는 할 수 있느냐 환불을 이것에 대해? |

 이해 · 기억 · 활용하여할 **의미덩어리 청킹 – 1개의 단어처럼** 생각하세요. ^O^

get a refund/ have a refund/ on these tickets/ on these items/ on it/ without a receipt/ on this

# unit 105 give a discount 「해주다 할인을」

「할인을 해주다, 제공하다」 의미로 주로 쇼핑에서 쓰인다. 가격을 흥정하면서 할인을 요구하는 경우에 사용하는 표현이다. 또한 표를 예매하거나 살 때 할인을 요구할 때 사용하기도 한다. 동사 offer를 사용하여 offer a discount~로 표현하기도 한다.

| 주어 [명사, 명사구, 명사절] | 동사 give | 목적어 discount |
|---|---|---|
| 형용사 | 부사 | 형용사 a |

**Tip** 의미덩어리 청킹 학습법에서는, 동사 give와 목적어 a discount를 각각의 세 단어가 아니라, **청킹동사구 give a discount**를 「할인을 해주다」라는 한 개의 단어처럼 이해 기억 활용하며, 한 개의 의미덩어리 청킹이므로 머릿속에서 한 번만 생각합니다. 의미덩어리 청킹 학습법에서는, 부사구 on a volume purchase를 각각의 네 단어가 아니라, **청킹부사구 on a volume purchase**를 「대량구매에 대해」라는 한 개의 단어처럼 이해 기억 활용하며, 한 개의 의미덩어리 청킹이므로 머릿속에서 한 번만 생각합니다.

표현하고자 하는 내용 얼개짜기 Outlining

### step 1 청킹동사구
[청킹동사 + 목적어 / 보어]

| give a discount, | 해주다 할인을 |
| give a discount, | 해주다 할인을 |
| give somebody a discount, | 해주다 누구에게 할인을 |
| give somebody a discount, | 해주다 누구에게 할인을 |
| offer a discount, | 제공하다 할인을 |

+

### step 2 청킹부사(구, 절)
등위절, 명사구(절), 형용사구(절)

| for cash, | 현금에 대해 |
| for children, | 어린 아이들에 대해 |
| if I buy in bulk, | 만약 내가 사면 대량으로 |
| on a volume purchase, | 대량구매에 대해 |
| on all shoes, | 모든 신발들에 대해 |

step1 + step2를 결합하여 완전한 문장으로

### step 3 청킹 문장 만들기
문장의 형태(긍정문, 부정문, 의문문, 명령문, 감탄문), 동사의 시제, 수(단수, 복수), 태(능동, 수동)를 생각하면서

| Do you give any discounts for cash? | 너는 해주느냐 할인을 현금에 대해? |
| Do you give any discounts for children? | 너는 해주느냐 할인을 어린 아이들에 대해? |
| Could you give me a discount if I buy in bulk? | 너는 해줄 수 있느냐 나에게 할인을 만약 내가 사면 대량으로? |
| We can give you a discount on a volume purchase. | 우리는 해줄 수 있다 너에게 할인을 대량구매에 대해 |
| We are offering a twenty percent discount on all shoes. | 우리는 제공하고 있다 20 퍼센트 할인을 모든 신발에 대해 |

**!** 이해 · 기억 · 활용하여할 **의미덩어리 청킹 - 1개의 단어처럼** 생각하세요. ^0^
give a discount/ give any discounts/ give me a discount/ give you a discount/ offer a discount/ offer a twenty percent discount/ for cash/ for children/ on a volume purchase/ on all shoes/ if I buy in bulk

# unit 106 give somebody a ride 「주다 누구에게 태워주는 것을」

「누구를 차로 태워주다」의미로 쓰인다. 누구를 차로 태워줄 때 사용하는 표현이며, 명사 ride 대신에 lift를 사용하기도 한다. 또한 동사 drive를 사용하여 drive somebody~로 표현하기도 한다.

| 주어 [명사, 명사구, 명사절] | 동사 give | 목적어 ride |
|---|---|---|
| 형용사 | 부사 | 형용사 a |

**Tip** 의미덩어리 청킹 학습법에서는, 동사 give와 목적어 somebody a ride를 각각의 네 단어가 아니라, **청킹동사구 give somebody a ride**를 「누구를 차로 태워주다」라는 한 개의 단어처럼 이해 기억 활용하며, 한 개의 의미덩어리 청킹이므로 머릿속에서 한 번만 생각합니다. 의미덩어리 청킹 학습법에서는, 부사구 to the bus stop을 각각의 네 단어가 아니라, **청킹부사구 to the bus stop**을 「버스 정류소로」라는 한 개의 단어처럼 이해 기억 활용하며, 한 개의 의미덩어리 청킹이므로 머릿속에서 한 번만 생각합니다.

## 표현하고자 하는 내용 얼개짜기 Outlining

### step 1 청킹동사구
[청킹동사 + 목적어 / 보어]

give somebody a ride, 주다 누구에게 태워주는 것을
give somebody a ride, 주다 누구에게 태워주는 것을
give somebody a ride, 주다 누구에게 태워주는 것을
give somebody a lift, 주다 누구에게 태워주는 것을
drive somebody, 태워다주다 누구를

### step 2 청킹부사(구, 절)
등위절, 명사구(절), 형용사구(절)

home/ after work, 집으로 퇴근 후에
to work/ tomorrow morning, 직장에 내일 아침에
home/ after the party, 집으로 파티 후에
to the bus stop, 버스 정류소로
to the airport/ tomorrow, 공항으로 내일

step 1 + step 2를 결합하여 완전한 문장으로

### step 3 청킹 문장 만들기
문장의 형태(긍정문, 부정문, 의문문, 명령문, 감탄문), 동사의 시제, 수(단수, 복수), 태(능동, 수동)를 생각하면서

Can you give me a ride home after work? 너는 주겠느냐 나에게 태워주는 것을 집으로 퇴근 후에?
Could you give me a ride to work tomorrow morning? 너는 주겠느냐 나에게 태워주는 것을 직장에 내일 아침에?
I will give you a ride home after the party. 나는 줄 것이다 너에게 태워주는 것을 집으로 파티 후에
Can I give you a lift to the bus stop? 나는 줄까 너에게 태워주는 것을 버스 정류소로?
Can you drive me to the airport tomorrow? 너는 태워다주겠느냐 나를 공항으로 내일?

이해 · 기억 · 활용하여할 **의미덩어리 청킹 — 1개의 단어처럼** 생각하세요. ^0^

give somebody a ride/ give me a ride/ give you a ride/ give you a lift/ drive somebody/ drive me/ after work/ to work/ after the party/ to the bus stop/ to the airport

# unit 107 give me a ticket 「주다 나에게 티켓을」

「나에게 티켓을 주다」의미로 쓰인다.
기차, 비행기, 버스, 지하철, 콘서트, 스포츠 경기 등을 이용하면서 티켓을 살 때 사용하는 표현이다.

| 주어 [명사, 명사구, 명사절] | 동사 give | 목적어 ticket |
|---|---|---|
| 형용사 | 부사 | 형용사 a |

**Tip** 의미덩어리 청킹 학습법에서는, 동사 give와 목적어 me a ticket를 각각의 네 단어가 아니라, **청킹동사구 give me a ticket**를 「나에게 티켓을 주다」라는 한 개의 단어처럼 이해 기억 활용하며, 한 개의 의미덩어리 청킹이므로 머릿속에서 한 번만 생각합니다. 의미덩어리 청킹 학습법에서는, 부사구 for the match를 각각의 세 단어가 아니라, **청킹부사구 for the match**를 「경기의」라는 한 개의 단어처럼 이해 기억 활용하며, 한 개의 의미덩어리 청킹이므로 머릿속에서 한 번만 생각합니다.

── 표현하고자 하는 내용 얼개짜기 Outlining ──

### step 1 청킹동사구
[청킹동사 + 목적어 / 보어]

| give me a ticket, | 주다 나에게 티켓을 |
| give me a ticket, | 주다 나에게 티켓을 |
| give me a ticket, | 주다 나에게 티켓을 |
| give me a ticket, | 주다 나에게 티켓을 |
| give me a ticket, | 주다 나에게 티켓을 |

+

### step 2 청킹부사(구, 절)
등위절, 명사구(절), 형용사구(절)

| to New York, | 뉴욕으로 |
| for New York, | 뉴욕으로 |
| to Busan, | 부산행의 |
| for the match, | 경기의 |
| for Saturday evening, | 토요일 저녁의 |

step 1 + step 2를 결합하여 완전한 문장으로

### step 3 청킹 문장 만들기
문장의 형태(긍정문, 부정문, 의문문, 명령문, 감탄문), 동사의 시제, 수(단수, 복수), 태(능동, 수동)를 생각하면서

| Give me two one-way tickets to New York. | 주라 나에게 두 장의 편도 티켓을 뉴욕으로 가는 |
| Could you give me a round-trip ticket for New York? | 너는 주겠느냐 나에게 한 장의 왕복 티켓을 뉴욕으로 가는? |
| Please give me a second-class ticket to Busan. | 주라 나에게 2등석 티켓을 부산행의 |
| Please give me a ticket for the match. | 주라 나에게 티켓을 경기의 |
| Please give me some concert tickets for Saturday evening. | 주라 나에게 콘서트 티켓을 토요일 저녁의 |

 이해·기억·활용하여할 **의미덩어리 청킹 – 1개의 단어처럼** 생각하세요. ^0^
give me a ticket/ give me two one-way tickets/ give me a round-trip ticket/ give me a second-class ticket/ give me some concert tickets/ to New York/ for New York/ to Busan/ for the match/ for Saturday evening

unit 108

# have an appetite 「가지다 식욕을」

「식욕을 가지다, 입맛이 있다」 의미로 쓰인다.
식욕이나 식성, 식사에 관한 것을 화제로 얘기할 때 사용하는 표현이다.

| 주어 [명사, 명사구, 명사절] | 동사 have | 목적어 appetite |
|---|---|---|
| 형용사 | 부사 | 형용사 an |

**Tip** 의미덩어리 청킹 학습법에서는, 동사 have와 목적어 an appetite를 각각의 세 단어가 아니라, **청킹동사구 have an appetite**를 「식욕을 가지다」라는 한 개의 단어처럼 이해 기억 활용하며, 한 개의 의미덩어리 청킹이므로 머릿속에서 한 번만 생각합니다.
의미덩어리 청킹 학습법에서는, 부사구 after a light exercise를 각각의 네 단어가 아니라, **청킹부사구 after a light exercise**를 「가벼운 운동 후에」라는 한 개의 단어처럼 이해 기억 활용하며, 한 개의 의미덩어리 청킹이므로 머릿속에서 한 번만 생각합니다.

### 표현하고자 하는 내용 얼개짜기 Outlining

**step 1** 청킹동사구
[청킹동사 + 목적어 / 보어]

have an appetite,   가지다 식욕을
have an appetite,   가지다 식욕을
have an appetite,   가지다 식욕을
have an appetite,   가지다 식욕을
have an appetite,   가지다 식욕을

**step 2** 청킹부사(구, 절)
등위절, 명사구(절), 형용사구(절)

today,                    오늘
after a light exercise,   가벼운 운동 후에
these days,               요즈음
lately,                   최근에
with the spring weather,  봄 날씨에

### step 1 + step 2를 결합하여 완전한 문장으로 ↓

**step 3** 청킹 문장 만들기
문장의 형태(긍정문, 부정문, 의문문, 명령문, 감탄문), 동사의 시제, 수(단수, 복수), 태(능동, 수동)를 생각하면서

I have a good appetite today.                      나는 가지다 좋은 식욕을 오늘
I have a good appetite after a light exercise.     나는 가지다 좋은 식욕을 가벼운 운동 후에
I don't have any appetite these days.              나는 없다 식욕을 요즈음
I don't have much of an appetite lately.           나는 가지지 않다 많은 식욕을 최근에
I have no appetite with the spring weather.        나는 없다 식욕을 봄 날씨에

 이해 · 기억 · 활용하여할 **의미덩어리 청킹 – 1개의 단어처럼** 생각하세요. ^O^

have an appetite/ have a good appetite/ have any appetite/ have much of an appetite/ have no appetite/ after a light exercise/ these days/ with the spring weather

# have dinner

## 「먹다 저녁을」

「저녁을 먹다」 의미로 쓰이며, 식사는 meal, 아침은 breakfast, 점심은 lunch 명사를 사용하여 표현한다. 누구에게 같이 식사할 것을 제의하거나, 식사에 대한 얘기를 할 때 사용하는 표현이다.

| 주어 [명사, 명사구, 명사절] | 동사 have | 목적어 dinner |
|---|---|---|
| 형용사 | 부사 | 형용사 |

**Tip** 의미덩어리 청킹 학습법에서는, 동사 have와 목적어 dinner를 각각의 두 단어가 아니라, **청킹동사구 have dinner를**「저녁을 먹다」라는 한 개의 단어처럼 이해 기억 활용하며, 한 개의 의미덩어리 청킹이므로 머릿속에서 한 번만 생각합니다. 의미덩어리 청킹 학습법에서는, 부사구 on your birthday를 각각의 세 단어가 아니라, **청킹부사구 on your birthday를**「너의 생일에」라는 한 개의 단어처럼 이해 기억 활용하며, 한 개의 의미덩어리 청킹이므로 머릿속에서 한 번만 생각합니다.

### 표현하고자 하는 내용 얼개짜기 Outlining

**step 1** 청킹동사구
[청킹동사 + 목적어 / 보어]

have dinner,     먹다 저녁을
have dinner,     먹다 저녁을
have dinner,     먹다 저녁을
have lunch,     먹다 점심을
have lunch,     먹다 점심을

**step 2** 청킹부사(구, 절)
등위절, 명사구(절), 형용사구(절)

with me/ today,     나와 같이 오늘
with me/ tomorrow,     나와 같이 내일
on your birthday,     너의 생일에
with some of my old buddies,     나의 오랜 친구들과 같이
sometime/ next week,     언젠가 다음 주

### step 1 + step 2를 결합하여 완전한 문장으로

**step 3** 청킹 문장 만들기
문장의 형태(긍정문, 부정문, 의문문, 명령문, 감탄문), 동사의 시제, 수(단수, 복수), 태(능동, 수동)를 생각하면서

Would you like to have dinner with me today?     너는 먹기를 원하느냐 저녁을 나와 같이 오늘?
Why don't you have dinner with me tomorrow?     어떠니 너는 먹는 저녁을 나와 같이 내일?
Where would you like to have dinner on your birthday?     어디에서 너는 먹기를 원하느냐 저녁을 너의 생일에?
I want to have lunch with some of my old buddies.     나는 먹기를 원하다 점심을 나의 오랜 친구들과 같이
Let's go have lunch sometime next week.     하자 우리가 가는 먹는 점심을 언젠가 다음 주

 이해 · 기억 · 활용하여할 **의미덩어리 청킹 – 1개의 단어처럼** 생각하세요. ^O^

have dinner/ have lunch/ with me/ on your birthday/ with some of my old buddies/ next week

## unit 110 have a drink 「하다 한잔을」

「한잔 하다」 의미로 특히 술을 한잔 하는 것을 표현할 때 쓰인다. 술 마실 것을 제의하거나, 술에 대한 얘기를 할 때 사용하는 표현이다.

| 주어 [명사, 명사구, 명사절] | 동사 have | 목적어 drink |
|---|---|---|
| 형용사 | 부사 | 형용사 a |

**Tip** 의미덩어리 청킹 학습법에서는, 동사 have와 목적어 a drink를 각각의 세 단어가 아니라, **청킹동사구 have a drink**를 「한잔 하다」라는 한 개의 단어처럼 이해 기억 활용하며, 한 개의 의미덩어리 청킹이므로 머릿속에서 한 번만 생각합니다. 의미덩어리 청킹 학습법에서는, 부사구 at a bar를 각각의 세 단어가 아니라, **청킹부사구 at a bar**를 「술집에서」이라는 한 개의 단어처럼 이해 기억 활용하며, 한 개의 의미덩어리 청킹이므로 머릿속에서 한 번만 생각합니다.

### 표현하고자 하는 내용 얼개짜기 Outlining

**step 1** 청킹동사구
[청킹동사 + 목적어 / 보어]

have a drink,  하다 한 잔을
have a drink,  하다 한 잔을
have a drink,  하다 한 잔을
have a drink,  하다 한 잔을
have a drink,  하다 한 잔을

**step 2** 청킹부사(구, 절)
등위절, 명사구(절), 형용사구(절)

at a bar,  술집에서
after work,  퇴근 후에
with me/ sometime,  나와 같이 언젠가
on my way/ home,  도중에 집으로
to calm yourself down,  진정하기 위하여 너 자신을

**step 1 + step 2를 결합하여 완전한 문장으로**

**step 3** 청킹 문장 만들기
문장의 형태(긍정문, 부정문, 의문문, 명령문, 감탄문), 동사의 시제, 수(단수, 복수), 태(능동, 수동)를 생각하면서

Would you like to have a drink at a bar?  너는 원하느냐 한 잔을 술집에서?
Let's have a drink after work.  하자 우리가 하는 한잔을 퇴근 후에
Do you want to have a drink with me sometime?  너는 원하느냐 하는 한잔을 나와 같이 언젠가?
I had a drink on my way home.  나는 하였다 한잔을 도중에 집으로
Do not have a drink to calm yourself down.  하지마라 한 잔을 진정하기 위하여 너 자신을

 이해 · 기억 · 활용하여할 의미덩어리 청킹 − 1개의 단어처럼 생각하세요. ^O^

have a drink/ at a bar/ after work/ with me/ on my way home/ to calm yourself down

# unit 111 have a flight 「있다 비행기를」

「비행기 편이 있다」 의미로 쓰인다. 해외여행을 위해 항공편을 예약하고 문의할 때 사용하는 표현이다.
행선지는 전치사 to~ 또는 for~, 날짜는 전치사 for~ 또는 on~을 사용하여 표현한다.

| 주어 [명사, 명사구, 명사절] | 동사 have | 목적어 flight |
|---|---|---|
| 형용사 | 부사 | 형용사 a |

**Tip** 의미덩어리 청킹 학습법에서는, 동사 have와 목적어 a flight를 각각의 세 단어가 아니라, **청킹동사구 have a flight**를 「비행기 편이 있다」라는 한 개의 단어처럼 이해 기억 활용하며, 한 개의 의미덩어리 청킹이므로 머릿속에서 한 번만 생각합니다. 의미덩어리 청킹 학습법에서는, 부사구 from Seoul to New York를 각각의 다섯 단어가 아니라, **청킹부사구 from Seoul to New York**를「서울발 뉴욕행」이라는 한 개의 단어처럼 이해 기억 활용하며, 한 개의 의미덩어리 청킹이므로 머릿속에서 한 번만 생각합니다.

표현하고자 하는 내용 얼개짜기 Outlining

### step 1 청킹동사구
[청킹동사 + 목적어 / 보어]

| | |
|---|---|
| have a flight, | 있다 비행기를 |
| have a flight, | 있다 비행기를 |
| have a flight, | 있다 비행기를 |
| have a flight, | 있다 비행기를 |
| have a flight, | 있다 비행기를 |

### step 2 청킹부사(구, 절)
등위절, 명사구(절), 형용사구(절)

| | |
|---|---|
| from Seoul/ to New York, | 서울발 뉴욕행 |
| to New York/ for July first, | 뉴욕으로 7월 1일 |
| to New York, | 뉴욕으로 |
| departing at ten AM, | 출발하는 오전 10시에 |
| to New York/ a day, | 뉴욕으로 하루에 |

step 1 + step 2를 결합하여 완전한 문장으로

### step 3 청킹 문장 만들기
문장의 형태(긍정문, 부정문, 의문문, 명령문, 감탄문), 동사의 시제, 수(단수, 복수), 태(능동, 수동)를 생각하면서

| | |
|---|---|
| Do you have a flight from Seoul to New York? | 너는 있느냐 비행기를 서울발 뉴욕행? |
| Do you have a non-stop flight to New York for July first? | 너는 있느냐 직항편을 뉴욕행 7월 1일? |
| We have a direct flight to New York. | 우리는 있다 직항편을 뉴욕행 |
| Do you have a flight departing at ten AM? | 너는 있느냐 비행기를 출발하는 오전 10시에? |
| How many flights do you have to New York a day? | 몇 편 비행기를 너는 있느냐 뉴욕행 하루에? |

이해 · 기억 · 활용하여할 **의미덩어리 청킹 – 1개의 단어처럼** 생각하세요. ^o^

have a flight/ have a non-stop flight/ have a direct flight/ from Seoul to New York/ for July first/ departing at ten AM/ to New York a day

# have a sale 「하다 세일을」

「세일을 하다」 의미로 쇼핑 등에 쓰이며, 세일을 하면서 세일 내용을 설명할 때 사용하는 표현이다.
세일 내용은 뒤에 전치사 on~을 사용하여 표현한다.

| 주어 [명사, 명사구, 명사절] | 동사 have | 목적어 sale |
|---|---|---|
| 형용사 | 부사 | 형용사 a |

**Tip** 의미덩어리 청킹 학습법에서는, 동사 have와 목적어 a sale을 각각의 세 단어가 아니라, **청킹동사구 have a sale**을 「세일을 하다」라는 한 개의 단어처럼 이해 기억 활용하며, 한 개의 의미덩어리 청킹이므로 머릿속에서 한 번만 생각합니다. 의미덩어리 청킹 학습법에서는, 부사구 on food를 각각의 두 단어가 아니라, **청킹부사구 on food**를 「식품에 대해」라는 한 개의 단어처럼 이해 기억 활용하며, 한 개의 의미덩어리 청킹이므로 머릿속에서 한 번만 생각합니다.

### 표현하고자 하는 내용 얼개짜기 Outlining

**step 1 청킹동사구**
[청킹동사 + 목적어 / 보어]

have a sale,   하다 세일을
have a sale,   하다 세일을
have a sale,   하다 세일을
have a sale,   하다 세일을
have a sale,   하다 세일을

**+**

**step 2 청킹부사(구, 절)**
등위절, 명사구(절), 형용사구(절)

on food,                        식품에 대해
on kitchenware,                 부엌용품에 대해
on fruits and vegetables,       과일과 채소에 대해
on Sundays,                     일요일마다
from October 10 to 20,          10월 10일부터 20일까지

step1 + step2를 결합하여 완전한 문장으로

**step 3 청킹 문장 만들기**
문장의 형태(긍정문, 부정문, 의문문, 명령문, 감탄문), 동사의 시제, 수(단수, 복수), 태(능동, 수동)를 생각하면서

We have a sale on food.                                          우리는 하다 세일을 식품에 대해
We are having a "buy one get one free" sale on kitchenware.     우리는 하고 있다 '하나 사면, 하나 무료' 세일을 부엌용품에 대해
We are having a special sale on fruits and vegetables.          우리는 하고 있다 특별 세일을 과일과 채소에 대해
They have a bargain sale on Sundays.                            그들은 하다 염가세일을 월요일마다
We are having a fall sale from October 10 to 20.                우리들은 할 예정이다 가을세일을 10월 10일부터 20일까지

  이해 · 기억 · 활용하여할 **의미덩어리 청킹 – 1개의 단어처럼** 생각하세요. ^O^

have a sale/ have a "buy one get one free" sale/ have a special sale/ have a bargain sale/ have a fall sale/
on food/ on kitchenware/ on fruits and vegetables/ on Sundays/ from October 10 to 20

# unit 113 have a sense 「가지다 감각을」

「감각을 가지다」 의미로 쓰인다. 패션, 길, 방향, 유머, 냄새 등에 감각이 뛰어나거나 없을 때 사용하는 표현이다.
감각의 내용은 뒤에 전치사 of~를 사용하여 표현한다.

주어 [명사, 명사구, 명사절] — 동사 have — 목적어 sense
형용사 — 부사 — 형용사 a

**Tip** 의미덩어리 청킹 학습법에서는, 동사 have와 목적어 a sense를 각각의 세 단어가 아니라, 청킹동사구 have a sense를 「감각을 가지다」라는 한 개의 단어처럼 이해 기억 활용하며, 한 개의 의미덩어리 청킹이므로 머릿속에서 한 번만 생각합니다.
의미덩어리 청킹 학습법에서는, 부사구 of style을 각각의 두 단어가 아니라, 청킹부사구 of style을 「스타일의」이라는 한 개의 단어처럼 이해 기억 활용하며, 한 개의 의미덩어리 청킹이므로 머릿속에서 한 번만 생각합니다.

---

표현하고자 하는 내용 얼개짜기 Outlining

### step 1 청킹동사구
[청킹동사 + 목적어 / 보어]

| have a sense, | 가지다 감각을 |
| have a sense, | 가지다 감각을 |
| have a sense, | 가지다 감각을 |
| have a sense, | 가지다 감각을 |
| have a sense, | 가지다 감각을 |

**+**

### step 2 청킹부사(구, 절)
등위절, 명사구(절), 형용사구(절)

| of style, | 스타일의 |
| of fashion, | 패션의 |
| of direction, | 방향의 |
| of beauty, | 미의 |
| of humor, | 유머의 |

step 1 + step 2를 결합하여 완전한 문장으로

### step 3 청킹 문장 만들기
문장의 형태(긍정문, 부정문, 의문문, 명령문, 감탄문), 동사의 시제, 수(단수, 복수), 태(능동, 수동)를 생각하면서

| You have a good sense of style. | 너는 가지다 좋은 감각을 스타일의 | *패션 감각이 있다. |
| You have a remarkable sense of fashion. | 너는 가지다 상당한 감각을 패션의 | *패션 감각이 있다. |
| I have a poor sense of direction. | 나는 가지다 나쁜 감각을 방향의 | *방향 감각이 없다. |
| You have a keen sense of beauty. | 너는 가지다 뛰어난 감각을 미의 | *미적 감각이 있다. |
| You have a great sense of humor. | 너는 가지다 좋은 감각을 유머 | *유머 감각이 있다. |

---

**!** 이해 · 기억 · 활용하여할 **의미덩어리 청킹 – 1개의 단어처럼** 생각하세요. ^0^

have a sense/ have a good sense/ have a remarkable sense/ have a poor sense/ have a keen sense/ have a great sense/ of style/ of fashion/ of direction/ of beauty/ of humor

## have a size 「있다 사이즈를」

「사이즈가 있다」 의미로 쇼핑 등에 쓰인다. 특히 옷가게에서 옷 등을 입어본 후,
다른 색상이나 사이즈를 요구할 때 사용하는 표현이다.

| 주어 [명사, 명사구, 명사절] | 동사 have | 목적어 size |
|---|---|---|
| 형용사 | 부사 | 형용사 a |

**Tip** 의미덩어리 청킹 학습법에서는, 동사 have와 목적어 a size를 각각의 세 단어가 아니라, **청킹동사구 have a size**를 「사이즈가 있다」라는 한 개의 단어처럼 이해 기억 활용하며, 한 개의 의미덩어리 청킹이므로 머릿속에서 한 번만 생각합니다. 의미덩어리 청킹 학습법에서는, 부사구 in different colors를 각각의 세 단어가 아니라, **청킹부사구 in different colors**를 「다른 색상들의」라는 한 개의 단어처럼 이해 기억 활용하며, 한 개의 의미덩어리 청킹이므로 머릿속에서 한 번만 생각합니다.

### 표현하고자 하는 내용 얼개짜기 Outlining

**step 1** 청킹동사구
[청킹동사 + 목적어 / 보어]

| have a size, | 있다 사이즈를 |
| have a size, | 있다 사이즈를 |
| have a size, | 있다 사이즈를 |
| have this, | 있다 이것을 |
| have this, | 있다 이것을 |

**+**

**step 2** 청킹부사(구, 절)
등위절, 명사구(절), 형용사구(절)

| in different colors, | 다른 색상들의 |
| in other colors, | 다른 색상들의 |
| in red, | 빨간색의 |
| in a smaller size, | 더 작은 사이즈의 |
| in one size larger, | 한 사이즈 큰 |

step 1 + step 2를 결합하여 완전한 문장으로

**step 3** 청킹 문장 만들기
문장의 형태(긍정문, 부정문, 의문문, 명령문, 감탄문), 동사의 시제, 수(단수, 복수), 태(능동, 수동)를 생각하면서

| Do you have this size in different colors? | 너는 있느냐 이것을 다른 색상들의? |
| Do you have this size in other colors? | 너는 있느냐 이것을 다른 색상들의? |
| Do you have this size in red? | 너는 있느냐 이것을 빨간색의? |
| Do you have this in a smaller size? | 너는 있느냐 이것을 더 작은 사이즈의? |
| Do you have this in one size larger? | 너는 있느냐 이것을 한 사이즈 큰? |

이해 · 기억 · 활용하여할 **의미덩어리 청킹 – 1개의 단어처럼** 생각하세요. ^O^

have a size/ have **this** size/ have this/ in different colors/ in other colors/ in red/ in a smaller size/ in one size larger

# unit 115 have something 「가지다 어떤 것을」

「어떤 것을 가지다」 의미로 쓰이며, 내용은 뒤에 to부정사~ 형태로 표현한다.
특히 공항에서 세관을 통과할 때 to declare~를 사용하는 표현을 잘 기억하도록 한다.

주어 [명사, 명사구, 명사절] — 동사 have — 목적어 something
형용사 — 부사 — 형용사

**Tip** 의미덩어리 청킹 학습법에서는, 동사 have와 목적어 something을 각각의 두 단어가 아니라, **청킹동사구** have something을 「어떤 것을 가지다」라는 한 개의 단어처럼 이해 기억 활용하며, 한 개의 의미덩어리 청킹이므로 머릿속에서 한 번만 생각합니다. 의미덩어리 청킹 학습법에서는, 형용사구 to declare를 각각의 두 단어가 아니라, **청킹형용사구** to declare 를 「신고할」이라는 한 개의 단어처럼 이해 기억 활용하며, 한 개의 의미덩어리 청킹이므로 머릿속에서 한 번만 생각합니다.

― 표현하고자 하는 내용 얼개짜기 Outlining ―

### step 1 청킹동사구
[청킹동사 + 목적어 / 보어]

have something,     가지다 어떤 것을
have nothing,       가지지 않다 어떤 것을
have something,     가지다 어떤 것을
have something,     있다 무엇을
have something,     가지다 어떤 것을

### step 2 청킹부사(구, 절)
등위절, 명사구(절), 형용사구(절)

to declare,              신고할
to declare,              신고할
to read,                 읽을
to tell you/ in secret,  얘기할 너에게 조용히
to ask you,              물어볼 너에게

step 1 + step 2를 결합하여 완전한 문장으로

### step 3 청킹 문장 만들기
문장의 형태(긍정문, 부정문, 의문문, 명령문, 감탄문), 동사의 시제, 수(단수, 복수), 태(능동, 수동)를 생각하면서

Do you have anything to declare?            너는 있느냐 어떤 것 신고할?
I have nothing to declare.                  나는 가지지 않다 어떤 것을 신고할
Do you have anything to read?               너는 있느냐 어떤 것 읽을?
I have something to tell you in secret.     나는 있다 어떤 것을 얘기할 너에게 조용히
I have something to ask you.                나는 가지다 어떤 것을 물어볼 너에게

**!** 이해 · 기억 · 활용하여할 **의미덩어리 청킹 – 1개의 단어처럼** 생각하세요. ^O^
have something/ have anything/ have nothing/ to declare/ to read/ to tell you/ in secret/ to ask you

# unit 116 have a style 「있다 스타일을」

「스타일이 있다」 의미로 쇼핑을 할 때 쓰인다. 손님이 원하는 상품의 특성이 무엇인지를 물어보거나, 자신의 원하는 상품의 스타일을 말할 때 사용하는 표현이다. 원하는 디자인은 have a design~을 사용하여 표현한다.

| 주어 [명사, 명사구, 명사절] | 동사 have | 목적어 style |
|---|---|---|
| 형용사 | 부사 | 형용사 a |

**Tip** 의미덩어리 청킹 학습법에서는, 동사 have와 목적어 a style을 각각의 세 단어가 아니라, **청킹동사구 have a style을**「스타일이 있다」라는 한 개의 단어처럼 이해 기억 활용하며, 한 개의 의미덩어리 청킹이므로 머릿속에서 한 번만 생각합니다. 의미덩어리 청킹 학습법에서는, 부사구 in black을 각각의 두 단어가 아니라, **청킹부사구 in black을**「검정으로」라는 한 개의 단어처럼 이해 기억 활용하며, 한 개의 의미덩어리 청킹이므로 머릿속에서 한 번만 생각합니다.

↱ 표현하고자 하는 내용 얼개짜기 Outlining ↰

### step 1 청킹동사구
[청킹동사 + 목적어 / 보어]

| have a style, | 있다 스타일을 |
| have a style, | 있다 스타일을 |
| have a style, | 있다 스타일을 |
| have a style, | 있다 스타일을 |
| have a design, | 있다 디자인을 |

+

### step 2 청킹부사(구, 절)
등위절, 명사구(절), 형용사구(절)

| in black, | 검정으로 |
| in mind, | 생각하는 |
| of my own/ in everything, | 나 자신의 모든 것에 |
| as Julia Roberts, | 줄리아 로버츠처럼 |
| in mind, | 생각하는 |

step 1 + step 2를 결합하여 완전한 문장으로

### step 3 청킹 문장 만들기
문장의 형태(긍정문, 부정문, 의문문, 명령문, 감탄문), 동사의 시제, 수(단수, 복수), 태(능동, 수동)를 생각하면서

| Do you have this style in black? | 너는 있느냐 이 스타일을 검정으로? |
| What style do you have in mind? | 어떤 스타일을 너는 있느냐 생각하는? |
| I have a style of my own in everything. | 나는 있다 스타일을 나 자신의 모든 것에 |
| I would like to have the same style as Julia Roberts. | 나는 하기를 원하다 같은 스타일을 줄리아 로버츠처럼 |
| Do you have a specific design in mind? | 너는 있느냐 특별한 디자인을 생각하는? |

 이해 · 기억 · 활용하여할 **의미덩어리 청킹 – 1개의 단어처럼** 생각하세요. ^O^

have a style/ have this style/ have the same style/ have a design/ have a specific design/ in black/ in mind/ of my own/ in everything/ as Julia Roberts

# have a table

「있다 좌석을」

「좌석이 있다」 의미로 식당 등에 쓰인다. 식당의 입구에 도착하여 종업원에게 좌석이 있느냐를 물어볼 때 사용하는 표현이며, 동사 get을 사용하여 get a table~로 표현하기도 한다. 몇 사람에 대한 부분은 뒤에 전치사 for~를 사용한다.

| 주어 [명사, 명사구, 명사절] | 동사 have | 목적어 table |
|---|---|---|
| 형용사 | 부사 | 형용사 a |

**Tip** 의미덩어리 청킹 학습법에서는, 동사 have와 목적어 a table을 각각의 세 단어가 아니라, **청킹동사구 have a table**을 「좌석이 있다」라는 **한 개의 단어처럼** 이해 기억 활용하며, 한 개의 의미덩어리 청킹이므로 머릿속에서 한 번만 생각합니다.
의미덩어리 청킹 학습법에서는, 부사구 for a party of ten을 각각의 다섯 단어가 아니라, **청킹부사구 for a party of ten**을 「일행 10명의」라는 **한 개의 단어처럼** 이해 기억 활용하며, 한 개의 의미덩어리 청킹이므로 머릿속에서 한 번만 생각합니다.

― 표현하고자 하는 내용 얼개짜기 Outlining ―

### step 1 청킹동사구
[청킹동사 + 목적어 / 보어]

| have a table, | 있다 좌석을 |
| have a table, | 있다 좌석을 |
| have a table, | 있다 좌석을 |
| have a table, | 있다 좌석을 |
| get a table, | 가지다 좌석을 |

+

### step 2 청킹부사(구, 절)
등위절, 명사구(절), 형용사구(절)

| for a party of ten, | 일행 10명의 |
| for tomorrow night, | 내일 저녁에 |
| near the window, | 창문 가까이에 |
| available/ at nine o'clock, | 가능한 9시에 |
| for two, | 2사람의 |

step 1 + step 2를 결합하여 완전한 문장으로

### step 3 청킹 문장 만들기
문장의 형태(긍정문, 부정문, 의문문, 명령문, 감탄문), 동사의 시제, 수(단수, 복수), 태(능동, 수동)를 생각하면서

| Do you have a table for a party of ten? | 너는 있느냐 좌석을 일행 10명의? |
| We have a table for tomorrow night. | 우리는 있다 좌석을 내일 저녁에 |
| I would like to have a table near the window. | 나는 가지기 원하다 좌석을 창문 가까이의 |
| We have a table available at nine o'clock. | 우리는 있다 좌석을 가능한 9시에 |
| I would like to get a table for two. | 나는 가지기를 원하다 좌석을 2사람의 |

 이해 · 기억 · 활용하여할 **의미덩어리 청킹 – 1개의 단어처럼** 생각하세요. ^0^

have a table/ get a table/ for a party of ten/ for tomorrow night/ near the window/ at nine o'clock/ for two

unit 118

# have a vacancy 「있다 빈 방을」

「빈 방이 있다」의미로 숙박 등에 쓰인다. 빈 방이나 원하는 종류의 방이 있느냐고 물어 볼 때 사용하는 표현이며, have a room~의 표현을 사용하기도 한다. 호텔이나 모텔의 입구에 "No Vacancy" 라는 입간판이 있을 때는 "빈방 없음"을 표시하는 것이다.

| 주어 [명사, 명사구, 명사절] | 동사 have | 목적어 vacancy |
|---|---|---|
| 형용사 | 부사 | 형용사 a |

**Tip** 의미덩어리 청킹 학습법에서는, 동사 have와 목적어 a vacancy를 각각의 세 단어가 아니라, **청킹동사구 have a vacancy**를 「빈 방이 있다」라는 한 개의 단어처럼 이해 기억 활용하며, 한 개의 의미덩어리 청킹이므로 머릿속에서 한 번만 생각합니다. 의미덩어리 청킹 학습법에서는, 부사구 on that day를 각각의 세 단어가 아니라, **청킹부사구 on that day**를 「그 날에」라는 한 개의 단어처럼 이해 기억 활용하며, 한 개의 의미덩어리 청킹이므로 머릿속에서 한 번만 생각합니다.

표현하고자 하는 내용 얼개짜기 Outlining

### step 1 청킹동사구
[청킹동사 + 목적어 / 보어]

| have a vacancy, | 있다 빈방을 |
| have a vacancy, | 있다 빈방을 |
| have a vacancy, | 있다 빈방을 |
| have a room, | 있다 방을 |
| have a room, | 있다 방을 |

\+

### step 2 청킹부사(구, 절)
등위절, 명사구(절), 형용사구(절)

| at present, | 현재 |
| tonight, | 오늘 저녁 |
| on that day, | 그날에 |
| with an ocean view, | 바다 전망이 있는 |
| for three nights, | 3일 밤을 위한 |

step 1 + step 2를 결합하여 완전한 문장으로

### step 3 청킹 문장 만들기
문장의 형태(긍정문, 부정문, 의문문, 명령문, 감탄문), 동사의 시제, 수(단수, 복수), 태(능동, 수동)를 생각하면서

| Do you have any vacancies at present? | 너는 있느냐 빈 방을 현재? |
| I am afraid we have no vacancies tonight. | 나는 이다 미안한 우리들은 없다 빈 방을 오늘 저녁 |
| We have no vacancies on that day. | 우리들은 없다 빈 방을 그날에 |
| Do you have a room with an ocean view? | 너는 있느냐 방을 바다 전망이 있는? |
| Do you have a double room for three nights? | 너는 있느냐 더블 룸을 3일 밤을 위한? |

 이해 · 기억 · 활용하여할 **의미덩어리 청킹 – 1개의 단어처럼** 생각하세요. ^O^

have a vacancy/ have any vacancies/ have no vacancies/ have a room/ have a double room/ at present/ on that day/ with an ocean view/ for three nights

## help oneself 「돕다 자신을」

「마음껏 먹다」의미로 쓰인다. 상대방에게 「편하게 마음껏 먹어라」라고 표현할 때 사용하는 표현이다. 어떤 장소에서 편히 행동하라고 하는 것은 make oneself~, 파티 같은 곳에서 편하게 즐기는 것은 enjoy oneself~를 사용하여 표현한다.

| 주어 [명사, 명사구, 명사절] | 동사 help | 목적어 oneself |
|---|---|---|
| 형용사 | 부사 | 형용사 |

**Tip** 의미덩어리 청킹 학습법에서는, 동사 help와 목적어 oneself를 각각의 두 단어가 아니라, **청킹동사구 help oneself**를 「마음껏 먹다」라는 한 개의 단어처럼 이해 기억 활용하며, 한 개의 의미덩어리 청킹이므로 머릿속에서 한 번만 생각합니다. 의미덩어리 청킹 학습법에서는, 부사구 to some more를 각각의 세 단어가 아니라, **청킹부사구 to some more**를 「약간 더」라는 한 개의 단어처럼 이해 기억 활용하며, 한 개의 의미덩어리 청킹이므로 머릿속에서 한 번만 생각합니다.

― 표현하고자 하는 내용 얼개짜기 Outlining ―

### step 1 청킹동사구
[청킹동사 + 목적어 / 보어]

| | |
|---|---|
| help yourself, | 돕다 너 자신을 |
| help yourself, | 돕다 너 자신을 |
| help yourself, | 돕다 너 자신을 |
| help yourself, | 만들다 자신을 |
| enjoy oneself, | 즐기다 자신을 |

+

### step 2 청킹부사(구, 절)
등위절, 명사구(절), 형용사구(절)

| | |
|---|---|
| to whatever you want. | 어느 것이나 너가 원하는 |
| to anything, | 어느 것이든 |
| to some more, | 약간 더 |
| at home, | 편안히 |
| very much/ this evening, | 아주 많이 오늘 저녁 |

**step 1 + step 2를 결합하여 완전한 문장으로**

### step 3 청킹 문장 만들기
문장의 형태(긍정문, 부정문, 의문문, 명령문, 감탄문), 동사의 시제, 수(단수, 복수), 태(능동, 수동)를 생각하면서

| | |
|---|---|
| Help yourself to whatever you want. | 마음껏 먹어라 어느 것이나 너가 원하는  *많이 먹어라. |
| Help yourself to anything. | 마음껏 먹어라 어느 것이든 |
| Why don't you help yourself to some more? | 어떠니 마음껏 먹는 것이 약간 더? |
| Make yourself at home. | 만들어라 너 자신을 편안히  *편히 쉬어라. |
| I enjoyed myself very much this evening. | 나는 즐거웠다 아주 많이 오늘 저녁  *매우 즐거웠다. |

 이해 · 기억 · 활용하여할 **의미덩어리 청킹 – 1개의 단어처럼** 생각하세요. ^O^
help yourself/ make yourself/ enjoy myself/ to whatever you want/ to anything/ to some more/ at home/ this evening

# like a seat 「원하다 좌석을」

「좌석을 원하다」 의미로 쓰인다. 비행기, 기차, 버스, 영화나 연극, 콘서트 등의 티켓을 구입하면서 어떤 좌석을 원한다는 것을 말할 때 사용하는 표현이다.

| 주어 [명사, 명사구, 명사절] | 동사 like | 목적어 seat |
|---|---|---|
| 형용사 | 부사 | 형용사 a |

**Tip** 의미덩어리 청킹 학습법에서는, 동사 like와 목적어 a seat를 각각의 세 단어가 아니라, **청킹동사구 like a seat**를 「좌석을 원하다」라는 한 개의 단어처럼 이해 기억 활용하며, 한 개의 의미덩어리 청킹이므로 머릿속에서 한 번만 생각합니다. 의미덩어리 청킹 학습법에서는, 부사구 next to each other를 각각의 네 단어가 아니라, **청킹부사구 next to each other**를 「서로 나란히」라는 한 개의 단어처럼 이해 기억 활용하며, 한 개의 의미덩어리 청킹이므로 머릿속에서 한 번만 생각합니다.

### 표현하고자 하는 내용 얼개짜기 Outlining

**step 1 청킹동사구**
[청킹동사 + 목적어 / 보어]

| like a seat, | 원하다 좌석을 |
| like a seat, | 원하다 좌석을 |
| like a seat, | 원하다 좌석을 |
| like a seat, | 원하다 좌석을 |
| like a seat, | 원하다 좌석을 |

+

**step 2 청킹부사(구, 절)**
등위절, 명사구(절), 형용사구(절)

| next to each other, | 서로 나란히 |
| in the front row, | 앞쪽 열에 |
| next to the emergency exit, | 비상구 옆의 |
| in a nonsmoking section, | 금연석에 |
| if possible, | 가능하면 |

step 1 + step 2를 결합하여 완전한 문장으로

**step 3 청킹 문장 만들기**
문장의 형태(긍정문, 부정문, 의문문, 명령문, 감탄문), 동사의 시제, 수(단수, 복수), 태(능동, 수동)를 생각하면서

| I would like two seats next to each other. | 나는 원하다 두 좌석을 서로 나란히 있는 |
| I would like a seat in the front row. | 나는 원하다 좌석을 앞쪽 열에 |
| I would like a seat next to the emergency exit. | 나는 원하다 좌석을 비상구 옆의 |
| I would like a seat in a nonsmoking section. | 나는 원하다 좌석을 금연석에 |
| I would like an aisle seat if possible. | 나는 원하다 통로좌석을 가능하면 |

 이해 · 기억 · 활용하여할 **의미덩어리 청킹 – 1개의 단어처럼** 생각하세요. ^o^

like a seat/ like two seats/ like an aisle seat/ next to each other/ next to the emergency exit/ in the front row/ in a nonsmoking section/ if possible

## unit 121 like steak 「원하다 스테이크를」

「스테이크를 ~하기를 원하다」 의미로 쓰인다. 식당에서 주문을 하면서
주 요리와 드레싱, 디저트 등을 구체적으로 어떻게 할 것인지 물어볼 때 사용하는 표현이다.

| 주어 [명사, 명사구, 명사절] | 동사 like | 목적어 steak |
|---|---|---|
| 형용사 | 부사 | 형용사 |

**Tip** 의미덩어리 청킹 학습법에서는, 동사 like와 목적어 steak를 각각의 두 단어가 아니라, **청킹동사구 like steak**를 「스테이크를 ~하기를 원하다」라는 한 개의 단어처럼 이해 기억 활용하며, 한 개의 의미덩어리 청킹이므로 머릿속에서 한 번만 생각합니다. 의미덩어리 청킹 학습법에서는, 부사구 for your salad를 각각의 세 단어가 아니라, **청킹부사구 for your salad**를 「너의 샐러드에」라는 한 개의 단어처럼 이해 기억 활용하며, 한 개의 의미덩어리 청킹이므로 머릿속에서 한 번만 생각합니다.

── 표현하고자 하는 내용 얼개짜기 Outlining ──

**step 1** 청킹동사구
[청킹동사 + 목적어 / 보어]

| like steak, | 원하다 스테이크를 |
| like an egg, | 원하다 계란을 |
| like dressing, | 원하다 드레싱을 |
| like something, | 좋아하다 무엇을 |
| have something, | 먹다 무엇을 |

+

**step 2** 청킹부사(구, 절)
등위절, 명사구(절), 형용사구(절)

| rare, medium, or well-done, | 약간 구운, 중간 구운, 많이 구운 |
| cooked, | 요리하는 |
| for your salad, | 너의 샐러드에 |
| for dessert, | 디저트로 |
| for dessert, | 디저트로 |

**step 1 + step 2**를 결합하여 완전한 문장으로
↓

**step 3** 청킹 문장 만들기
문장의 형태(긍정문, 부정문, 의문문, 명령문, 감탄문), 동사의 시제, 수(단수, 복수), 태(능동, 수동)를 생각하면서

| Would you like your steak rare, medium, or well-done? | 너는 원하느냐 너의 스테이크를 약간, 중간, 많이 구운? |
| How would you like your eggs cooked? | 어떻게 너는 원하느냐 너의 계란을 요리하는? *어떻게 해드릴까요? |
| What kind of dressing would you like for your salad? | 어떤 종류의 드레싱을 너는 원하느냐 너의 샐러드에? |
| Which one do you like better for dessert, ice cream or cookies? | 어느 것을 너는 좋아하느냐 더 디저트로 아이스크림 또는 쿠키? |
| What would you like to have for dessert? | 무엇을 너는 먹기를 원하느냐 디저트로? |

**!** 이해 · 기억 · 활용하여할 **의미덩어리 청킹 – 1개의 단어처럼** 생각하세요. ^0^
like steak/ like your steak/ like an eggs/ like your eggs/ like dressing/ like something/ have something/ for your salad/ for dessert

## unit 122 look good 「보이다 좋은」

「좋아 보이다, 잘 어울리다」의미로 쇼핑 등에 쓰인다. 특히 옷가게에서 옷 등을 입어본 후, 잘 어울리는지 여부를 말할 때 사용하는 표현이다. 누구에게 어울리는 것은 전치사 on~을, 무엇이 어울리는 것은 전치사 in~을 사용하여 표현하다.

```
주어 [명사, 명사구, 명사절]     동사 look        보어 good
       형용사                   부사             부사
```

**Tip** 의미덩어리 청킹 학습법에서는, 동사 look과 보어 good을 각각의 두 단어가 아니라, 청킹동사구 look good을 「좋아 보이다」라는 한 개의 단어처럼 이해 기억 활용하며, 한 개의 의미덩어리 청킹이므로 머릿속에서 한 번만 생각합니다. 의미덩어리 청킹 학습법에서는, 부사구 in that silk tie를 각각의 네 단어가 아니라, 청킹부사구 in that silk tie를 「그 실크 넥타이의」라는 한 개의 단어처럼 이해 기억 활용하며, 한 개의 의미덩어리 청킹이므로 머릿속에서 한 번만 생각합니다.

─ 표현하고자 하는 내용 얼개짜기 Outlining ─

### step 1 청킹동사구
[청킹동사 + 목적어 / 보어]

| | |
|---|---|
| look good, | 보이다 좋은 |
| look good, | 보이다 좋은 |
| look good, | 보이다 좋은 |
| look good, | 보이다 좋은 |
| look good, | 보이다 좋은 |

### step 2 청킹부사(구, 절)
등위절, 명사구(절), 형용사구(절)

| | |
|---|---|
| on you, | 너에게 |
| on me, | 나에게 |
| in yellow, | 노란색의 |
| in pink, | 핑크색의 |
| in that silk tie, | 그 실크 넥타이의 |

step1 + step2를 결합하여 완전한 문장으로

### step 3 청킹 문장 만들기
문장의 형태(긍정문, 부정문, 의문문, 명령문, 감탄문), 동사의 시제, 수(단수, 복수), 태(능동, 수동)를 생각하면서

| | |
|---|---|
| It looks good on you. | 그것은 보이다 좋은 너에게  *잘 어울리다. |
| That suit looks very good on me. | 그 정장은 보이다 아주 좋은 나에게 |
| You look good in yellow. | 너는 보이다 좋은 노란색의  *노란색이 어울리다. |
| I don't look good in pink. | 나는 보이지 않다 좋은 핑크색의 *핑크색이 어울리지 않다. |
| You look good in that silk tie. | 너는 보이다 좋은 그 실크 넥타이의 |

 이해 · 기억 · 활용하여할 **의미덩어리 청킹 – 1개의 단어처럼** 생각하세요. ^O^

look good/ on you/ on me/ in yellow/ in pink/ in that silk tie

144 의미덩어리 청킹Chunking을 알면, 영어를 저절로 말하게 된다!

## unit 123 — make a noise 「내다 소음을」

「소음을 내다, 소란을 피우다, 시끄럽게 하다, 떠들다」 의미로 쓰인다. 주로 부정형의 표현을 사용하여, 타인에게 피해를 주는 소음이나 소란을 내지 말라고 얘기할 때 사용하는 표현이다.

| 주어 [명사, 명사구, 명사절] | 동사 make | 목적어 noise |
|---|---|---|
| 형용사 | 부사 | 형용사 a |

**Tip** 의미덩어리 청킹 학습법에서는, 동사 make와 목적어 a noise를 각각의 세 단어가 아니라, 청킹동사구 make a noise를 「소음을 내다」라는 한 개의 단어처럼 이해 기억 활용하며, 한 개의 의미덩어리 청킹이므로 머릿속에서 한 번만 생각합니다. 의미덩어리 청킹 학습법에서는, 부사구 in the classroom을 각각의 세 단어가 아니라, 청킹부사구 in the classroom을 「교실에서」라는 한 개의 단어처럼 이해 기억 활용하며, 한 개의 의미덩어리 청킹이므로 머릿속에서 한 번만 생각합니다.

---

표현하고자 하는 내용 얼개짜기 **Outlining**

### step 1 청킹동사구
[청킹동사 + 목적어 / 보어]

| make a noise, | 내다 소음을 |
|---|---|
| make a noise, | 내다 소음을 |
| make a noise, | 내다 소음을 |
| make a noise, | 내다 소음을 |
| make a noise, | 내다 소음을 |

### step 2 청킹부사(구, 절)
등위절, 명사구(절), 형용사구(절)

| when drinking coffee, | 마실 때 커피를 |
|---|---|
| while eating, | 먹는 동안에 |
| at night, | 밤에 |
| in the classroom, | 교실에서 |
| about such a trifle, | 그러한 사소한 일에 대해 |

step 1 + step 2를 결합하여 완전한 문장으로

### step 3 청킹 문장 만들기
문장의 형태(긍정문, 부정문, 의문문, 명령문, 감탄문), 동사의 시제, 수(단수, 복수), 태(능동, 수동)를 생각하면서

| Don't make a noise when drinking coffee. | 내지마라 소음을 마실 때 커피를 |
|---|---|
| Don't make a noise while eating. | 내지마라 소음을 먹는 동안에 |
| Don't make a noise at night. | 내지마라 소음을 밤에 |
| Don't make a noise in the classroom. | 내지마라 소음을 교실에서 |
| Don't make a noise about such a trifle. | 내지마라 소음을 그러한 사소한 일에 대해 |

---

**!** 이해·기억·활용하여할 **의미덩어리 청킹 — 1개의 단어처럼** 생각하세요. ^o^

make a noise/ at night/ in the classroom/ about such a trifle/ when drinking coffee/ while eating

# make an offer

「하다 제의를」

unit 124

「제의를 하다」는 뜻으로 쓰이며, 동사 offer와 같은 의미이다.
쇼핑을 하거나 비즈니스를 하면서 어떤 제안이나 제의를 할 때 사용하는 표현이다.

```
주어 [명사, 명사구, 명사절]     동사 make        목적어 offer
       형용사                    부사              형용사 an
```

**Tip** 의미덩어리 청킹 학습법에서는, 동사 make와 목적어 an offer를 각각의 세 단어가 아니라, **청킹동사구 make an offer**를 「제의를 하다」라는 한 개의 단어처럼 이해 기억 활용하며, 한 개의 의미덩어리 청킹이므로 머릿속에서 한 번만 생각합니다. 의미덩어리 청킹 학습법에서는, 부사구 at greatly reduced price를 각각의 네 단어가 아니라, **청킹부사구 at greatly reduced prices**를 「매우 할인된 가격으로」라는 한 개의 단어처럼 이해 기억 활용하며, 한 개의 의미덩어리 청킹이므로 머릿속에서 한 번만 생각합니다.

### 표현하고자 하는 내용 얼개짜기 Outlining

**step 1 청킹동사구**
[청킹동사 + 목적어 / 보어]

| make an offer, | 하다 제의를 |
| make an offer, | 하다 제의를 |
| make an offer, | 하다 제의를 |
| make an offer, | 하다 제의를 |
| make an offer, | 하다 제의를 |

**+**

**step 2 청킹부사(구, 절)**
등위절, 명사구(절), 형용사구(절)

| of $20 for the shirt, | 20달러에 셔츠에 대해 |
| at greatly reduced prices, | 매우 할인된 가격으로 |
| to sing all together, | 노래하는 모두 함께 |
| to buy the company, | 사는 회사를 |
| I couldn't refuse, | 내가 거부할 수 없는 |

### step 1 + step 2를 결합하여 완전한 문장으로

**step 3 청킹 문장 만들기**
문장의 형태(긍정문, 부정문, 의문문, 명령문, 감탄문), 동사의 시제, 수(단수, 복수), 태(능동, 수동)를 생각하면서

| I make an offer of $20 for the shirt. | 나는 하다 제의를 20달러에 셔츠에 대해 |
| I make a special offer at greatly reduced prices. | 나는 하다 특별한 제의를 매우 할인된 가격으로 |
| I make an offer to sing all together. | 나는 하다 제의를 노래하는 모두 함께 |
| I made an offer to buy the company. | 나는 하였다 제의를 사는 회사를 |
| The company made an offer I couldn't refuse. | 회사는 하였다 제의를 내가 거부할 수 없는 |

**!** 이해 · 기억 · 활용하여할 **의미덩어리 청킹 – 1개의 단어처럼** 생각하세요. ^o^

make an offer/ make a special offer/ of $20 for the shirt/ at greatly reduced prices/ to sing all together/ to buy the company/ I couldn't refuse

# unit 125 make a reservation 「하다 예약을」

「예약을 하다」 의미로 쓰인다. 숙박, 식당, 비행기, 기차, 호텔 등에 예약할 때 사용하는 표현이다.
「예약하다」는 동사 book, reserve, make a booking을 사용하여 표현하기도 한다.

주어 [명사, 명사구, 명사절] / 동사 make / 목적어 reservation
형용사 / 부사 / 형용사 a

**Tip** 의미덩어리 청킹 학습법에서는, 동사 make와 목적어 a reservation을 각각의 세 단어가 아니라, **청킹동사구 make a reservation**을 「예약을 하다」라는 한 개의 단어처럼 이해 기억 활용하며, 한 개의 의미덩어리 청킹이므로 머릿속에서 한 번만 생각합니다. 의미덩어리 청킹 학습법에서는, 부사구 for two people을 각각의 세 단어가 아니라, **청킹부사구 for two people**을 「두 사람의」라는 한 개의 단어처럼 이해 기억 활용하며, 한 개의 의미덩어리 청킹이므로 머릿속에서 한 번만 생각합니다.

표현하고자 하는 내용 얼개짜기 Outlining

### step 1 청킹동사구
[청킹동사 + 목적어 / 보어]

| | |
|---|---|
| make a reservation, | 하다 예약을 |
| make a reservation, | 하다 예약을 |
| make a reservation, | 하다 예약을 |
| make a reservation, | 하다 예약을 |
| make a booking, | 하다 예약을 |

+

### step 2 청킹부사(구, 절)
등위절, 명사구(절), 형용사구(절)

| | |
|---|---|
| at 7 pm/ for two people, | 7시에 두 사람의 |
| for tonight, | 오늘 저녁 |
| for dinner, | 저녁 식사를 |
| in advance, | 먼저 |
| for Friday, | 금요일에 |

step 1 + step 2를 결합하여 완전한 문장으로

### step 3 청킹 문장 만들기
문장의 형태(긍정문, 부정문, 의문문, 명령문, 감탄문), 동사의 시제, 수(단수, 복수), 태(능동, 수동)를 생각하면서

| | |
|---|---|
| I would like to make a reservation at 7 pm for two people. | 나는 하기를 원하다 예약을 7시에 두 사람의 |
| I would like to make a reservation for tonight. | 나는 하기를 원하다 예약을 오늘 저녁 |
| I would like to make a reservation for dinner. | 나는 하기를 원하다 예약을 저녁 식사를 |
| Do I have to make a reservation in advance? | 나는 해야 하느냐 예약을 먼저? |
| Can I make a booking for Friday? | 나는 할 수 있느냐 예약을 금요일에? |

 이해 · 기억 · 활용하여할 **의미덩어리 청킹 – 1개의 단어처럼** 생각하세요. ^O^

make a reservation/ make a booking/ at 7 pm/ for two people/ for tonight/ for dinner/ in advance/ for Friday

# need help 「필요하다 도움을」

「도움을 필요로 하다」 의미로 쓰인다. 누구의 도움을 필요로 하는 것을 얘기할 때 사용하는 표현이다.
도움의 내용은 뒤에 전치사 with~을 사용하거나 동사+ing~를 사용한다.

주어 [명사, 명사구, 명사절] | 동사 need | 목적어 help
형용사 | 부사 | 형용사

**Tip** 의미덩어리 청킹 학습법에서는, 동사 need와 목적어 help를 각각의 두 단어가 아니라, **청킹동사구 need help**를 「도움을 필요로 하다」라는 한 개의 단어처럼 이해 기억 활용하며, 한 개의 의미덩어리 청킹이므로 머릿속에서 한 번만 생각합니다.
의미덩어리 청킹 학습법에서는, 부사구 with your baggage를 각각의 세 단어가 아니라, **청킹부사구 with your baggage**를 「너의 짐에」라는 한 개의 단어처럼 이해 기억 활용하며, 한 개의 의미덩어리 청킹이므로 머릿속에서 한 번만 생각합니다.

### 표현하고자 하는 내용 얼개짜기 Outlining

**step 1 청킹동사구**
[청킹동사 + 목적어 / 보어]

need help,  필요하다 도움을
need help,  필요하다 도움을
need help,  필요하다 도움을
need help,  필요하다 도움을
need help,  필요하다 도움을

**+**

**step 2 청킹부사(구, 절)**
등위절, 명사구(절), 형용사구(절)

right now,  지금
with your baggage,  너의 짐에
with those suitcases,  저 가방들에
carrying that/ up the stairs,  옮기는 그것을 계단 위로
putting these boxes away,  치우는 이 상자들을

step 1 + step 2를 결합하여 완전한 문장으로

**step 3 청킹 문장 만들기**
문장의 형태(긍정문, 부정문, 의문문, 명령문, 감탄문), 동사의 시제, 수(단수, 복수), 태(능동, 수동)를 생각하면서

I don't need any help right now.  나는 필요하지 않다 도움을 지금
Will you need some help with your baggage?  너는 필요 하느냐 도움을 너의 짐에?   *짐 들어 드릴까요?
Do you need any help with those suitcases?  너는 필요 하느냐 도움을 저 가방들에?
Do you need any help carrying that up the stairs?  너는 필요 하느냐 도움을 옮기는 그것을 계단 위로?
I need your help putting these boxes away.  나는 필요하다 너의 도움을 치우는 이 상자들을

 이해 · 기억 · 활용하여할 **의미덩어리 청킹 – 1개의 단어처럼** 생각하세요. ^0^
need help/ need **any** help/ need **some** help/ need **your** help/ right now/ with your baggage/ with those suitcases/ carrying that up the stairs/ putting these boxes away

# unit 127 park a car 「주차하다 차를」

「차를 주차하다」의미로 쓰인다. 쇼핑, 식사, 업무 등을 위해 상가나 건물을 방문할 경우, 차를 주차할 때 사용하는 표현이다.

| 주어 [명사, 명사구, 명사절] | 동사 park | 목적어 car |
|---|---|---|
| 형용사 | 부사 | 형용사 a |

**Tip** 의미덩어리 청킹 학습법에서는, 동사 park와 목적어 a car를 각각의 세 단어가 아니라, **청킹동사구 park a car**를 「차를 주차하다」라는 한 개의 단어처럼 이해 기억 활용하며, 한 개의 의미덩어리 청킹이므로 머릿속에서 한 번만 생각합니다. 의미덩어리 청킹 학습법에서는, 부사구 on the street를 각각의 세 단어가 아니라, **청킹부사구 on the street**를 「거리에」라는 한 개의 단어처럼 이해 기억 활용하며, 한 개의 의미덩어리 청킹이므로 머릿속에서 한 번만 생각합니다.

표현하고자 하는 내용 얼개짜기 Outlining

### step 1 청킹동사구
[청킹동사 + 목적어 / 보어]

| park a car, | 주차하다 차를 |
| park a car, | 주차하다 차를 |
| park a car, | 주차하다 차를 |
| park a car, | 주차하다 차를 |
| park a car, | 주차하다 차를 |

\+

### step 2 청킹부사(구, 절)
등위절, 명사구(절), 형용사구(절)

| on the street, | 거리에 |
| over there, | 저기에 |
| along the road, | 길을 따라서 |
| here/ during the day, | 여기에 낮 동안 |
| in front of the store, | 가게 앞에 |

step 1 + step 2를 결합하여 완전한 문장으로

### step 3 청킹 문장 만들기
문장의 형태(긍정문, 부정문, 의문문, 명령문, 감탄문), 동사의 시제, 수(단수, 복수), 태(능동, 수동)를 생각하면서

| Can I park the car on the street? | 나는 주차할 수 있느냐 거리에? |
| Can you park the car over there? | 너는 주차하겠느냐 차를 저기에? |
| Park your car along the road. | 주차하라 너의 차를 길을 따라서 |
| You can only park your car here during the day. | 너는 단지 주차할 수 있다 너의 차를 여기에 낮 동안 |
| Don't park your car in front of the store. | 주차하지 마라 너의 차를 가게 앞에 |

**!** 이해 · 기억 · 활용하여할 **의미덩어리 청킹 – 1개의 단어처럼** 생각하세요. ^O^

park a car/ park your car/ on the street/ over there/ along the road/ during the day/ in front of the store

unit 128 **pay** 「지불하다」

식당이나 쇼핑몰에서 물건을 산 후 계산을 하면서 지불방법에 대한 얘기를 할 때 사용하는 표현이다.
특히 신용카드로 지불하고자 할 때 Do you accept a credit card?~ 표현을 사용하기도 한다.

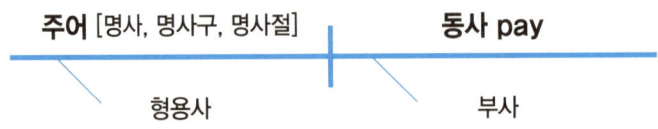

**Tip** 의미덩어리 청킹 학습법에서는, 부사구 by a credit card를 각각의 네 단어가 아니라, **청킹부사구 by a credit card**를 「신용카드로」라는 한 개의 단어처럼 이해 기억 활용하며, 한 개의 의미덩어리 청킹이므로 머릿속에서 한 번만 생각합니다.

**표현하고자 하는 내용 얼개짜기 Outlining**

**step 1 청킹동사구**
[청킹동사 + 목적어 / 보어]

pay, 지불하다
pay, 지불하다
pay, 지불하다
pay, 지불하다
pay, 지불하다

**+**

**step 2 청킹부사(구, 절)**
등위절, 명사구(절), 형용사구(절)

for my purchases/ by a credit card,   나의 구매에 대해 신용카드로
by a credit card,                      신용카드로
for it/ with my card,                  그것에 대해 나의 카드로
with cash or credit card,              현금으로 또는 신용카드로
cash or charge,                        현금 또는 신용카드

**step 1 + step 2를 결합하여 완전한 문장으로**

**step 3 청킹 문장 만들기**
문장의 형태(긍정문, 부정문, 의문문, 명령문, 감탄문), 동사의 시제, 수(단수, 복수), 태(능동, 수동)를 생각하면서

Can I pay for my purchases by a credit card?   나는 지불할 수 있느냐 나의 구매에 대해 신용카드로?
You can pay by a credit card.                   너는 지불할 수 있다 신용카드로
Let me pay for it with my card.                 하게하라 내가 지불하는 그것에 대해 나의 카드로 *카드로 계산하겠다.
Would you like to pay with cash or credit card? 너는 지불하려고 하느냐 현금으로 또는 신용카드로?
How would you like to pay, cash or charge?      어떻게 너는 지불하기를 원하느냐 현금 또는 신용카드?

 이해 · 기억 · 활용하여할 **의미덩어리 청킹 – 1개의 단어처럼** 생각하세요. ^0^

pay for my purchases/ by a credit card/ pay for it/ with my card/ pay with cash or credit card/ cash or charge

## unit 129  pay money 「지불하다 돈을」

「돈을 지불하다」 의미로 쓰인다. 쇼핑 후 물건을 사거나 비용 등을 지불하는 경우에 사용하는 표현이다.
지불하는 내용은 뒤에 전치사 for~를 사용하여 표현한다.

| 주어 [명사, 명사구, 명사절] | 동사 pay | 목적어 money |
|---|---|---|
| 형용사 | 부사 | 형용사 |

**Tip** 의미덩어리 청킹 학습법에서는, 동사 pay와 목적어 money를 각각의 두 단어가 아니라, 청킹동사구 pay money를 「돈을 지불하다」라는 한 개의 단어처럼 이해 기억 활용하며, 한 개의 의미덩어리 청킹이므로 머릿속에서 한 번만 생각합니다. 의미덩어리 청킹 학습법에서는, 부사구 for a visa fee를 각각의 네 단어가 아니라, 청킹부사구 for a visa fee를 「비자 비용으로」라는 한 개의 단어처럼 이해 기억 활용하며, 한 개의 의미덩어리 청킹이므로 머릿속에서 한 번만 생각합니다.

― 표현하고자 하는 내용 얼개짜기 Outlining ―

### step 1  청킹동사구
[청킹동사 + 목적어 / 보어]

pay money,       지불하다 돈을
pay money,       지불하다 돈을
pay money,       지불하다 돈을
pay money,       지불하다 돈을
pay money,       지불하다 돈을

+

### step 2  청킹부사(구, 절)
등위절, 명사구(절), 형용사구(절)

for a visa fee,        비자 비용으로
for this book,         이 책값으로
for the flowers,       꽃값으로
for this ticket,       이 티켓 값으로
for gas/ per month,    가스를 한 달에

step 1 + step 2를 결합하여 완전한 문장으로

### step 3  청킹 문장 만들기
문장의 형태(긍정문, 부정문, 의문문, 명령문, 감탄문), 동사의 시제, 수(단수, 복수), 태(능동, 수동)를 생각하면서

You should pay 20 dollars for a visa fee.        너는 지불하여야 한다 20달러를 비자 비용으로
I paid ten dollars for this book.                나는 지불하였다 10달러를 이 책값으로
I paid ten dollars for the flowers.              나는 지불하였다 10달러를 꽃값으로
I pay 100 dollars for this ticket.               나는 지불하다 100달러를 이 티켓 값으로
How much do you pay for gas per month?           얼마를 너는 내느냐 가스를 한 달에?

 이해 · 기억 · 활용하여할 의미덩어리 청킹 – 1개의 단어처럼 생각하세요. ^0^

pay money/ pay ten dollars/ pay 100 dollars/ for a visa fee/ for this book/ for the flowers/ for this ticket/ for gas per month

## unit 130 — propose a toast 「제안하다 건배를」

「건배를 제안하다」 의미로 쓰인다. 술 마시면서 건배를 제의할 때 사용하는 표현이며, 「무엇을 위해~, 누구를 위해~」라는 내용은 뒤에 전치사 to~를 사용하여 표현한다. make a toast~, raise glasses~ 표현을 사용하기도 한다.

| 주어 [명사, 명사구, 명사절] | 동사 propose | 목적어 toast |
|---|---|---|
| 형용사 | 부사 | 형용사 a |

**Tip** 의미덩어리 청킹 학습법에서는, 동사 propose와 목적어 a toast를 각각의 세 단어가 아니라, **청킹동사구 propose a toast**를 「건배를 제안하다」라는 한 개의 단어처럼 이해 기억 활용하며, 한 개의 의미덩어리 청킹이므로 머릿속에서 한 번만 생각합니다. 의미덩어리 청킹 학습법에서는, 부사구 to our success를 각각의 세 단어가 아니라, **청킹부사구 to our success**를 「우리의 성공을 위해」라는 한 개의 단어처럼 이해 기억 활용하며, 한 개의 의미덩어리 청킹이므로 머릿속에서 한 번만 생각합니다.

───── 표현하고자 하는 내용 얼개짜기 Outlining ─────

### step 1 청킹동사구
[청킹동사 + 목적어 / 보어]

| | |
|---|---|
| propose a toast, | 제안하다 건배를 |
| propose a toast, | 제안하다 건배를 |
| make a toast, | 하다 건배를 |
| raise a glass, | 들다 잔을 |
| drink, | 술 마시다 |

### step 2 청킹부사(구, 절)
등위절, 명사구(절), 형용사구(절)

| | |
|---|---|
| to our success, | 우리의 성공을 위해 |
| to the bride and groom, | 신부와 신랑을 위해 |
| for your promotion, | 너의 승진을 위해 |
| and toast all together, | 그리고 건배하다 모두 함께 |
| to the new project, | 새로운 프로젝트를 위해 |

step 1 + step 2를 결합하여 완전한 문장으로

### step 3 청킹 문장 만들기
문장의 형태(긍정문, 부정문, 의문문, 명령문, 감탄문), 동사의 시제, 수(단수, 복수), 태(능동, 수동)를 생각하면서

| | |
|---|---|
| I propose a toast to our success! | 나는 제안하다 건배를 우리의 성공을 위해 |
| I would like to propose a toast to the bride and groom. | 나는 제안하기를 원하다 건배를 신부와 신랑을 위해 |
| I would like to make a toast for your promotion. | 나는 원하다 건배를 너의 승진을 위해 |
| Raise your glasses and toast all together. | 들어라 너의 잔을 그리고 건배하자 모두 함께 |
| Let's drink to the new project. | 하자 우리가 한잔하는 새로운 프로젝트를 위해 |

 이해·기억·활용하여할 **의미덩어리 청킹 – 1개의 단어처럼** 생각하세요. ^O^

propose a toast/ make a toast/ raise glasses/ raise your glasses/ drink to the new project/ to our success/ to the bride and groom/ for your promotion/ and toast all together

# unit 131 pull over a car 「세우다 차를」

「차를 세우다」의미로 쓰인다.
차를 과속하거나 신호위반을 하여 정차를 당하거나, 다른 일로 잠시 차를 세울 때 사용하는 표현이다.

| 주어 [명사, 명사구, 명사절] | 동사 pull | 목적어 car |
|---|---|---|
| 형용사 | 부사 over | 형용사 a |

**Tip** 의미덩어리 청킹 학습법에서는, 동사 pull over와 목적어 a car를 각각의 세 단어가 아니라, **청킹동사구 pull over a car**를 「차를 세우다」라는 한 개의 단어처럼 이해 기억 활용하며, 한 개의 의미덩어리 청킹이므로 머릿속에서 한 번만 생각합니다. 의미덩어리 청킹 학습법에서는, 부사구 on the side of the road를 각각의 여섯 단어가 아니라, **청킹부사구 on the side of the road**를 「도로 옆에」라는 한 개의 단어처럼 이해 기억 활용하며, 한 개의 의미덩어리 청킹이므로 머릿속에서 한 번만 생각합니다.

## 표현하고자 하는 내용 얼개짜기 Outlining

**step 1** 청킹동사구
[청킹동사 + 목적어 / 보어]

pull over a car,        세우다 차를
pull over (a car),      세우다 차를
pull over (a car),      세우다 차를
pull over (a car),      세우다 차를
pull over (a car),      세우다 차를

+

**step 2** 청킹부사(구, 절)
등위절, 명사구(절), 형용사구(절)

for a second,               잠시 동안
on the side of the road,    옆에 도로의
on the shoulder/ for a moment,  갓길에 잠시 동안
for speeding,               속도위반으로
for a while,                잠시 동안

### step 1+step 2를 결합하여 완전한 문장으로

**step 3** 청킹 문장 만들기
문장의 형태(긍정문, 부정문, 의문문, 명령문, 감탄문), 동사의 시제, 수(단수, 복수), 태(능동, 수동)를 생각하면서

Could you pull over your car for a second?          너는 세우겠느냐 너의 차를 잠시 동안?
Can you pull over on the side of the road?          너는 차를 댈 수 있느냐 옆에 도로의?
Can you pull over on the shoulder for a moment?     너는 차를 세우겠느냐 갓길에 잠시 동안?
I was pulled over for speeding.                     나는 정차 당하였다 속도위반으로
We should pull over for a while.                    우리는 차를 세우는 것이 좋다 잠시 동안

! 이해·기억·활용하여할 **의미덩어리 청킹 - 1개의 단어처럼** 생각하세요. ^O^
pull over a car/ pull over your car/ for a second/ on the side of the road/ on the shoulder/ for a moment/ for speeding/ for a while

# unit 132 put baggage 「두다 짐을」

「짐을 두다」 의미로 쓰인다. 전체 짐은 baggage, 개개의 가방은 bag을 사용하여 표현한다. 어디에 두는 것은 동사 put, 있는 것은 have, 부치는 것은 check in, 찾는 것은 find, 가져가는 것은 take를 사용한다.

| 주어 [명사, 명사구, 명사절] | 동사 put | 목적어 baggage |
|---|---|---|
| 형용사 | 부사 | 형용사 |

**Tip** 의미덩어리 청킹 학습법에서는, 동사 put과 목적어 baggage를 각각의 두 단어가 아니라, **청킹동사구 put baggage**를 「짐을 두다」라는 한 개의 단어처럼 이해 기억 활용하며, 한 개의 의미덩어리 청킹이므로 머릿속에서 한 번만 생각합니다. 의미덩어리 청킹 학습법에서는, 부사구 under the seat를 각각의 세 단어가 아니라, **청킹부사구 under the seat**를 「의자 밑에」라는 한 개의 단어처럼 이해 기억 활용하며, 한 개의 의미덩어리 청킹이므로 머릿속에서 한 번만 생각합니다.

― 표현하고자 하는 내용 얼개짜기 Outlining ―

### step 1 청킹동사구
[청킹동사 + 목적어 / 보어]

| | |
|---|---|
| put baggage, | 두다 짐을 |
| put baggage, | 두다 짐을 |
| put baggage, | 두다 짐을 |
| put baggage, | 두다 짐을 |
| have baggage, | 있다 짐을 |

### step 2 청킹부사(구, 절)
등위절, 명사구(절), 형용사구(절)

| | |
|---|---|
| here/ on the table, | 여기에 테이블 위에 |
| in the overhead compartment, | 머리 위 짐칸에 |
| on the overhead rack, | 머리 위 선반에 |
| under the seat/ in front of you, | 의자 밑에 너 앞의 |
| to check in, | 부치는 |

step 1 + step 2를 결합하여 완전한 문장으로

### step 3 청킹 문장 만들기
문장의 형태(긍정문, 부정문, 의문문, 명령문, 감탄문), 동사의 시제, 수(단수, 복수), 태(능동, 수동)를 생각하면서

| | |
|---|---|
| Please put your baggage here on the table. | 두라 너의 짐을 여기에 테이블 위에 |
| Please put your baggage in the overhead compartment. | 두라 너의 짐을 머리 위 짐칸에 |
| Please put your baggage on the overhead rack. | 두라 너의 짐을 머리 위 선반에 |
| Please put your carry-on baggage under the seat in front of you. | 두라 너의 기내 소지품을 의자 밑에 너 앞의 |
| Do you have any baggage to check in? | 너는 있느냐 짐을 부치는? |

 이해 · 기억 · 활용하여할 **의미덩어리 청킹 – 1개의 단어처럼** 생각하세요. ^O^

put baggage/ put your baggage/ put your carry-on baggage/ have baggage/ have any baggage/ on the table/ in the overhead compartment/ on the overhead rack/ under the seat/ in front of you/ to check in

# unit 133 put a name 「적다 이름을」

「이름을 적다, 쓰다, 기입하다」 의미로 쓰인다. 특히 공항이나 식당 등에서 대기자 명단에 이름을 올리거나, 시험지 또는 종이 등에 이름을 적는 경우에 사용하는 표현이다.

| 주어 [명사, 명사구, 명사절] | 동사 put | 목적어 name |
|---|---|---|
| 형용사 | 부사 | 형용사 a |

**Tip** 의미덩어리 청킹 학습법에서는, 동사 put과 목적어 a name을 각각의 세 단어가 아니라, **청킹동사구 put a name**을 「이름을 적다」라는 한 개의 단어처럼 이해 기억 활용하며, 한 개의 의미덩어리 청킹이므로 머릿속에서 한 번만 생각합니다. 의미덩어리 청킹 학습법에서는, 부사구 on the waiting list를 각각의 네 단어가 아니라, **청킹부사구 on the waiting list**를 「대기자 명단에」라는 한 개의 단어처럼 이해 기억 활용하며, 한 개의 의미덩어리 청킹이므로 머릿속에서 한 번만 생각합니다.

표현하고자 하는 내용 얼개짜기 Outlining

**step 1 청킹동사구**
[청킹동사 + 목적어 / 보어]

put a name,   적다 이름을
put a name,   적다 이름을
put a name,   적다 이름을
put a name,   적다 이름을
put a name,   적다 이름을

**step 2 청킹부사(구, 절)**
등위절, 명사구(절), 형용사구(절)

on the waiting list,          대기자 명단에
at the top/ of your answer sheet,  위에 너의 답안지의
on the next line,             다음 줄에
on the donors' list,          기부자 명단에
on the slip,                  전표에

step1+step2를 결합하여 완전한 문장으로

**step 3 청킹 문장 만들기**
문장의 형태(긍정문, 부정문, 의문문, 명령문, 감탄문), 동사의 시제, 수(단수, 복수), 태(능동, 수동)를 생각하면서

Can you put my name on the waiting list?      너는 적어주겠느냐 나의 이름을 대기자 명단에?
Put your name at the top of your answer sheet. 적어라 너의 이름을 위에 너의 답안지의
Put your name on the next line.                적어라 너의 이름을 다음 줄에
I put my name on the donors' list.             나는 적다 나의 이름을 기부자 명단에
I put my name on the slip.                     나는 적다 나의 이름을 전표에

 이해 · 기억 · 활용하여할 **의미덩어리 청킹 – 1개의 단어처럼** 생각하세요. ^o^

put a name/ put my name/ put your name/ on the waiting list/ at the top of your answer sheet/ on the next line/ on the donors' list/ on the slip

## unit 134 recommend a restaurant 「추천하다 식당을」

「식당을 추천하다」 의미로 쓰인다.
식당이나 상점, 선물 등을 다른 사람에게 추천을 받기 위하여 물어보거나 추천을 할 때 사용하는 표현이다.

| 주어 [명사, 명사구, 명사절] | 동사 recommend | 목적어 restaurnat |
|---|---|---|
| 형용사 | 부사 | 형용사 a |

**Tip** 의미덩어리 청킹 학습법에서는, 동사 recommend와과 목적어 a restaurant를 각각의 세 단어가 아니라, **청킹동사구 recommend a restaurant**를 「식당을 추천하다」라는 한 개의 단어처럼 이해 기억 활용하며, 한 개의 의미덩어리 청킹이므로 머릿속에서 한 번만 생각합니다. 의미덩어리 청킹 학습법에서는, 부사구 near here를 각각의 두 단어가 아니라, **청킹부사구 nere here**를 「여기 근처에」라는 한 개의 단어처럼 이해 기억 활용하며, 한 개의 의미덩어리 청킹이므로 머릿속에서 한 번만 생각합니다.

### 표현하고자 하는 내용 얼개짜기 Outlining

**step 1** 청킹동사구
[청킹동사 + 목적어 / 보어]

| recommend a restaurant, | 추천하다 식당을 |
| recommend a restaurant, | 추천하다 식당을 |
| recommend a shop, | 추천하다 상점을 |
| recommend a gift, | 추천하다 선물을 |
| recommend a size, | 추천하다 사이즈를 |

**+**

**step 2** 청킹부사(구, 절)
등위절, 명사구(절), 형용사구(절)

| near here, | 여기 근처에 |
| to go, | 가는 |
| to buy bags, | 사는 가방들을 |
| for my father, | 나의 아버지를 위한 |
| for me, | 나에게 |

step 1 + step 2를 결합하여 완전한 문장으로

**step 3** 청킹 문장 만들기
문장의 형태(긍정문, 부정문, 의문문, 명령문, 감탄문), 동사의 시제, 수(단수, 복수), 태(능동, 수동)를 생각하면서

| Can you recommend any good restaurants near here? | 너는 추천해주겠느냐 좋은 식당을 여기 근처에? |
| Which restaurant would you recommend me to go? | 어느 식당을 너는 추천하느냐 내가 가는? |
| Could you recommend a good shop to buy bags? | 너는 추천해 주겠느냐 좋은 상점을 사는 가방들을? |
| Could you recommend a gift for my father? | 너는 추천해 주겠느냐 선물을 나의 아버지를 위한? |
| What size would you recommend for me? | 어떤 사이즈를 너는 추천하느냐 나에게? |

 이해 · 기억 · 활용하여할 **의미덩어리 청킹 − 1개의 단어처럼** 생각하세요. ^O^
recommend a restaurants/ recommend any good restaurants/ recommend a shop/ recommend a good shop/ recommend a gift/ recommend a size/ near here/ to go/ to buy bags/ for my father/ for me

# unit 135 recommend a place 「추천하다 장소를」

「장소를 추천하다」 의미로 쓰인다. 방문한 도시에서 관광명소를 물어보고 구경거리를 추천을 받기 위하여 물어보거나 추천을 할 때 사용하는 표현이다. 동사 suggest를 사용하여 suggest a place~로 표현하기도 한다.

| 주어 [명사, 명사구, 명사절] | 동사 recommend | 목적어 place |
|---|---|---|
| 형용사 | 부사 | 형용사 a |

**Tip** 의미덩어리 청킹 학습법에서는, 동사 recommend와과 목적어 a place를 각각의 세 단어가 아니라, **청킹동사구 recommend a place**를 「장소를 추천하다」라는 한 개의 단어처럼 이해 기억 활용하며, 한 개의 의미덩어리 청킹이므로 머릿속에서 한 번만 생각합니다. 의미덩어리 청킹 학습법에서는, 부사구 for visitors를 각각의 두 단어가 아니라, **청킹부사구 for visitors**를 「여행자들을 위해」라는 한 개의 단어처럼 이해 기억 활용하며, 한 개의 의미덩어리 청킹이므로 머릿속에서 한 번만 생각합니다.

---

**표현하고자 하는 내용 얼개짜기 Outlining**

### step 1 청킹동사구
[청킹동사 + 목적어 / 보어]

| | |
|---|---|
| recommend a place, | 추천하다 장소를 |
| recommend a place, | 추천하다 장소를 |
| recommend something, | 추천하다 무엇을 |
| recommend me to see, | 추천하다 내가 보는 |
| suggest a place, | 추천하다 장소를 |

### step 2 청킹부사(구, 절)
등위절, 명사구(절), 형용사구(절)

| | |
|---|---|
| as a must-see destination, | 꼭 봐야 할 목적지로 |
| to see/ in Korea, | 보는 한국에서 |
| for visitors, | 여행자들을 위해 |
| in New York, | 뉴욕에서 |
| to visit, | 방문할 |

**step1 + step2를 결합하여 완전한 문장으로**

### step 3 청킹 문장 만들기
문장의 형태(긍정문, 부정문, 의문문, 명령문, 감탄문), 동사의 시제, 수(단수, 복수), 태(능동, 수동)를 생각하면서

| | |
|---|---|
| I recommend this place as a must-see destination. | 나는 추천하다 이곳을 꼭 봐야 할 목적지로 |
| Can you recommend a good place to see in Korea? | 너는 추천하겠느냐 좋은 장소를 보는 한국에서? |
| What would you recommend for visitors? | 무엇을 너는 추천해 주겠느냐 여행자들을 위해? |
| What would you recommend me to see in New York? | 무엇을 너는 추천해 주겠느냐 내가 보는 뉴욕에서? |
| Would you suggest interesting places to visit? | 너는 추천해 주겠느냐 재미있는 장소들을 방문할? |

 이해 · 기억 · 활용하여할 **의미덩어리 청킹 – 1개의 단어처럼** 생각하세요. ^0^

recommend a place/ recommend this place/ recommend a good place/ recommend something/ recommend me to see/ suggest a place/ suggest interesting places/ as a must-see destination/ to see in Korea/ in New York/ to visit

## unit 136 return a car 「반환하다 차를」

「차를 반환하다」 의미로 쓰인다. 렌터카를 이용하면서 차를 어디에서 반환하면 되는지 반환장소를 물어보고 대답할 때 사용하는 표현이며, leave a car~의 표현을 사용하기도 한다.

| 주어 [명사, 명사구, 명사절] | 동사 return | 목적어 car |
|---|---|---|
| 형용사 | 부사 | 형용사 a |

**Tip** 의미덩어리 청킹 학습법에서는, 동사 return과 목적어 a car를 각각의 세 단어가 아니라, **청킹동사구 return a car를 「차를 반환하다」**라는 한 개의 단어처럼 이해 기억 활용하며, 한 개의 의미덩어리 청킹이므로 머릿속에서 한 번만 생각합니다. 의미덩어리 청킹 학습법에서는, 부사구 at a different location을 각각의 네 단어가 아니라, **청킹부사구 at a different location을 「다른 장소에서」**라는 한 개의 단어처럼 이해 기억 활용하며, 한 개의 의미덩어리 청킹이므로 머릿속에서 한 번만 생각합니다

### 표현하고자 하는 내용 얼개짜기 Outlining

**step 1** 청킹동사구
[청킹동사 + 목적어 / 보어]

| return a car, | 반환하다 차를 |
| return a car, | 반환하다 차를 |
| return a car, | 반환하다 차를 |
| leave a car, | 두다 차를 |
| leave a car, | 두다 차를 |

**step 2** 청킹부사(구, 절)
등위절, 명사구(절), 형용사구(절)

| anywhere, | 어디에서든지 |
| at a different location, | 다른 장소에서 |
| to this office, | 이 사무실로 |
| at the airport, | 공항에서 |
| at any of our offices, | 어디에서든 우리 사무실의 |

**step 1 + step 2를 결합하여 완전한 문장으로**

**step 3** 청킹 문장 만들기
문장의 형태(긍정문, 부정문, 의문문, 명령문, 감탄문), 동사의 시제, 수(단수, 복수), 태(능동, 수동)를 생각하면서

| Can I return the car anywhere? | 나는 반환할 수 있느냐 어디에서든지? |
| Can I return the car at a different location? | 나는 반환할 수 있느냐 차를 다른 장소에서? |
| Do I have to return the car to this office? | 나는 반환하여야 하느냐 차를 이 사무실로? |
| You can leave the car at the airport. | 너는 반납할 수 있다 차를 공항에서 |
| You can leave the car at any of our offices. | 너는 반납할 수 있다 차를 어디에서든 우리 사무실의 |

 이해·기억·활용하여할 **의미덩어리 청킹 – 1개의 단어처럼** 생각하세요. ^O^

return a car/ leave a car/ at a different location/ to this office/ at the airport/ at any of our offices

# serve breakfast 「제공하다 아침을」

「아침을 제공하다」 의미로 호텔 등에서 쓰인다. 룸서비스를 이용하면서 식사를 제공하는 시간과 장소를 물어보거나, 자신의 방에서 식사를 하기를 원할 때 사용하는 표현이다.

| 주어 [명사, 명사구, 명사절] | 동사 serve | 목적어 breakfast |
|---|---|---|
| 형용사 | 부사 | 형용사 |

**Tip** 의미덩어리 청킹 학습법에서는, 동사 serve와 목적어 breakfast를 각각의 두 단어가 아니라, **청킹동사구 serve breakfast**를 「아침을 제공하다」라는 한 개의 단어처럼 이해 기억 활용하며, 한 개의 의미덩어리 청킹이므로 머릿속에서 한 번만 생각합니다. 의미덩어리 청킹 학습법에서는, 부사구 in my room을 각각의 세 단어가 아니라, **청킹부사구 in my room**을 「나의 방에서」라는 한 개의 단어처럼 이해 기억 활용하며, 한 개의 의미덩어리 청킹이므로 머릿속에서 한 번만 생각합니다.

### 표현하고자 하는 내용 얼개짜기 Outlining

**step 1 청킹동사구**
[청킹동사 + 목적어 / 보어]

serve breakfast, 제공하다 아침을
serve breakfast, 제공하다 아침을
serve breakfast, 제공하다 아침을
have breakfast, 먹다 아침을
bring breakfast, 가져오다 아침을

**+**

**step 2 청킹부사(구, 절)**
등위절, 명사구(절), 형용사구(절)

at 6/ on the dot, 6시에 정확하게
on the terrace/ overlooking the sea, 테라스에서 내려 보는 바다를
in my room, 나의 방에서
in my room, 나의 방에서
to my room, 나의 방으로

step 1 + step 2를 결합하여 완전한 문장으로

**step 3 청킹 문장 만들기**
문장의 형태(긍정문, 부정문, 의문문, 명령문, 감탄문), 동사의 시제, 수(단수, 복수), 태(능동, 수동)를 생각하면서

Breakfast is served at 6 on the dot. 아침은 이다 제공되는 6시에 정확하게
Breakfast is served on the terrace overlooking the sea. 아침은 이다 제공되는 테라스에서 내려 보는 바다를
I want breakfast served in my room. 나는 원하다 아침을 제공 되어지는 나의 방에서
Could I have breakfast in my room? 나는 먹을 수 있느냐 아침을 나의 방에서?
Could you bring my breakfast to my room? 너는 가져올 수 있느냐 나의 아침을 나의 방으로?

 이해ㆍ기억ㆍ활용하여할 **의미덩어리 청킹 – 1개의 단어처럼** 생각하세요. ^0^
serve breakfast/ have breakfast/ bring breakfast/ bring my breakfast/ at 6 on the dot/ in my room/ on the terrace/ overlooking the sea/ to my room

# unit 138 show somebody a way 「알려주다 누구에게 길을」

「누구에게 길을 알려주다, 누구에게 방법을 알려주다, 가르쳐주다, 보여주다」의미로 쓰인다. 어디로 가는 길을 알려 주거나, 어떤 것에 대한 방법을 알려 줄 때 사용하는 표현이다. 가는 길은 전치사 to~, 방법은 to부정사~를 사용하여 표현한다

| 주어 [명사, 명사구, 명사절] | 동사 show | 목적어 way |
|---|---|---|
| 형용사 | 부사 | 형용사 a |

**Tip** 의미덩어리 청킹 학습법에서는, 동사 show와 목적어 somebody a way를 각각의 네 단어가 아니라, **청킹동사구** show somebody a way를 「누구에게 길을 알려주다」라는 한 개의 단어처럼 이해 기억 활용하며, 한 개의 의미덩어리 청킹이므로 머릿속에서 한 번만 생각합니다. 의미덩어리 청킹 학습법에서는, 부사구 to the post office를 각각의 네 단어가 아니라, **청킹부사구** to the post office를 「우체국으로」라는 한 개의 단어처럼 이해 기억 활용하며, 한 개의 의미덩어리 청킹이므로 머릿속에서 한 번만 생각합니다.

---

**표현하고자 하는 내용 얼개짜기 Outlining**

### step 1 청킹동사구
[청킹동사 + 목적어 / 보어]

show somebody a way,  알려주다 누구에게 길을
show somebody a way,  알려주다 누구에게 길을
show somebody a way,  알려주다 누구에게 길을
show somebody a way,  알려주다 누구에게 길을
show somebody a way,  알려주다 누구에게 길을

### step 2 청킹부사(구, 절)
등위절, 명사구(절), 형용사구(절)

to the post office,   우체국으로
to the bookstore,     서점으로
to the station,       역으로
to make spaghetti,    만드는 스파게티를
to go,                가는

step 1 + step 2를 결합하여 완전한 문장으로

### step 3 청킹 문장 만들기
문장의 형태(긍정문, 부정문, 의문문, 명령문, 감탄문), 동사의 시제, 수(단수, 복수), 태(능동, 수동)를 생각하면서

Can you show me the way to the post office?   너는 알려주겠느냐 나에게 길을 우체국으로 가는?
I will show you the way to the bookstore.     나는 알려줄 것이다 너에게 길을 서점으로 가는
I will show you the way to the station.       나는 알려줄 것이다 너에게 길을 역으로 가는
Can you show me the way to make spaghetti?    너는 알려주겠느냐 나에게 방법을 만드는 스파게티를?
This book showed me the way to go.            이 책은 알려주었다 나에게 길을 가는

---

 이해·기억·활용하여할 **의미덩어리 청킹 – 1개의 단어처럼** 생각하세요. ^O^

show somebody a way/ show me the way/ show you the way/ to the post office/ to the bookstore/ to the station/ to make spaghetti/ to go

의미덩어리 청킹Chunking을 알면, 영어를 저절로 말하게 된다!

# unit 139 spend money 「소비하다 돈을」

「돈을 소비하다, 돈을 쓰다」 의미로 쓰이며, 어디에 돈을 소비하는 것을 말할 때 사용하는 표현이다. 소비하는 곳은 뒤에 전치사 on~을 사용하여 표현한다.

| 주어 [명사, 명사구, 명사절] | 동사 spend | 목적어 money |
|---|---|---|
| 형용사 | 부사 | 형용사 |

**Tip** 의미덩어리 청킹 학습법에서는, 동사 spend와 목적어 money를 각각의 두 단어가 아니라, **청킹동사구 spend money**를 「돈을 소비하다」라는 한 개의 단어처럼 이해 기억 활용하며, 한 개의 의미덩어리 청킹이므로 머릿속에서 한 번만 생각합니다.
의미덩어리 청킹 학습법에서는, 부사구 all at once를 각각의 세 단어가 아니라, **청킹부사구 all at once**를 「한꺼번에」라는 한 개의 단어처럼 이해 기억 활용하며, 한 개의 의미덩어리 청킹이므로 머릿속에서 한 번만 생각합니다.

---표현하고자 하는 내용 얼개짜기 Outlining---

### step 1 청킹동사구
[청킹동사 + 목적어 / 보어]

| | |
|---|---|
| spend money, | 소비하다 돈을 |
| spend money, | 소비하다 돈을 |
| spend money, | 소비하다 돈을 |
| spend money, | 소비하다 돈을 |
| spend money, | 소비하다 돈을 |

### step 2 청킹부사(구, 절)
등위절, 명사구(절), 형용사구(절)

| | |
|---|---|
| on clothes, | 옷에 |
| all at once, | 한꺼번에 |
| on educating my children, | 교육하는 것에 나의 아이들을 |
| on gambling, | 도박에 |
| on parties, | 파티에 |

step 1 + step 2를 결합하여 완전한 문장으로
↓

### step 3 청킹 문장 만들기
문장의 형태(긍정문, 부정문, 의문문, 명령문, 감탄문), 동사의 시제, 수(단수, 복수), 태(능동, 수동)를 생각하면서

| | |
|---|---|
| I spend a lot of money on clothes. | 나는 소비하다 많은 돈을 옷에 |
| Don't spend money all at once. | 소비하지 마라 돈을 한꺼번에 |
| I want to spend money on educating my children. | 나는 원하다 소비하는 돈을 교육하는 것에 나의 아이들을 |
| You shouldn't spend your money on gambling. | 너는 소비해서는 안된다 돈을 도박에 |
| You spend a lot of money on parties. | 너는 소비하다 많은 돈을 파티에 |

 이해 · 기억 · 활용하여할 **의미덩어리 청킹 – 1개의 단어처럼** 생각하세요. ^0^
spend money/ spend a lot of money/ spend your money/ on clothes/ all at once/ on educating my children/ on gambling/ on parties

## unit 140 : suit somebody 「어울리다 누구에게」

「누구에게 어울리다」 의미로 쇼핑 등에 쓰인다. 옷가게에서 옷 등을 입어본 후, 잘 어울릴 때 사용하는 표현이다. 동사 fit을 사용하여 fit somebody~로 표현하기도 한다.

| 주어 [명사, 명사구, 명사절] | 동사 suit | 목적어 somebody |
|---|---|---|
| 형용사 | 부사 | 형용사 |

**Tip** 의미덩어리 청킹 학습법에서는, 동사 suit와 목적어 somebody를 각각의 두 단어가 아니라, **청킹동사구 suit somebody**를 「누구에게 어울리다」라는 **한 개의 단어처럼** 이해 기억 활용하며, 한 개의 의미덩어리 청킹이므로 머릿속에서 한 번만 생각합니다. 의미덩어리 청킹 학습법에서는, 부사구 very well을 각각의 두 단어가 아니라, **청킹부사구 very well**을 「매우 잘」이라는 **한 개의 단어처럼** 이해 기억 활용하며, 한 개의 의미덩어리 청킹이므로 머릿속에서 한 번만 생각합니다.

### 표현하고자 하는 내용 얼개짜기 Outlining

**step 1 청킹동사구**
[청킹동사 + 목적어 / 보어]

| suit somebody, | 어울리다 누구에게 |
| suit somebody, | 어울리다 누구에게 |
| suit somebody, | 어울리다 누구에게 |
| suit somebody, | 어울리다 누구에게 |
| fit somebody, | 맞다 누구에게 |

+

**step 2 청킹부사(구, 절)**
등위절, 명사구(절), 형용사구(절)

| very well, | 매우 잘 |
| perfectly. | 완벽하게 |
| nicely, | 잘 |
| very well, | 매우 잘 |
| well, | 잘 |

step 1 + step 2를 결합하여 완전한 문장으로

**step 3 청킹 문장 만들기**
문장의 형태(긍정문, 부정문, 의문문, 명령문, 감탄문), 동사의 시제, 수(단수, 복수), 태(능동, 수동)를 생각하면서

| That tie really suits you very well. | 그 넥타이는 정말로 어울리다 너에게 매우 잘 |
| It suits you perfectly. | 그것은 어울리다 너에게 완벽하게 |
| It suits you nicely. | 그것은 어울리다 너에게 |
| Blue suits you very well. | 푸른색은 어울리다 너에게 매우 잘 |
| This fits me well. | 이것은 맞다 나에게 잘 |

 이해 · 기억 · 활용하여할 **의미덩어리 청킹 – 1개의 단어처럼** 생각하세요. ^O^

suit somebody/ suit you/ fit somebody/ fit me/ very well

# take baggage 「가져가다 짐을」

「짐을 가져가다」의미로 쓰인다. 전체 짐은 baggage, 개개의 가방은 bag을 사용하여 표현한다. 특히 호텔 등에서 짐이나 가방을 옮겨 주기를 부탁하거나 보관할 때 사용하는 표현이다.

**주어** [명사, 명사구, 명사절] — **동사 take** — **목적어 baggage**
형용사 — 부사 — 형용사

**Tip** 의미덩어리 청킹 학습법에서는, 동사 take와 목적어 baggage를 각각의 두 단어가 아니라, **청킹동사구 take baggage**를 「짐을 가져가다」라는 한 개의 단어처럼 이해 기억 활용하며, 한 개의 의미덩어리 청킹이므로 머릿속에서 한 번만 생각합니다. 의미덩어리 청킹 학습법에서는, 부사구 to my room을 각각의 세 단어가 아니라, **청킹부사구 to my room**을 「나의 방으로」라는 한 개의 단어처럼 이해 기억 활용하며, 한 개의 의미덩어리 청킹이므로 머릿속에서 한 번만 생각합니다.

---

표현하고자 하는 내용 얼개짜기 **Outlining**

### step 1 청킹동사구
[청킹동사 + 목적어 / 보어]

| | |
|---|---|
| take baggage, | 가져가다 짐을 |
| take baggage, | 가져가다 짐을 |
| take baggage, | 가져가다 짐을 |
| take a bag, | 가지고 가다 가방을 |
| keep baggage, | 보관하다 짐을 |

**+**

### step 2 청킹부사(구, 절)
등위절, 명사구(절), 형용사구(절)

| | |
|---|---|
| up to my room, | 나의 방으로 |
| up to your room, | 너의 방으로 |
| to the elevator, | 엘리베이터로 |
| on the plane, | 비행기에 |
| until tomorrow morning, | 내일 아침까지 |

**step 1 + step 2를 결합하여 완전한 문장으로**
↓

### step 3 청킹 문장 만들기
문장의 형태(긍정문, 부정문, 의문문, 명령문, 감탄문), 동사의 시제, 수(단수, 복수), 태(능동, 수동)를 생각하면서

| | |
|---|---|
| Would you have my baggage taken up to my room? | 너는 하여주겠느냐 나의 짐을 가져다주는 나의 방으로? |
| Should I take your baggage up to your room? | 내가 가져다 드릴까 너의 가방을 너의 방으로? |
| Please take this baggage to the elevator. | 가져가자 이 가방을 엘리베이터로 |
| Can I take this bag on the plane? | 나는 가지고 갈 수 있느냐 이 가방을 비행기에? |
| Please keep this baggage until tomorrow morning. | 보관하라 나의 짐을 내일 아침까지 |

---

 이해 · 기억 · 활용하여할 **의미덩어리 청킹 – 1개의 단어처럼** 생각하세요. ^0^
take baggage/ take your baggage/ take this baggage/ take a bag/ take this bag/ keep baggage/ keep this baggage/ to my room/ to your room/ to the elevator/ on the plane/ until tomorrow morning

청킹 스피킹 AUTO 163

## unit 142 take a bus 「타다 버스를」

「버스를 타다」 의미로 쓰인다. 버스를 이용하여 어느 곳을 갈 경우, 어느 버스를 어디에서 타면 되는가를 물어보거나 가르쳐 줄 때 사용하는 표현이다. 버스를 잘못 탔을 때는 I have taken the wrong bus~로 표현한다.

| 주어 [명사, 명사구, 명사절] | 동사 take | 목적어 bus |
|---|---|---|
| 형용사 | 부사 | 형용사 a |

**Tip** 의미덩어리 청킹 학습법에서는, 동사 take와 목적어 a bus를 각각의 세 단어가 아니라, **청킹동사구 take a bus**를 「버스를 타다」라는 한 개의 단어처럼 이해 기억 활용하며, 한 개의 의미덩어리 청킹이므로 머릿속에서 한 번만 생각합니다. 의미덩어리 청킹 학습법에서는, 부사구 to City Hall을 각각의 세 단어가 아니라, **청킹부사구 to City Hall**을 「시청으로」라는 한 개의 단어처럼 이해 기억 활용하며, 한 개의 의미덩어리 청킹이므로 머릿속에서 한 번만 생각합니다.

― 표현하고자 하는 내용 얼개짜기 Outlining ―

### step 1 청킹동사구
[청킹동사 + 목적어 / 보어]

take a bus,   타다 버스를
take a bus,   타다 버스를
take a bus,   타다 버스를
take a bus,   타다 버스를
take a bus,   타다 버스를

**+**

### step 2 청킹부사(구, 절)
등위절, 명사구(절), 형용사구(절)

going to City Hall/ from here,   가는 시청으로 여기에서
to City Hall,   시청으로
right here/ at this bus stop,   바로 여기 이 버스 정류장에서
to my work/ every day,   직장으로 매일
on the other side of the street,   도로 반대편에서

step1 + step2를 결합하여 완전한 문장으로

### step 3 청킹 문장 만들기
문장의 형태(긍정문, 부정문, 의문문, 명령문, 감탄문), 동사의 시제, 수(단수, 복수), 태(능동, 수동)를 생각하면서

Can I take a bus going to City Hall from here?   나는 탈 수 있느냐 버스를 가는 시청으로 가는 여기에서?
Where can I take a bus to City Hall?   어디에서 나는 탈 수 있느냐 버스를 시청으로 가는?
You can take a bus right here at this bus stop.   너는 탈 수 있다 버스를 바로 여기 이 버스 정류장에서
I take a bus to my work every day.   나는 타다 버스를 직장으로 매일
Take bus number 11 on the other side of the street.   타라 버스 11번을 도로 반대편에서

  이해 · 기억 · 활용하여할 **의미덩어리 청킹 – 1개의 단어처럼** 생각하세요. ^O^

take a bus/ take bus **number 11**/ going to City Hall/ from here/ to City Hall/ right here/ at this bus stop/ to my work/ every day/ on the other side of the street

# take a look 「하다 보는 것을」

「보는 것을 하다, 보다, 점검하다」의미로 쓰인다. 어떤 것을 확인하고 둘러보고 점검할 때 사용하는 표현이다. 보는 대상이 무엇을 보는 경우는 뒤에 전치사 at~를, 주위를 둘러보는 경우는 전치사 around~를 사용하여 표현한다.

| 주어 [명사, 명사구, 명사절] | 동사 take | 목적어 look |
|---|---|---|
| 형용사 | 부사 | 형용사 a |

**Tip** 의미덩어리 청킹 학습법에서는, 동사 take와 목적어 a look을 각각의 세 단어가 아니라, **청킹동사구 take a look을「보는 것을 하다」**라는 한 개의 단어처럼 이해 기억 활용하며, 한 개의 의미덩어리 청킹이므로 머릿속에서 한 번만 생각합니다.
의미덩어리 청킹 학습법에서는, 부사구 around the house를 각각의 세 단어가 아니라, **청킹부사구 around the house를「집 주위를」**이라는 한 개의 단어처럼 이해 기억 활용하며, 한 개의 의미덩어리 청킹이므로 머릿속에서 한 번만 생각합니다.

── 표현하고자 하는 내용 얼개짜기 **Outlining** ──

### step 1 청킹동사구
[청킹동사 + 목적어 / 보어]

| take a look, | 하다 보는 것을 |
| take a look, | 하다 보는 것을 |
| take a look, | 하다 보는 것을 |
| take a look, | 하다 보는 것을 |
| take a look, | 하다 보는 것을 |

**+**

### step 2 청킹부사(구, 절)
등위절, 명사구(절), 형용사구(절)

| at the house, | 집을 |
| at the map, | 지도를 |
| first/ before I sign it, | 먼저 전에 내가 서명하는 그것을 |
| around the house, | 집 주위를 |
| around/ for a moment, | 주위를 잠시 |

step 1 + step 2를 결합하여 완전한 문장으로

### step 3 청킹 문장 만들기
문장의 형태(긍정문, 부정문, 의문문, 명령문, 감탄문), 동사의 시제, 수(단수, 복수), 태(능동, 수동)를 생각하면서

| Why don't we just go take a look at the house? | 어떠니 우리는 가서 보는 것을 집을? |
| Let me take a look at the map. | 하게하라 내가 보는 것을 지도를 |
| Let me take a look at it first before I sign it. | 하게하라 내가 보는 것을 그것을 먼저 전에 내가 서명하는 그것을 |
| Would you like to take a look around the house? | 너는 하기를 원하느냐 보는 것을 집 주위를? |
| Just take a look around for a moment. | 하다 보는 것을 주위를 잠시 |

 이해 · 기억 · 활용하여할 **의미덩어리 청킹 — 1개의 단어처럼** 생각하세요. ^O^
take a look/ at the house/ at the map/ at it/ around the house/ for a moment/ before I sign it

# take an order

「받다 주문을」

「주문을 받다」 의미로 주로 식당 등에 쓰인다. 자리를 잡고 나서 주문을 할 것인지 물어보거나, 종업원을 불러 주문을 받으라고 말할 때 사용하는 표현이다. 동사 order를 사용하여 표현하기도 한다.

| 주어 [명사, 명사구, 명사절] | 동사 take | 목적어 order |
|---|---|---|
| 형용사 | 부사 | 형용사 an |

**Tip** 의미덩어리 청킹 학습법에서는, 동사 take와 목적어 an order를 각각의 세 단어가 아니라, **청킹동사구 take an order**를 「주문을 받다」라는 한 개의 단어처럼 이해 기억 활용하며, 한 개의 의미덩어리 청킹이므로 머릿속에서 한 번만 생각합니다.
의미덩어리 청킹 학습법에서는, 부사구 for customers를 각각의 두 단어가 아니라, **청킹부사구 for customers**를 「고객들을 위해」라는 한 개의 단어처럼 이해 기억 활용하며, 한 개의 의미덩어리 청킹이므로 머릿속에서 한 번만 생각합니다.

### 표현하고자 하는 내용 얼개짜기 Outlining

**step 1** 청킹동사구
[청킹동사 + 목적어 / 보어]

take an order,    받다 주문을
take an order,    받다 주문을
take an order,    받다 주문을
take an order,    받다 주문을
take an order,    받다 주문을

**+**

**step 2** 청킹부사(구, 절)
등위절, 명사구(절), 형용사구(절)

now,                    지금
now,                    지금
from some customers,    고객들로부터
for drinks,             마시는 것을
for customers,          고객들을 위해

step 1 + step2를 결합하여 완전한 문장으로

**step 3** 청킹 문장 만들기
문장의 형태(긍정문, 부정문, 의문문, 명령문, 감탄문), 동사의 시제, 수(단수, 복수), 태(능동, 수동)를 생각하면서

May I take your order now?           나는 받을까 너의 주문을 지금?        *주문하겠느냐?
Can you take my order now?           너는 받겠느냐 나의 주문을 지금?      *주문 받으세요.
I am taking an order from some customers.   나는 받고 있는 중이다 주문을 고객들로부터
I am taking orders for drinks.       나는 받고 있는 중이다 주문을 마시는 것을
They take orders for customers.      그들은 받다 주문을 고객들을 위해

 이해 · 기억 · 활용하여할 **의미덩어리 청킹 − 1개의 단어처럼** 생각하세요. ^O^

take an order/ take **your** order/ take **my** order/ from some customers/ for drinks/ for customers

# take a picture 「찍다 사진을」

「사진을 찍다」 의미로 쓰인다. 「사진을 찍어도 되느냐?」라고 허락을 받거나, 다른 사람에게 사진을 찍어주거나, 함께 찍을 때 사용하는 표현이다.
「나의 사진을 좀 찍어주세요」라고 부탁을 할 때는 Would you take my picture, please?~, Could you take a picture of me?~로 표현한다.

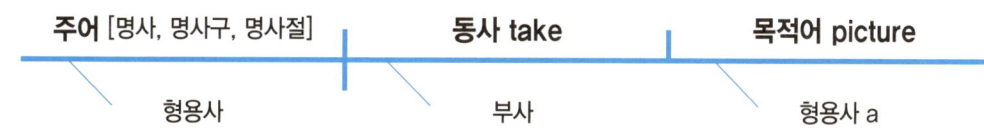

**Tip** 의미덩어리 청킹 학습법에서는, 동사 take와 목적어 a picture를 각각의 세 단어가 아니라, **청킹동사구 take a picture** 를 「사진을 찍다」라는 한 개의 단어처럼 이해 기억 활용하며, 한 개의 의미덩어리 청킹이므로 머릿속에서 한 번만 생각합니다. 의미덩어리 청킹 학습법에서는, 부사구 in this area를 각각의 세 단어가 아니라, **청킹부사구 in this area**를 「이 지역에서」 라는 한 개의 단어처럼 이해 기억 활용하며, 한 개의 의미덩어리 청킹이므로 머릿속에서 한 번만 생각합니다.

### 표현하고자 하는 내용 얼개짜기 Outlining

**step 1 청킹동사구**
[청킹동사 + 목적어 / 보어]

| take a picture, | 찍다 사진을 |
| take a picture, | 찍다 사진을 |
| take a picture, | 찍다 사진을 |
| take a picture, | 찍다 사진을 |
| take a picture, | 찍다 사진을 |

**+**

**step 2 청킹부사(구, 절)**
등위절, 명사구(절), 형용사구(절)

| here, | 여기에서 |
| in this area, | 이 지역에서 |
| in galleries, | 갤러리에서 |
| together, | 함께 |
| with you, | 너와 |

step 1 + step 2를 결합하여 완전한 문장으로

**step 3 청킹 문장 만들기**
문장의 형태(긍정문, 부정문, 의문문, 명령문, 감탄문), 동사의 시제, 수(단수, 복수), 태(능동, 수동)를 생각하면서

| Can I take pictures here? | 내가 찍어도 되느냐 사진을 여기에서? |
| You can't take pictures in this area. | 너는 찍을 수 없다 사진을 이 지역에서 |
| You are not allowed to take pictures in galleries. | 너는 허락되지 않다 찍는 사진을 갤러리에서 |
| Let's take a picture together. | 하자 우리가 찍는 사진을 함께 |
| May I take a picture with you? | 내가 찍어도 되느냐 사진을 너와? |

이해 · 기억 · 활용하여할 **의미덩어리 청킹 – 1개의 단어처럼** 생각하세요. ^0^

take a picture/ in this area/ in galleries/ with you

## unit 146 — take a seat 「잡다 자리를」

「자리를 잡다」 의미로 쓰인다. 버스, 기차, 지하철, 식당, 콘서트 등에서 자리를 잡을 때 사용하는 표현이다.
「그 자리에 누가 있느냐?, 앉아도 되느냐?」는 Is this seat taken?~을 사용하여 표현한다.

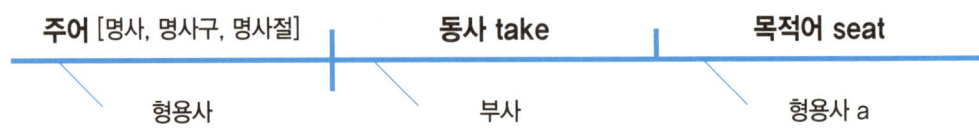

**Tip** 의미덩어리 청킹 학습법에서는, 동사 take와 목적어 a seat를 각각의 세 단어가 아니라, **청킹동사구 take a seat**를 「자리를 잡다」라는 한 개의 단어처럼 이해 기억 활용하며, 한 개의 의미덩어리 청킹이므로 머릿속에서 한 번만 생각합니다. 의미덩어리 청킹 학습법에서는, 부사구 next to the gate를 각각의 네 단어가 아니라, **청킹부사구 next to the gate**를 「문 옆에」라는 한 개의 단어처럼 이해 기억 활용하며, 한 개의 의미덩어리 청킹이므로 머릿속에서 한 번만 생각합니다.

### 표현하고자 하는 내용 얼개짜기 Outlining

**step 1** 청킹동사구
[청킹동사 + 목적어 / 보어]

| take a seat, | 잡다 자리를 |
| take a seat, | 잡다 자리를 |
| take a seat, | 잡다 자리를 |
| take a seat, | 잡다 자리를 |
| take a seat, | 잡다 자리를 |

+

**step 2** 청킹부사(구, 절)
등위절, 명사구(절), 형용사구(절)

| on the sofa, | 소파에 |
| opposite to him, | 반대편에 그의 |
| next to the gate, | 문 옆에 |
| on the 9 o'clock train, | 9시 기차를 |
| over there/ and wait/ for a moment, | 저기에서 그리고 기다리라 잠시 동안 |

step 1 + step2를 결합하여 완전한 문장으로

**step 3** 청킹 문장 만들기
문장의 형태(긍정문, 부정문, 의문문, 명령문, 감탄문), 동사의 시제, 수(단수, 복수), 태(능동, 수동)를 생각하면서

| I take a seat on the sofa. | 나는 잡다 자리를 소파에 |
| I took a seat opposite to him. | 나는 잡았다 자리를 반대편에 그의 |
| I take a seat next to the gate. | 나는 잡다 자리를 문 옆에 |
| I will take a seat on the 9 o'clock train. | 나는 탈 것이다 자리를 9시 기차를    *기차를 타겠다. |
| Please take a seat over there and wait for a moment. | 잡아라 자리를 저기에서 그리고 기다리라 잠시 동안 |

이해·기억·활용하여야할 **의미덩어리 청킹 – 1개의 단어처럼** 생각하세요. ^O^
take a seat/ on the sofa/ opposite to him/ next to the gate/ on the 9 o'clock train/ over there/ and wait for a moment

# take somebody 「데려가다 누구를」

「누구를 데려가다」 의미로 쓰인다. 택시나 버스를 타고 어디로 데려다 줄 것을 말하거나, 길을 안내해 주며 특히 가는 방향이 같아서 직접 안내를 해 줄 때 사용하는 표현이다.

주어 [명사, 명사구, 명사절] — 동사 take — 목적어 somebody
형용사 — 부사 — 형용사

**Tip** 의미덩어리 청킹 학습법에서는, 동사 take와 목적어 somebody를 각각의 두 단어가 아니라, **청킹동사구 take somebody**를 「누구를 데려가다」라는 한 개의 단어처럼 이해 기억 활용하며, 한 개의 의미덩어리 청킹이므로 머릿속에서 한 번만 생각합니다. 의미덩어리 청킹 학습법에서는, 부사구 to this address를 각각의 세 단어가 아니라, **청킹부사구 to this address**를 「이 주소로」라는 한 개의 단어처럼 이해 기억 활용하며, 한 개의 의미덩어리 청킹이므로 머릿속에서 한 번만 생각합니다.

― 표현하고자 하는 내용 얼개짜기 Outlining ―

### step 1 청킹동사구
[청킹동사 + 목적어 / 보어]

| take somebody, | 데려가다 누구를 |
| take somebody, | 데려가다 누구를 |
| take somebody, | 데려가다 누구를 |
| take somebody, | 데려가다 누구를 |
| take somebody, | 데려가다 누구를 |

**+**

### step 2 청킹부사(구, 절)
등위절, 명사구(절), 형용사구(절)

| to this address, | 이 주소로 |
| there, | 거기에 |
| to the hospital, | 병원으로 |
| home, | 집으로 |
| to the station, | 역으로 |

step 1 + step 2를 결합하여 완전한 문장으로

### step 3 청킹 문장 만들기
문장의 형태(긍정문, 부정문, 의문문, 명령문, 감탄문), 동사의 시제, 수(단수, 복수), 태(능동, 수동)를 생각하면서

| Could you take me to this address? | 너는 데려다 주겠느냐 나를 이 주소로? |
| Would you take me there? | (메모를 보여주며) 너는 데려주겠느냐 나를 거기에? |
| Please take me to the hospital. | 데려다주라 나를 병원으로 |
| Let me take you home. | 하게하라 내가 데려가는 너를 집으로 |
| Let me take you to the station. | 하게하라 내가 데려가는 너를 역으로 *역으로 데려다 주겠다. |

 이해 · 기억 · 활용하여할 **의미덩어리 청킹 — 1개의 단어처럼** 생각하세요. ^0^

take somebody/ take me/ take you/ to this address/ to the hospital/ to the station

## unit 148 take a subway 「타다 지하철을」

「지하철을 타다」 의미로 쓰이며, 지하철을 이용할 때 사용하는 표현이다.
지하철 몇 호선을 타는 것을 말할 때는 take a line~, 기차를 타는 것은 take a train~으로 표현한다.

주어 [명사, 명사구, 명사절] — 동사 take — 목적어 subway
형용사 — 부사 — 형용사 a

**Tip** 의미덩어리 청킹 학습법에서는, 동사 take와 목적어 a subway를 각각의 세 단어가 아니라, **청킹동사구 take a subway**를 「지하철을 타다」라는 한 개의 단어처럼 이해 기억 활용하며, 한 개의 의미덩어리 청킹이므로 머릿속에서 한 번만 생각합니다. 의미덩어리 청킹 학습법에서는, 부사구 to work를 각각의 두 단어가 아니라, **청킹부사구 to work**를 「직장으로」라는 한 개의 단어처럼 이해 기억 활용하며, 한 개의 의미덩어리 청킹이므로 머릿속에서 한 번만 생각합니다.

### 표현하고자 하는 내용 얼개짜기 Outlining

**step 1 청킹동사구**
[청킹동사 + 목적어 / 보어]

take a subway,  타다 지하철을
take a subway,  타다 지하철을
take a subway,  타다 지하철을
take a line,    타다 노선을
take a train,   타다 기차를

+

**step 2 청킹부사(구, 절)**
등위절, 명사구(절), 형용사구(절)

to Seoul station,                          서울역으로
to work/ every day,                        직장으로 매일
when I have important appointments,        할 때 내가 있는 중요한 약속을
to City Hall,                              시청으로
bound for Busan,                           향하는 부산으로

step 1 + step 2를 결합하여 완전한 문장으로

**step 3 청킹 문장 만들기**
문장의 형태(긍정문, 부정문, 의문문, 명령문, 감탄문), 동사의 시제, 수(단수, 복수), 태(능동, 수동)를 생각하면서

Where can I take the subway to Seoul station?        어디에서 나는 탈 수 있느냐 지하철을 서울역으로 가는?
I take the subway to work every day.                 나는 타다 기차를 직장으로 매일
I take the subway when I have important appointments. 나는 타다 기차를 할 때 내가 있는 중요한 약속을
You should take the red line to City Hall.            너는 타는 것이 좋다 빨간색 노선을 시청으로 가는
Take the train bound for Busan.                       타라 기차를 향하는 부산으로

 이해 · 기억 · 활용하여할 **의미덩어리 청킹 − 1개의 단어처럼** 생각하세요. ^0^

take a subway/ take a line/ take the red line/ take a train/ to Seoul station/ to work/ every day/ to City Hall/ bound for Busan/ when I have important appointments

# take a taxi

## 「타다 택시를」

「택시를 타다, 택시를 잡아타다」 의미로 쓰이며, 택시 승차장 위치를 묻거나 택시를 탈 때 사용하는 표현이다. 동사 get을 사용하여 get a cab~으로 표현하기도 한다.

| 주어 [명사, 명사구, 명사절] | 동사 take | 목적어 taxi |
|---|---|---|
| 형용사 | 부사 | 형용사 a |

**Tip** 의미덩어리 청킹 학습법에서는, 동사 take와 목적어 a taxi를 각각의 세 단어가 아니라, **청킹동사구 take a taxi**를 「택시를 타다」라는 한 개의 단어처럼 이해 기억 활용하며, 한 개의 의미덩어리 청킹이므로 머릿속에서 한 번만 생각합니다. 의미덩어리 청킹 학습법에서는, 부사구 at this time of day를 각각의 다섯 단어가 아니라, **청킹부사구 at this time of day**를 「하루의 이 시간에」라는 한 개의 단어처럼 이해 기억 활용하며, 한 개의 의미덩어리 청킹이므로 머릿속에서 한 번만 생각합니다.

### 표현하고자 하는 내용 얼개짜기 Outlining

**step 1 청킹동사구**
[청킹동사 + 목적어 / 보어]

| take a taxi, | 타다 택시를 |
| take a taxi, | 타다 택시를 |
| take a taxi, | 타다 택시를 |
| take a taxi, | 타다 택시를 |
| get a cab, | 잡다 택시를 |

**+**

**step 2 청킹부사(구, 절)**
등위절, 명사구(절), 형용사구(절)

| to the airport, | 공항으로 |
| at this time of day, | 이 시간에 하루의 |
| to get there/ in time, | 도착하기 위하여 거기에 늦지 않게 |
| because the last bus had left, | 왜냐하면 마지막 버스가 떠났다 |
| over there, | 저기에서 |

step 1 + step 2를 결합하여 완전한 문장으로

**step 3 청킹 문장 만들기**
문장의 형태(긍정문, 부정문, 의문문, 명령문, 감탄문), 동사의 시제, 수(단수, 복수), 태(능동, 수동)를 생각하면서

Where can I take a taxi to the airport? — 어디에서 나는 탈 수 있느냐 택시를 공항으로 가는?
Don't take a taxi at this time of day. — 타지마라 택시를 이 시간에 하루의
I take a taxi to get there in time. — 나는 타다 택시를 도착하기 위하여 거기에 늦지 않게
I was forced to take a taxi because the last bus had left. — 나는 할 수 밖에 없다 타는 택시를 왜냐하면 마지막 버스가 떠났다
You can get a cab over there. — 너는 잡을 수 있다 택시를 저기에서

 이해 · 기억 · 활용하여할 **의미덩어리 청킹 – 1개의 단어처럼** 생각하세요. ^O^

take a taxi/ to the airport/ at this time of day/ to get there/ in time/ over there/ because the last bus had left

## take time

「걸리다 시간이」

「시간이 걸리다」 의미로 쓰인다.
어떤 교통수단을 이용하면 어디까지 소요시간이 얼마나 걸리는지를 물어보고 대답할 때 사용하는 표현이다.

주어 [명사, 명사구, 명사절] — 동사 take — 목적어 time
형용사 — 부사 — 형용사

**Tip** 의미덩어리 청킹 학습법에서는, 동사 take와 목적어 time을 각각의 두 단어가 아니라, **청킹동사구 take time**을 「시간이 걸리다」라는 한 개의 단어처럼 이해 기억 활용하며, 한 개의 의미덩어리 청킹이므로 머릿속에서 한 번만 생각합니다. 의미덩어리 청킹 학습법에서는, 부사구 to go to the airport를 각각의 다섯 단어가 아니라, **청킹부사구 to go to the airport**를 「공항에 가는」이라는 한 개의 단어처럼 이해 기억 활용하며, 한 개의 의미덩어리 청킹이므로 머릿속에서 한 번만 생각합니다.

### 표현하고자 하는 내용 얼개짜기 Outlining

**step 1** 청킹동사구
[청킹동사 + 목적어 / 보어]

| take time, | 걸리다 시간이 |
| take time, | 걸리다 시간이 |
| take time, | 걸리다 시간이 |
| take time, | 걸리다 시간이 |
| take time, | 걸리다 시간이 |

**step 2** 청킹부사(구, 절)
등위절, 명사구(절), 형용사구(절)

| to get there/ by car, | 가는 거기에 차로 |
| to go to the airport/ by taxi, | 가는 공항에 택시로 |
| to get to the station/ from here, | 도착하는 역에 여기에서부터 |
| by bus, | 버스로 |
| on foot, | 걸어서 |

step 1 + step 2를 결합하여 완전한 문장으로

**step 3** 청킹 문장 만들기
문장의 형태(긍정문, 부정문, 의문문, 명령문, 감탄문), 동사의 시제, 수(단수, 복수), 태(능동, 수동)를 생각하면서

| How long does it take to get there by car? | 얼마동안 걸리느냐 가는 거기에 차로? |
| How long does it take to go to the airport by taxi? | 얼마동안 걸리느냐 가는 공항에 택시로? |
| How long does it take to get to the station from here? | 얼마동안 걸리느냐 시간이 도착하는 역에 여기에서부터? |
| It takes about 10 minutes by bus. | 그것은 걸리다 10분이 버스로 |
| It takes about thirty minutes on foot. | 그것은 걸리다 약 30분이 걸어서 |

**!** 이해 · 기억 · 활용하여할 **의미덩어리 청킹 – 1개의 단어처럼** 생각하세요. ^O^

take time/ take about 10 minutes/ take about thirty minutes/ to get there/ by car/ to go to the airport/ by taxi/ to get to the station/ from here/ by bus/ on foot

## unit 151 · tell somebody a way 「말하다 누구에게 길을」

「누구에게 길을 말하다, 알려주다, 가르쳐주다」 의미로 쓰인다. 길을 물어 어디로 찾아가고자 할 때 사용하는 표현이다. 동사 direct를 사용하여 direct somebody~로 표현하기도 하며, 비슷한 의미로 show somebody a way~가 있다.

**Tip** 의미덩어리 청킹 학습법에서는, 동사 tell과 목적어 somebody a way를 각각의 네 단어가 아니라, **청킹동사구 tell somebody a way**를 「누구에게 길을 말하다」라는 한 개의 단어처럼 이해 기억 활용하며, 한 개의 의미덩어리 청킹이므로 머릿속에서 한 번만 생각합니다. 의미덩어리 청킹 학습법에서는, 부사구 to the nearest gas station을 각각의 다섯 단어가 아니라, **청킹부사구 to the nearest gas station**을 「가장 가까운 주유소로」라는 한 개의 단어처럼 이해 기억 활용하며, 한 개의 의미덩어리 청킹이므로 머릿속에서 한 번만 생각합니다.

― 표현하고자 하는 내용 얼개짜기 Outlining ―

### step 1 청킹동사구
[청킹동사 + 목적어 / 보어]

| | |
|---|---|
| tell somebody a way, | 말하다 누구에게 길을 |
| tell somebody a way, | 말하다 누구에게 길을 |
| tell somebody a way, | 말하다 누구에게 길을 |
| tell somebody a way, | 말하다 누구에게 길을 |
| direct somebody, | 길을 알려주다 누구에게 |

＋

### step 2 청킹부사(구, 절)
등위절, 명사구(절), 형용사구(절)

| | |
|---|---|
| to the post office, | 우체국으로 가는 |
| to the library, | 도서관으로 |
| to the police station, | 경찰서로 |
| to get there, | 가는 거기에 |
| to the nearest gas station, | 가장 가까운 주유소로 |

step 1 + step 2를 결합하여 완전한 문장으로

### step 3 청킹 문장 만들기
문장의 형태(긍정문, 부정문, 의문문, 명령문, 감탄문), 동사의 시제, 수(단수, 복수), 태(능동, 수동)를 생각하면서

| | |
|---|---|
| Could you tell me the way to the post office? | 너는 말해주겠느냐 나에게 길을 우체국으로 가는? |
| Could you tell me the way to the library? | 너는 말해주겠느냐 나에게 길을 도서관으로 가는? |
| Could you tell me the way to the police station? | 너는 말해주겠느냐 나에게 길을 경찰서로 가는? |
| Could you tell me the way to get there? | 너는 말해주겠느냐 나에게 길을 가는 거기에? |
| Could you direct me to the nearest gas station? | 너는 길을 알려주겠느냐 나에게 가장 가까운 주유소로 가는? |

**!** 이해 · 기억 · 활용하여할 **의미덩어리 청킹 – 1개의 단어처럼** 생각하세요. ^O^
tell me a way/ direct somebody/ direct me/ to the post office/ to the library/ to the police station/ to get there/ to the nearest gas station

# unit 152 — treat somebody 「접대하다 누구를」

「누구를 접대하다, 대접하다, 누구에게 사다」 의미로 쓰인다.
접대하는 내용은 뒤에 전치사 to~를 사용하여 표현하며, pick up the tab~의 표현을 사용하기도 한다.

| 주어 [명사, 명사구, 명사절] | 동사 treat | 목적어 somebody |
|---|---|---|
| 형용사 | 부사 | 형용사 |

**Tip** 의미덩어리 청킹 학습법에서는, 동사 treat와 목적어 somebody를 각각의 두 단어가 아니라, **청킹동사구 treat somebody**를 「누구를 접대하다」라는 **한 개의 단어처럼** 이해 기억 활용하며, 한 개의 의미덩어리 청킹이므로 머릿속에서 한 번만 생각합니다. 의미덩어리 청킹 학습법에서는, 부사구 to dinner를 각각의 두 단어가 아니라, **청킹부사구 to dinner**를 「저녁을」이라는 한 개의 단어처럼 이해 기억 활용하며, 한 개의 의미덩어리 청킹이므로 머릿속에서 한 번만 생각합니다.

## 표현하고자 하는 내용 얼개짜기 Outlining

### step 1 청킹동사구
[청킹동사 + 목적어 / 보어]

| treat somebody, | 접대하다 누구를 |
| treat somebody, | 접대하다 누구를 |
| treat somebody, | 접대하다 누구를 |
| treat somebody, | 접대하다 누구를 |
| pick up a tab, | 집어 들다 계산서를 |

 +

### step 2 청킹부사(구, 절)
등위절, 명사구(절), 형용사구(절)

| to dinner, | 저녁을 |
| this time, | 이번에 |
| to lunch, | 점심을 |
| to something special, | 무엇을 특별한 |
| here, | 여기에 |

**step 1 + step 2를 결합하여 완전한 문장으로**

↓

### step 3 청킹 문장 만들기
문장의 형태(긍정문, 부정문, 의문문, 명령문, 감탄문), 동사의 시제, 수(단수, 복수), 태(능동, 수동)를 생각하면서

| Let me treat you to dinner. | 하게하라 내가 대접하는 너에게 저녁을 | *내가 사겠다. |
| Let me treat you this time. | 하게하라 내가 대접하는 너에게 이번에 | |
| I would like to treat you to lunch. | 나는 대접하기를 원하다 너에게 점심을 | |
| I would like to treat you to something special. | 나는 대접하기를 원하다 너에게 무엇을 특별한 | |
| I will pick up the tab here. | 나는 집어들 것이다 계산서를 여기에 | *내가 내겠다. |

 이해 · 기억 · 활용하여할 **의미덩어리 청킹 — 1개의 단어처럼** 생각하세요. ^O^
treat somebody/ treat you/ pick up a tab/ to dinner/ this time/ to lunch/ to something special

# try on a jacket

「입어보다 자켓을」

자켓을 입어보다」 의미로 쇼핑 등에 쓰인다.
옷가게나 신발가게에서 옷이나 신발 등이 맞는지를 입어보고 신어볼 때 사용하는 표현이다.

| 주어 [명사, 명사구, 명사절] | 동사 try | 목적어 jacket |
|---|---|---|
| 형용사 | 부사 on | 형용사 a |

**Tip** 의미덩어리 청킹 학습법에서는, 동사 try on과 목적어 a jacket을 각각의 네 단어가 아니라, **청킹동사구 try on a jacket**을 「자켓을 입어보다」라는 한 개의 단어처럼 이해 기억 활용하며, 한 개의 의미덩어리 청킹이므로 머릿속에서 한 번만 생각합니다. 의미덩어리 청킹 학습법에서는, 부사구 for size를 각각의 두 단어가 아니라, **청킹부사구 for size**를 「사이즈를 위해」라는 한 개의 단어처럼 이해 기억 활용하며, 한 개의 의미덩어리 청킹이므로 머릿속에서 한 번만 생각합니다.

표현하고자 하는 내용 얼개짜기 Outlining

### step 1 청킹동사구
[청킹동사 + 목적어 / 보어]

| try on a jacket, | 입어보다 자켓을 |
| try on a suit, | 입어보다 정장을 |
| try this on, | 입어보다 이것을 |
| try it on, | 입어보다 그것을 |
| try it on, | 입어보다 그것을 |

**+**

### step 2 청킹부사(구, 절)
등위절, 명사구(절), 형용사구(절)

| before I purchase it, | 전에 내가 사는 그것을 |
| and check the fit, | 그리고 체크하다 맞는지를 |
| for size, | 사이즈를 위해 |
| for size, | 사이즈를 위해 |
| in the fitting room, | 탈의실에서 |

step 1 + step 2를 결합하여 완전한 문장으로

### step 3 청킹 문장 만들기
문장의 형태(긍정문, 부정문, 의문문, 명령문, 감탄문), 동사의 시제, 수(단수, 복수), 태(능동, 수동)를 생각하면서

| Can I try on this jacket before I purchase it? | 내가 입어볼 수 있느냐 이 자켓을 전에 내가 사는 그것을? |
| Try this suit on and check the fit. | 입어보라 이 정장을 그리고 체크하라 맞는지를 |
| Can I try this on for size? | 내가 입어볼 수 있느냐 이것을 사이즈를 위해? |
| Just try it on for size. | 입어보라 그것을 사이즈를 위해  *사이즈가 맞는지 입어보라. |
| You can try it on in the fitting room. | 너는 입어볼 수 있다 탈의실에서 |

 이해 · 기억 · 활용하여할 **의미덩어리 청킹 – 1개의 단어처럼** 생각하세요. ^0^

try on this jacket/ try this suit on/ try this on/ try it on/ for size/ in the fitting room/ before I purchase it/ and check the fit

## visit a place

「방문하다 장소를」

「장소를 방문하다」 의미로 관광 등에 쓰인다.
유적지, 건물, 박물관, 기념관, 성당, 거리 등을 방문할 때 쓰이는 표현이다.

| 주어 [명사, 명사구, 명사절] | 동사 visit | 목적어 place |
|---|---|---|
| 형용사 | 부사 | 형용사 a |

**Tip** 의미덩어리 청킹 학습법에서는, 동사 visit와 목적어 a place를 각각의 세 단어가 아니라, **청킹동사구 visit a place**를 「장소를 방문하다」라는 한 개의 단어처럼 이해 기억 활용하며, 한 개의 의미덩어리 청킹이므로 머릿속에서 한 번만 생각합니다.
의미덩어리 청킹 학습법에서는, 부사구 on my trip을 각각의 세 단어가 아니라, **청킹부사구 on my trip**을 「나의 여행에」라는 한 개의 단어처럼 이해 기억 활용하며, 한 개의 의미덩어리 청킹이므로 머릿속에서 한 번만 생각합니다.

표현하고자 하는 내용 얼개짜기 Outlining

### step 1 청킹동사구
[청킹동사 + 목적어 / 보어]

visit a place,        방문하다 장소를
visit a place,        방문하다 장소를
visit a place,        방문하다 장소를
visit a place,        방문하다 장소를
visit a place,        방문하다 장소를

+

### step 2 청킹부사(구, 절)
등위절, 명사구(절), 형용사구(절)

on my trip/ to Europe,   나의 여행에 유럽의
as a tourist,            관광객으로
in Korea                 한국의
sometime,                언젠가
when I go there,         할 때 내가 가는 거기에

step 1 + step2를 결합하여 완전한 문장으로

### step 3 청킹 문장 만들기
문장의 형태(긍정문, 부정문, 의문문, 명령문, 감탄문), 동사의 시제, 수(단수, 복수), 태(능동, 수동)를 생각하면서

I have visited a few places on my trip to Europe.    나는 방문하였다 여러 곳을 나의 여행에 유럽의
I visited a number of places as a tourist.           나는 방문하였다 많은 곳을 관광객으로
I would like to visit a historic place in Korea.     나는 방문하고 싶다 역사적인 유적지를 한국의
I hope to visit that place sometime.                 나는 방문하고자 한다 그 장소를 언젠가
I will visit all the famous places when I go there.  나는 방문할 것이다 모든 유명한 장소를 할 때 내가 가는 거기에

! 이해 · 기억 · 활용하여할 **의미덩어리 청킹 – 1개의 단어처럼** 생각하세요. ^0^
visit a place/ visit a few places/ visit a number of places/ visit a historic place/ visit that place/
visit all the famous places/ on my trip/ to Europe/ as a tourist/ in Korea/ when I go there

# CHUNKING SPEAKING AUTO 03

## 일상생활

전화
직장
학교
은행
편의시설
병원
여가
긴급상황
⋮

# CHUNKING SPEAKING AUTO

| unit 155 | accept an offer | 「승낙하다 제의를」 | 180 |
| unit 156 | answer a phone | 「응답하다 전화를」 | 181 |
| unit 157 | apologize | 「사과하다」 | 182 |
| unit 158 | be allowed | 「이다 허락된」 | 183 |
| unit 159 | be back | 「이다 체납된」 | 184 |
| unit 160 | be a deadline | 「이다 마감일인」 | 185 |
| unit 161 | be a deal | 「이다 거래인」 | 186 |
| unit 162 | be due | 「이다 지불해야하는」 | 187 |
| unit 163 | be injured | 「이다 다친」 | 188 |
| unit 164 | be sold out | 「이다 다 팔린」 | 189 |
| unit 165 | bet money | 「내기 걸다 돈을」 | 190 |
| unit 166 | borrow money | 「빌리다 돈을」 | 191 |
| unit 167 | buy a ticket | 「사다 티켓을」 | 192 |
| unit 168 | call an ambulance | 「부르다 구급차를」 | 193 |
| unit 169 | call somebody | 「전화하다 누구에게」 | 194 |
| unit 170 | change a bill | 「잔돈으로 바꾸다 지폐를」 | 195 |
| unit 171 | check out a book | 「대출하다 책을」 | 196 |
| unit 172 | cut a finger | 「베이다 손가락을」 | 197 |
| unit 173 | cut hair | 「자르다 머리를」 | 198 |
| unit 174 | dial a number | 「돌리다 번호를」 | 199 |
| unit 175 | do exercise | 「하다 운동을」 | 200 |
| unit 176 | do homework | 「하다 숙제를」 | 201 |
| unit 177 | do a job | 「하다 일을」 | 202 |
| unit 178 | do something | 「하다 무엇을」 | 203 |
| unit 179 | feel uncomfortable | 「느끼다 불편한」 | 204 |
| unit 180 | fill a prescription | 「약을 조제하다 처방전을」 | 205 |
| unit 181 | finish a report | 「완성하다 보고서를」 | 206 |
| unit 182 | forget to take | 「잊다 먹는 것을」 | 207 |
| unit 183 | get a check-up | 「받다 검진을」 | 208 |
| unit 184 | get dressed | 「되다 옷을 차려입은」 | 209 |
| unit 185 | get hurt | 「되다 다치는」 | 210 |
| unit 186 | get a job | 「얻다 직장을」 | 211 |
| unit 187 | get a result | 「받다 결과를」 | 212 |
| unit 188 | get well | 「되다 회복하는」 | 213 |
| unit 189 | give somebody a call | 「주다 누구에게 전화를」 | 214 |
| unit 190 | go dancing | 「가다 춤추는」 | 215 |
| unit 191 | go over a report | 「검토하다 보고서를」 | 216 |
| unit 192 | have an accident | 「당하다 사고를」 | 217 |
| unit 193 | have an allergy | 「있다 알레르기를」 | 218 |

# 7

## CHUNKING SPEAKING AUTO

| unit 194 | have a call | 「있다 전화를」 | 219 |
| unit 195 | have a chance | 「가지다 기회를」 | 220 |
| unit 196 | have experience | 「가지다 경험을」 | 221 |
| unit 197 | have a fever | 「있다 열을」 | 222 |
| unit 198 | have a meeting | 「하다 회의를」 | 223 |
| unit 199 | have a pain | 「있다 통증을」 | 224 |
| unit 200 | keep an eye | 「계속하다 주시를」 | 225 |
| unit 201 | leave a message | 「남기다 메시지를」 | 226 |
| unit 202 | make an agreement | 「하다 합의를」 | 227 |
| unit 203 | make an appointment | 「하다 약속을」 | 228 |
| unit 204 | make a call | 「하다 전화하는」 | 229 |
| unit 205 | make a deal | 「하다 거래를」 | 230 |
| unit 206 | make a deposit | 「하다 입금을」 | 231 |
| unit 207 | open an account | 「개설하다 계좌를」 | 232 |
| unit 208 | pay rent | 「지불하다 임대료를」 | 233 |
| unit 209 | play soccer | 「운동하다 축구를」 | 234 |
| unit 210 | postpone a game | 「연기하다 게임을」 | 235 |
| unit 211 | put somebody through | 「연결하다 누구를」 | 236 |
| unit 212 | raise an arm | 「들다 팔을」 | 237 |
| unit 213 | recommend a person | 「추천하다 사람을」 | 238 |
| unit 214 | save money | 「저축하다 돈을」 | 239 |
| unit 215 | see a doctor | 「가다 병원을」 | 240 |
| unit 216 | see a movie | 「보다 영화를」 | 241 |
| unit 217 | send a letter | 「보내다 편지를」 | 242 |
| unit 218 | sign a contract | 「서명하다 계약을」 | 243 |
| unit 219 | spend time | 「보내다 시간을」 | 244 |
| unit 220 | start working | 「시작하다 일을」 | 245 |
| unit 221 | stay healthy | 「유지하다 건강한」 | 246 |
| unit 222 | take a breath | 「하다 호흡을」 | 247 |
| unit 223 | take a course | 「수강하다 과정을」 | 248 |
| unit 224 | take a lesson | 「받다 강습을」 | 249 |
| unit 225 | take medicine | 「복용하다 약을」 | 250 |
| unit 226 | take a message | 「받다 메시지를」 | 251 |
| unit 227 | take a test | 「보다 시험을」 | 252 |
| unit 228 | transfer money | 「이체하다 돈을」 | 253 |
| unit 229 | try to call | 「노력하다 전화하는」 | 254 |
| unit 230 | win a game | 「이기다 게임을」 | 255 |
| unit 231 | work overtime | 「일하다 초과근무를」 | 256 |

## unit 155 accept an offer 「승낙하다 제의를」

「제의를 승낙하다」 의미로 비즈니스에서 주로 쓰인다. 계약조건과 내용을 검토한 후 최종적으로 계약을 승낙할 것인가를 논의할 때 사용하는 표현이다. 제의를 하는 것은 make an offer~, 제의를 거절하는 것은 decline an offer~, refuse an offer~로 표현한다.

| 주어 [명사, 명사구, 명사절] | 동사 accept | 목적어 offer |
|---|---|---|
| 형용사 | 부사 | 형용사 an |

**Tip** 의미덩어리 청킹 학습법에서는, 동사 accept와 목적어 an offer를 각각의 세 단어가 아니라, **청킹동사구 accept an offer** 를 「제의를 승낙하다」라는 한 개의 단어처럼 이해 기억 활용하며, 한 개의 의미덩어리 청킹이므로 머릿속에서 한 번만 생각합니다. 의미덩어리 청킹 학습법에서는, 부사구 on these terms를 각각의 세 단어가 아니라, **청킹부사구 on these terms를** 「이 조건들로는」라는 한 개의 단어처럼 이해 기억 활용하며, 한 개의 의미덩어리 청킹이므로 머릿속에서 한 번만 생각합니다.

### 표현하고자 하는 내용 얼개짜기 Outlining

**step 1 청킹동사구** [청킹동사 + 목적어 / 보어]

| accept an offer, | 승낙하다 제의를 |
| accept an offer, | 승낙하다 제의를 |
| accept an offer, | 승낙하다 제의를 |
| accept a proposal, | 승낙하다 제안을 |
| decline an offer, | 거절하다 제의를 |

**step 2 청킹부사(구, 절)** 등위절, 명사구(절), 형용사구(절)

| of an interview, | 인터뷰의 |
| on these terms, | 이 조건들로는 |
| without reservation, | 무조건 |
| with gratitude, | 감사히 |
| to buy the company, | 사는 회사를 |

### step 1 + step 2를 결합하여 완전한 문장으로

**step 3 청킹 문장 만들기**
문장의 형태(긍정문, 부정문, 의문문, 명령문, 감탄문), 동사의 시제, 수(단수, 복수), 태(능동, 수동)를 생각하면서

| I will accept your offer of an interview. | 나는 승낙할 것이다 너의 제의를 인터뷰의 |
| I am afraid I can't accept the offer on these terms. | 나는 이다 유감인 나는 승낙할 수 없다 그 제의를 이 조건들로는 |
| I accept the offer without reservation. | 나는 승낙하다 제의를 무조건 |
| I would like to accept your proposal with gratitude. | 나는 받고 싶다 너의 제안을 감사히 |
| I decline an offer to buy the company. | 나는 거절하다 제의를 사는 회사를 |

이해 · 기억 · 활용하여할 의미덩어리 청킹 – 1개의 단어처럼 생각하세요. ^O^
accept an offer/ accept your offer/ accept a proposal/ accept your proposal/ decline an offer/ of an interview/ on these terms/ without reservation/ with gratitude/ to buy the company

# answer a phone

## 「응답하다 전화를」

「전화를 응답하다, 전화를 받다」 의미로 쓰인다. 전화벨이 울리고 전화를 받을 때 사용하는 표현이며, 문에서 누가 초인종을 눌러서 누구인지 나가볼 때는 answer the door~ 표현을 사용한다.

| 주어 [명사, 명사구, 명사절] | 동사 answer | 목적어 phone |
|---|---|---|
| 형용사 | 부사 | 형용사 a |

**Tip** 의미덩어리 청킹 학습법에서는, 동사 answer와 목적어 a phone을 각각의 세 단어가 아니라, **청킹동사구 answer a phone**을 「전화를 응답하다」라는 한 개의 단어처럼 이해 기억 활용하며, 한 개의 의미덩어리 청킹이므로 머릿속에서 한 번만 생각합니다. 의미덩어리 청킹 학습법에서는, 부사구 all day를 각각의 두 단어가 아니라, **청킹부사구 all day**를 「하루 종일」이라는 한 개의 단어처럼 이해 기억 활용하며, 한 개의 의미덩어리 청킹이므로 머릿속에서 한 번만 생각합니다.

표현하고자 하는 내용 얼개짜기 Outlining

### step 1 청킹동사구
[청킹동사 + 목적어 / 보어]

| answer a phone, | 응답하다 전화를 |
| answer a phone, | 응답하다 전화를 |
| answer a phone, | 응답하다 전화를 |
| answer a phone, | 응답하다 전화를 |
| answer a call, | 응답하다 전화를 |

+

### step 2 청킹부사(구, 절)
등위절, 명사구(절), 형용사구(절)

| for me/ while I am out, | 나를 위해 동안에 내가 없는 |
| for me, | 나를 위해 |
| if it rings, | 만약 그것이 울리더라도 |
| all day, | 하루 종일 |
| this morning, | 오늘 아침 |

step 1 + step 2를 결합하여 완전한 문장으로

### step 3 청킹 문장 만들기
문장의 형태(긍정문, 부정문, 의문문, 명령문, 감탄문), 동사의 시제, 수(단수, 복수), 태(능동, 수동)를 생각하면서

| Please answer the phone for me while I am out. | 받아라 전화를 나를 위해 동안에 내가 없는 |
| Could you answer the phone for me? | 너는 받아주겠느냐 전화를 나를 위해? |
| Don't answer the phone if it rings. | 받지 마라 전화를 만약 그것이 울리더라도 |
| I answer the phone all day. | 나는 받다 전화를 하루 종일 |
| Why didn't you answer my phone call this morning? | 왜 너는 응답하지 않았느냐 나의 전화를 오늘 아침? |

 이해 · 기억 · 활용하여할 **의미덩어리 청킹 − 1개의 단어처럼** 생각하세요. ^O^

answer a phone/ answer my phone call/ all day/ this morning/ for me/ while I am out/ if it rings

# apology 「사과하다」

잘못이나 실수에 대해 「사과하다」 의미로 쓰인다.
사과하는 내용은 뒤에 전치사 for~를 사용하여 표현한다.

주어 [명사, 명사구, 명사절] — 동사 apology
형용사 — 부사

**Tip** 의미덩어리 청킹 학습법에서는, 부사구 for the slip of the tongue를 각각의 여섯 단어가 아니라, **청킹부사구 for the slip of the tongue**를 「말의 실수에 대해」라는 한 개의 단어처럼 이해 기억 활용하며, 한 개의 의미덩어리 청킹이므로 머릿속에서 한 번만 생각합니다.

표현하고자 하는 내용 얼개짜기 Outlining

### step 1 청킹동사구
[청킹동사 + 목적어 / 보어]

| apologize, | 사과하다 |
| apologize, | 사과하다 |
| apologize, | 사과하다 |
| apologize, | 사과하다 |
| apologize, | 사과하다 |

### step 2 청킹부사(구, 절)
등위절, 명사구(절), 형용사구(절)

| for my mistake, | 나의 실수에 대해 |
| for hurting your feelings, | 손상한 것에 대해 너의 감정들을 |
| for what I did, | 무엇 내가 한 것에 대해 |
| for the slip of the tongue, | 실수에 대해 혀의 |
| to you/ from the bottom of my heart, | 너에게 진심으로 |

step 1 + step 2를 결합하여 완전한 문장으로

### step 3 청킹 문장 만들기
문장의 형태(긍정문, 부정문, 의문문, 명령문, 감탄문), 동사의 시제, 수(단수, 복수), 태(능동, 수동)를 생각하면서

| I apologize for my mistake. | 나는 사과하다 나의 실수에 대해 |
| I deeply apologize for hurting your feelings. | 나는 깊이 사과하다 손상한 것에 대해 너의 감정들을 |
| I apologize for what I did. | 나는 사과하다 무엇 내가 한 것에 대해 |
| I apologize for the slip of the tongue. | 나는 사과하다 실수에 대해 혀의　　*실언을 사과하다. |
| I apologize to you from the bottom of my heart. | 나는 사과하다 너에게 진심으로 |

 이해·기억·활용하여할 **의미덩어리 청킹 – 1개의 단어처럼** 생각하세요. ^O^

apologize for my mistake/ for hurting your feelings/ for what I did./ for the slip of the tongue/ to you/ from the bottom of my heart

# unit 158 be allowed 「이다 허락된」

어떤 것을 하도록 「허락되다」 의미로 쓰인다.
특히 부정형의 표현을 사용하여 「허락되지 않다」는 금지의 뜻으로 많이 사용하기도 한다.

주어 [명사, 명사구, 명사절] / 동사 be / 보어 allowed
형용사 / 부사 / 부사

**Tip** 의미덩어리 청킹 학습법에서는, 동사 be와 보어 allowed를 각각의 두 단어가 아니라, **청킹동사구 be allowed**를 「허락되다」라는 **한 개의 단어처럼** 이해 기억 활용하며, 한 개의 의미덩어리 청킹이므로 머릿속에서 한 번만 생각합니다. 의미덩어리 청킹 학습법에서는, 부사구 to see the patient를 각각의 네 단어가 아니라, **청킹부사구 to see the patient**를 「환자를 면회하는」이라는 **한 개의 단어처럼** 이해 기억 활용하며, 한 개의 의미덩어리 청킹이므로 머릿속에서 한 번만 생각합니다.

### 표현하고자 하는 내용 얼개짜기 Outlining

**step 1 청킹동사구** [청킹동사 + 목적어 / 보어]

| be allowed, | 이다 허락된 |
| be allowed, | 이다 허락된 |
| be allowed, | 이다 허락된 |
| be allowed, | 이다 허락된 |
| be allowed, | 이다 허락된 |

+

**step 2 청킹부사(구, 절)** 등위절, 명사구(절), 형용사구(절)

| to smoke/ in this building, | 담배피우는 이 빌딩에서 |
| to see the patient, | 보는 환자를 |
| to run/ in the hall, | 달리는 복도에서 |
| to enter this building, | 들어가는 이 빌딩을 |
| to use this lane, | 사용하는 이 차선을 |

**step1 + step2를 결합하여 완전한 문장으로**

**step 3 청킹 문장 만들기**
문장의 형태(긍정문, 부정문, 의문문, 명령문, 감탄문), 동사의 시제, 수(단수, 복수), 태(능동, 수동)를 생각하면서

You are not allowed to smoke in this building.  너는 이다 허락되지 않은 담배피우는 이 빌딩에서
No one is allowed to see the patient.  아무도 이다 허락되지 않은 보는 환자를  환자 면회금지이다.
No one is allowed to run in the hall.  아무도 이다 허락되지 않은 달리는 복도에서
No visitors are allowed to enter this building.  방문객들은 이다 허락되지 않은 들어가는 이 빌딩을 *방문객 출입금지이다.
Only buses are allowed to use this lane.  단지 버스들만이 이다 허락된 사용하는 이 차선을 *버스전용차선이다.

 이해 · 기억 · 활용하여할 **의미덩어리 청킹 - 1개의 단어처럼** 생각하세요. ^0^
be allowed/ to smoke/ in this building/ to see the patient/ to run/ in the hall/ to enter this building/ to use this lane

## unit 159 be back 「이다 체납된」

「체납되어 있다, 밀려 있다」 의미로 비즈니스에 쓰인다. 특히 부동산의 임대료 등 내어야 할 것이 밀려 있을 때에는 be behind~, be in arrears~, be overdue~를 사용하여 표현하기도 한다.

| 주어 [명사, 명사구, 명사절] | 동사 be | 보어 back |
|---|---|---|
| 형용사 | 부사 | 부사 |

**Tip** 의미덩어리 청킹 학습법에서는, 동사 be와 보어 back을 각각의 두 단어가 아니라, **청킹동사구 be back을 「체납되어 있다」**라는 한 개의 단어처럼 이해 기억 활용하며, 한 개의 의미덩어리 청킹이므로 머릿속에서 한 번만 생각합니다. 의미덩어리 청킹 학습법에서는, 부사구 on his rent를 각각의 세 단어가 아니라, **청킹부사구 on his rent를 「그의 임대료를」**이라는 한 개의 단어처럼 이해 기억 활용하며, 한 개의 의미덩어리 청킹이므로 머릿속에서 한 번만 생각합니다.

― 표현하고자 하는 내용 얼개짜기 Outlining ―

### step 1 청킹동사구
[청킹동사 + 목적어 / 보어]

| be back, | 이다 체납된 |
| be, | 이다 |
| be, | 이다 |
| fall, | 되다 |
| be, | 이다 |

+

### step 2 청킹부사(구, 절)
등위절, 명사구(절), 형용사구(절)

| on his rent, | 그의 임대료를 |
| two months behind/ in his rent, | 2개월 밀린 그의 임대료를 |
| behind/ in your rent, | 밀리면 너의 임대료를 |
| two months behind/ with his rent, | 2개월 밀린 그의 임대료를 |
| two months in arrears/ with his rent, | 2개월 밀린 그의 임대료를 |

step1+step2를 결합하여 완전한 문장으로
↓

### step 3 청킹 문장 만들기
문장의 형태(긍정문, 부정문, 의문문, 명령문, 감탄문), 동사의 시제, 수(단수, 복수), 태(능동, 수동)를 생각하면서

| He is back on his rent. | 그는 이다 체납된 그의 임대료를 |
| He is two months behind in his rent. | 그는 이다 2개월 밀린 그의 임대료를 |
| You shouldn't be behind in your rent. | 너는 안된다 밀리면 너의 임대료를 |
| He falls two months behind with his rent. | 그는 되다 2개월 밀린 그의 임대료를 |
| He is two months in arrears with his rent. | 그는 이다 2개월 밀린 그의 임대료를 |

! 이해 · 기억 · 활용하여할 **의미덩어리 청킹 – 1개의 단어처럼** 생각하세요. ^O^
be back/ be behind/ be two months behind/ fall behind/ fall two months behind/ be in arrears/ be two months in arrears/ on his rent/ in his rent/ in your rent/ with his rent

# unit 160 — be a deadline 「이다 마감일인」

「마감일이다, 마감시간이다」 의미로 쓰인다. 학교 지원이나 등록, 장학금 지원, 프로젝트 등의 마감일을 물어볼 때 사용하는 표현이다. 마감일을 맞추는 것은 meet the deadline~로 표현한다.

| 주어 [명사, 명사구, 명사절] | 동사 be | 보어 deadline |
|---|---|---|
| 형용사 | 부사 | 형용사 a |

**Tip** 의미덩어리 청킹 학습법에서는, 동사 be와 보어 a deadline을 각각의 세 단어가 아니라, **청킹동사구 be a deadline**을 「마감일이다」라는 한 개의 단어처럼 이해 기억 활용하며, 한 개의 의미덩어리 청킹이므로 머릿속에서 한 번만 생각합니다. 의미덩어리 청킹 학습법에서는, 부사구 for registration을 각각의 두 단어가 아니라, **청킹부사구 for registration**을 「등록을 위한」이라는 한 개의 단어처럼 이해 기억 활용하며, 한 개의 의미덩어리 청킹이므로 머릿속에서 한 번만 생각합니다.

## 표현하고자 하는 내용 얼개짜기 Outlining

**step 1 청킹동사구** [청킹동사 + 목적어 / 보어]

| be a deadline, | 이다 마감일인 |
| be a deadline, | 이다 마감일인 |
| be a deadline, | 이다 마감일인 |
| be a deadline, | 이다 마감일인 |
| meet a deadline, | 충족시키다 마감일을 |

 +

**step 2 청킹부사(구, 절)** 등위절, 명사구(절), 형용사구(절)

| for applications, | 지원을 위한 |
| for registration, | 등록을 위한 |
| for finishing the report, | 완성하는 보고서를 |
| to apply for scholarships, | 지원하는 장학금을 |
| for the project, | 프로젝트를 위한 |

**step 1 + step 2를 결합하여 완전한 문장으로**

**step 3 청킹 문장 만들기**
문장의 형태(긍정문, 부정문, 의문문, 명령문, 감탄문), 동사의 시제, 수(단수, 복수), 태(능동, 수동)를 생각하면서

| When is the deadline for applications? | 언제 이느냐 마감일은 지원을 위한? |
| When is the deadline for registration? | 언제 이느냐 마감일은 등록을 위한? |
| When is the deadline for finishing the report? | 언제 이느냐 마감일은 완성하는 보고서를? |
| When is the deadline to apply for scholarships? | 언제 이느냐 마감일은 지원하는 장학금을? |
| You must meet the deadline for the project. | 너는 맞추어야 한다 마감일을 프로젝트를 위한 |

**!** 이해·기억·활용하여할 **의미덩어리 청킹 — 1개의 단어처럼** 생각하세요. ^O^

be a deadline/ meet a deadline/ for applications/ for registration/ for finishing the report/ to apply for scholarships/ for the project

## be a deal 「이다 마감일인」

unit 161

형용사 big과 함께 사용하여 「큰일이다, 중대한 일이다」 의미로 쓰인다.
특히 「중요한 일이 아니다」라는 의미는 It's not a big deal~로 표현한다.

| 주어 [명사, 명사구, 명사절] | 동사 be | 보어 deal |
|---|---|---|
| 형용사 | 부사 | 형용사 a |

**Tip** 의미덩어리 청킹 학습법에서는, 동사 be와 보어 a deal을 각각의 세 단어가 아니라, **청킹동사구 be a deal**을 「~한 일 이다」라는 한 개의 단어처럼 이해 기억 활용하며, 한 개의 의미덩어리 청킹이므로 머릿속에서 한 번만 생각합니다. 의미덩어리 청킹 학습법에서는, 부사구 for both of us를 각각의 네 단어가 아니라, **청킹부사구 for both of us**를 「우리 둘에게」라는 한 개의 단어처럼 이해 기억 활용하며, 한 개의 의미덩어리 청킹이므로 머릿속에서 한 번만 생각합니다.

― 표현하고자 하는 내용 얼개짜기 Outlining ―

**step 1** 청킹동사구
[청킹동사 + 목적어 / 보어]

be a deal,        이다 거래인
be a deal,        이다 거래인
be a deal,        이다 거래인
be a deal,        이다 거래인
be a deal,        이다 거래인

+

**step 2** 청킹부사(구, 절)
등위절, 명사구(절), 형용사구(절)

to break a promise,         깨뜨리는 약속을
to this committee,          이 위원회에
for both of us,             우리 둘에게
for me,                     나에게
unless you make it a big deal,  하지 않는다면 너가 만드는 그것을 큰일로

step 1 + step 2를 결합하여 완전한 문장으로

**step 3** 청킹 문장 만들기
문장의 형태(긍정문, 부정문, 의문문, 명령문, 감탄문), 동사의 시제, 수(단수, 복수), 태(능동, 수동)를 생각하면서

It is a big deal to break a promise.        그것은 이다 중요한 일인 깨뜨리는 약속을
It is a big deal to this committee.         그것은 이다 중요한 일인 이 위원회에
It is a big deal for both of us.            그것은 이다 중요한 일인 우리 둘에게
It is not a big deal for me.                그것은 아니다 중요한 일인 나에게    *그것은 중요한 일이 아니다.
It is not a big deal, unless you make it a big deal.   그것은 아니다 중요한 일인 만약 하지 않으면 너가 만드는 그것을 큰일로

 이해 · 기억 · 활용하여할 의미덩어리 청킹 – 1개의 단어처럼 생각하세요. ^O^
be a deal/ be a big deal/ to break a promise/ to this committee/ for both of us/ for me/ unless you make it a big deal

# unit 162 be due 「이다 지불해야하는」

「지불해야하다, 지불기한이다」 의미로 비즈니스에 쓰인다. 지불기한이 언제인지를 논의할 때 사용하는 표현이다. 지불일은 due date, 지불기한이 지난 것은 be overdue~로 표현한다.

| 주어 [명사, 명사구, 명사절] | 동사 be | 보어 due |
|---|---|---|
| 형용사 | 부사 | 부사 |

**Tip** 의미덩어리 청킹 학습법에서는, 동사 be와 보어 due를 각각의 두 단어가 아니라, **청킹동사구 be due**를 「지불해야하다」 라는 **한 개의 단어처럼** 이해 기억 활용하며, 한 개의 의미덩어리 청킹이므로 머릿속에서 한 번만 생각합니다. 의미덩어리 청킹 학습법에서는, 부사구 by the end of the month를 각각의 여섯 단어가 아니라, **청킹부사구 by the end of the month**를 「월말까지」라는 **한 개의 단어처럼** 이해 기억 활용하며, 한 개의 의미덩어리 청킹이므로 머릿속에서 한 번만 생각합니다.

## 표현하고자 하는 내용 얼개짜기 Outlining

### step 1 청킹동사구
[청킹동사 + 목적어 / 보어]

| | |
|---|---|
| be due, | 이다 지불해야하는 |
| be due, | 이다 지불해야하는 |
| be due, | 이다 지불해야하는 |
| be due, | 이다 지불해야하는 |
| be overdue, | 이다 지불기한이 지난 |

+

### step 2 청킹부사(구, 절)
등위절, 명사구(절), 형용사구(절)

| | |
|---|---|
| by the end of the month, | 월말까지 |
| on December 20, | 12월 20일인 |
| within 3 months of the invoice date, | 3개월 이내에 송장일자의 |
| next week, | 다음주 |
| and you will get fined, | 그리고 너는 받을 것이다 벌금을 |

step 1 + step 2를 결합하여 완전한 문장으로 ↓

### step 3 청킹 문장 만들기
문장의 형태(긍정문, 부정문, 의문문, 명령문, 감탄문), 동사의 시제, 수(단수, 복수), 태(능동, 수동)를 생각하면서

| | |
|---|---|
| Rent is due by the end of the month. | 임대료는 이다 지불해야하는 월말까지 |
| This bill is due on December 20. | 이청구서는 이다 지불기한인 12월 20일인 |
| Payment is due within 3 months of the invoice date. | 지불은 이다 지불기한인 3개월 이내에 송장일자의 |
| The next payment is due next week. | 다음 지불날짜는 이다 지불해야하는 다음주 |
| The payment is three months overdue and you will get fined. | 지불은 이다 삼 개월이 지불기한이 지난 그리고 너는 받을 것이다 벌금을 |

**!** 이해 · 기억 · 활용하여할 **의미덩어리 청킹 – 1개의 단어처럼** 생각하세요. ^O^

be due/ be overdue/ be **three months** overdue/ by the end of the month/ on December 20/ next week/ within 3 months of the invoice date/ and you will get fined

# unit 163 be injured 「이다 다친」

「다치다, 상처 입다, 부상당하다」 의미로 쓰인다.
사고나 긴급한 상황 등이 발생하여 사람이 다친 경우를 말할 때 사용하는 표현이다.

| 주어 [명사, 명사구, 명사절] | 동사 be | 보어 injured |
|---|---|---|
| 형용사 | 부사 | 부사 |

> **Tip** 의미덩어리 청킹 학습법에서는, 동사 be와 보어 injured를 각각의 두 단어가 아니라, **청킹동사구 be injured**를 「다치다」라는 한 개의 단어처럼 이해 기억 활용하며, 한 개의 의미덩어리 청킹이므로 머릿속에서 한 번만 생각합니다. 의미덩어리 청킹 학습법에서는, 부사구 in the accident를 각각의 세 단어가 아니라, **청킹부사구 in the accident**를 「사고에서」라는 한 개의 단어처럼 이해 기억 활용하며, 한 개의 의미덩어리 청킹이므로 머릿속에서 한 번만 생각합니다.

### 표현하고자 하는 내용 얼개짜기 Outlining

**step 1 청킹동사구** [청킹동사 + 목적어 / 보어]

| be injured, | 이다 부상당한 |
| be hurt, | 이다 다친 |
| be hit, | 이다 치인 |
| be broken, | 이다 부러진 |
| be stabbed, | 이다 찔린 |

**step 2 청킹부사(구, 절)** 등위절, 명사구(절), 형용사구(절)

| in the accident, | 사고에서 |
| and taken/ to the hospital, | 그리고 옮겨지다 병원으로 |
| by a car/ while riding my bike, | 차에 타는 도중에 나의 자전거를 |
| during exercise, | 운동 중에 |
| with a knife, | 칼에 |

**step 1 + step 2를 결합하여 완전한 문장으로**

**step 3 청킹 문장 만들기**
문장의 형태(긍정문, 부정문, 의문문, 명령문, 감탄문), 동사의 시제, 수(단수, 복수), 태(능동, 수동)를 생각하면서

| How many people were injured in the accident? | 몇 명의 사람들이 이었느냐 부상당한 사고에서? |
| Someone is hurt and taken to the hospital. | 누군가 이다 다친 그리고 옮겨지다 병원으로 |
| I was hit by a car while riding my bike. | 나는 이었다 치인 차에 타는 도중에 나의 자전거를 |
| My leg was badly broken during exercise. | 나의 다리는 이다 심하게 부러진 운동 중에 |
| He was stabbed with a knife. | 그는 이었다 찔린 칼에 |

 이해 · 기억 · 활용하여할 **의미덩어리 청킹 – 1개의 단어처럼** 생각하세요. ^o^

be injured/ be hurt/ be hit/ be broken/ be **badly** broken/ be stabbed/ in the accident/ by a car/ during exercise/ with a knife/ while riding my bike/ and taken to the hospital

## unit 164 be sold out 「이다 다 팔린」

「다 팔리다, 매진이다」 의미로 쓰인다.
영화나 연극, 콘서트, 버스, 비행기, 기차 등의 표나 책 등이 다 팔려서 매진인 경우에 사용하는 표현이다.

**Tip** 의미덩어리 청킹 학습법에서는, 동사 be와 보어 sold out를 각각의 세 단어가 아니라, **청킹동사구 be sold out**를 「다 팔리다」라는 **한 개의 단어처럼** 이해 기억 활용하며, 한 개의 의미덩어리 청킹이므로 머릿속에서 한 번만 생각합니다. 의미덩어리 청킹 학습법에서는, 부사구 in just thirty minutes를 각각의 네 단어가 아니라, **청킹부사구 in just thirty minutes**를 「단지 30분 만에」라는 **한 개의 단어처럼** 이해 기억 활용하며, 한 개의 의미덩어리 청킹이므로 머릿속에서 한 번만 생각합니다.

――― 표현하고자 하는 내용 얼개짜기 Outlining ―――

### step 1 청킹동사구
[청킹동사 + 목적어 / 보어]

| | |
|---|---|
| be sold out, | 이다 다 팔린 |
| be sold out, | 이다 다 팔린 |
| be sold out, | 이다 다 팔린 |
| be sold out, | 이다 다 팔린 |
| have a full house, | 가지다 객석이 만원인 |

**+**

### step 2 청킹부사(구, 절)
등위절, 명사구(절), 형용사구(절)

| | |
|---|---|
| soon. | 곧 |
| when we arrived, | 할 때 우리가 도착했던 |
| in just thirty minutes, | 단지 30분 만에 |
| so I couldn't buy it, | 그래서 나는 살 수 없었다 그것을 |
| tonight, | 오늘 저녁 |

step 1 + step 2를 결합하여 완전한 문장으로

### step 3 청킹 문장 만들기
문장의 형태(긍정문, 부정문, 의문문, 명령문, 감탄문), 동사의 시제, 수(단수, 복수), 태(능동, 수동)를 생각하면서

| | |
|---|---|
| The tickets are all sold out soon. | 티켓들은 이다 모두 다 팔린 곧 |
| The seats were already sold out when we arrived. | 좌석은 이었다 이미 모두 매진된 할 때 우리가 도착했던 |
| All the seats were sold out in just thirty minutes. | 모든 좌석은 이었다 매진된 단지 30분 만에 |
| The book was sold out so I couldn't buy it. | 책은 이었다 다 팔린 그래서 나는 살 수 없었다 그것을 |
| We have a full house tonight. | 우리는 가지다 객석이 만원인 오늘 저녁 |

 이해·기억·활용하여할 **의미덩어리 청킹 – 1개의 단어처럼** 생각하세요. ^0^

be sold out/ be all sold out/ be already sold out/ have a full house/ in just thirty minutes/ when we arrived/ so I couldn't buy it

## unit 165

# bet money 「내기 걸다 돈을」

「돈을 내기 걸다」 의미로 쓰인다. 내기를 거는 내용에 대해서는 전치사 on~, that절~을 사용하여 표현한다.
내기를 거는 내용에 대해 확신을 가지고 말할 때에는 I bet my life~를 사용하기도 한다.

주어 [명사, 명사구, 명사절] — 형용사
동사 bet — 부사
목적어 money — 형용사

**Tip** 의미덩어리 청킹 학습법에서는, 동사 bet와 목적어 money를 각각의 두 단어가 아니라, **청킹동사구 bet money를 「돈을 내기 걸다」라는 한 개의 단어처럼** 이해 기억 활용하며, 한 개의 의미덩어리 청킹이므로 머릿속에서 한 번만 생각합니다. 의미덩어리 청킹 학습법에서는, 부사구 on the game을 각각의 세 단어가 아니라, **청킹부사구 on the game을 「경기에」라는 한 개의 단어처럼** 이해 기억 활용하며, 한 개의 의미덩어리 청킹이므로 머릿속에서 한 번만 생각합니다.

### 표현하고자 하는 내용 얼개짜기 Outlining

**step 1** 청킹동사구 [청킹동사 + 목적어 / 보어]

| | |
|---|---|
| bet money, | 내기 걸다 돈을 |
| bet money, | 내기 걸다 돈을 |
| bet somebody money, | 내기 걸다 누구에게 돈을 |
| bet life, | 내기 걸다 인생을 |
| bet life, | 내기 걸다 인생을 |

+

**step 2** 청킹부사(구, 절) 등위절, 명사구(절), 형용사구(절)

| | |
|---|---|
| on the game, | 경기에 |
| on his success, | 그의 성공에 |
| that he won't come, | 그가 오지 않을 것이다 |
| on it, | 그것에 |
| that he didn't say that, | 그는 말하지 않았다 그것을 |

### step 1 + step 2를 결합하여 완전한 문장으로

**step 3** 청킹 문장 만들기
문장의 형태(긍정문, 부정문, 의문문, 명령문, 감탄문), 동사의 시제, 수(단수, 복수), 태(능동, 수동)를 생각하면서

| | |
|---|---|
| I bet 100 dollars on the game. | 나는 내기 걸다 100달러를 경기에 |
| I bet money on his success. | 나는 내기 걸다 돈을 그의 성공에 |
| I bet you five dollars that he won't come. | 나는 내기 걸다 너에게 5달러를 그가 오지 않을 것이다에 |
| Would you bet your life on it? | 너는 내기를 거느냐 너의 인생을 그것에? *절대적으로 확신하느냐? |
| I bet my life that he didn't say that. | 나는 내기 걸다 나의 인생을 그는 말하지 않았다 그것을 |

**!** 이해 · 기억 · 활용하여할 **의미덩어리 청킹 – 1개의 단어처럼** 생각하세요. ^O^
bet money/ bet 100 dollars/ bet somebody money/ bet you five dollars/ bet life/ bet my life/ bet your life/ on the game/ on his success/ on it/ that he won't come/ that he didn't say that

## unit 166 — borrow money 「빌리다 돈을」

「돈을 빌리다」 의미로 쓰이며, 동사는 borrow와 lend를 쓰는 표현이 약간 다르다. borrow의 경우는 「내가 빌리다 돈을」 형식으로 하여 I borrow money from~ 이지만, lend의 경우는 「너가 빌려주다 나에게 돈을」형식으로 하여 you lend me money ~ 가 된다.

| 주어 [명사, 명사구, 명사절] | 동사 borrow | 목적어 money |
|---|---|---|
| 형용사 | 부사 | 형용사 |

**Tip** 의미덩어리 청킹 학습법에서는, 동사 borrow와 목적어 money를 각각의 두 단어가 아니라, **청킹동사구 borrow money**를 「돈을 빌리다」라는 한 개의 단어처럼 이해 기억 활용하며, 한 개의 의미덩어리 청킹이므로 머릿속에서 한 번만 생각합니다. 의미덩어리 청킹 학습법에서는, 부사구 from the bank를 각각의 세 단어가 아니라, **청킹부사구 from the bank**를 「은행에서」라는 한 개의 단어처럼 이해 기억 활용하며, 한 개의 의미덩어리 청킹이므로 머릿속에서 한 번만 생각합니다.

### 표현하고자 하는 내용 얼개짜기 Outlining

**step 1 청킹동사구** [청킹동사 + 목적어 / 보어]

| | |
|---|---|
| borrow money, | 빌리다 돈을 |
| borrow money, | 빌리다 돈을 |
| borrow money, | 빌리다 돈을 |
| lend somebody money, | 빌려주다 누구에게 돈을 |
| have money, | 가지다 돈을 |

**+**

**step 2 청킹부사(구, 절)** 등위절, 명사구(절), 형용사구(절)

| | |
|---|---|
| from you, | 너에게서 |
| from the bank, | 은행에서 |
| to buy the house, | 사기 위하여 집을 |
| until payday, | 월급날까지 |
| to lend me, | 빌려주는 나에게 |

step1 + step2를 결합하여 완전한 문장으로

**step 3 청킹 문장 만들기**
문장의 형태(긍정문, 부정문, 의문문, 명령문, 감탄문), 동사의 시제, 수(단수, 복수), 태(능동, 수동)를 생각하면서

| | |
|---|---|
| Can I borrow some money from you? | 내가 빌릴 수 있느냐 약간의 돈을 너에게서? |
| I borrowed money from the bank. | 나는 빌렸다 돈을 은행에서 |
| I borrow some money to buy the house. | 나는 빌리다 약간의 돈을 사기 위하여 집을 |
| Could you lend me some money until payday? | 너는 빌려줄 수 있느냐 나에게 약간의 돈을 월급날까지? |
| Do you have some money to lend me? | 너는 가지고 있느냐 돈을 빌려주는 나에게? |

 이해 · 기억 · 활용하여할 **의미덩어리 청킹 – 1개의 단어처럼** 생각하세요. ^O^

borrow money/ borrow some money/ lend somebody money/ lend me some money/ have money/ have some money/ from you/ from the bank/ to buy the house/ until payday/ to lend me

# buy a ticket 「사다 티켓을」

「티켓을 사다」 의미로 쓰인다.
기차, 비행기, 버스, 지하철, 콘서트, 스포츠 경기, 영화나 연극 등의 표를 구입할 때 사용하는 표현이다.

| 주어 [명사, 명사구, 명사절] | 동사 buy | 목적어 ticket |
|---|---|---|
| 형용사 | 부사 | 형용사 a |

**Tip** 의미덩어리 청킹 학습법에서는, 동사 buy와 목적어 a ticket을 각각의 세 단어가 아니라, **청킹동사구 buy a ticket을 「티켓을 사다」**라는 한 개의 단어처럼 이해 기억 활용하며, 한 개의 의미덩어리 청킹이므로 머릿속에서 한 번만 생각합니다. 의미덩어리 청킹 학습법에서는, 부사구 for the concert를 각각의 세 단어가 아니라, **청킹부사구 for the concert를 「콘서트의」**이라는 한 개의 단어처럼 이해 기억 활용하며, 한 개의 의미덩어리 청킹이므로 머릿속에서 한 번만 생각합니다.

### 표현하고자 하는 내용 얼개짜기 Outlining

**step 1** 청킹동사구
[청킹동사 + 목적어 / 보어]

| buy a ticket, | 사다 티켓을 |
| buy a ticket, | 사다 티켓을 |
| buy a ticket, | 사다 티켓을 |
| buy a ticket, | 사다 티켓을 |
| be, | 이다 |

**+**

**step 2** 청킹부사(구, 절)
등위절, 명사구(절), 형용사구(절)

| for the 7 o'clock show, | 7시 공연의 |
| for the concert, | 콘서트의 |
| from the vending machine, | 자동판매기에서 |
| for Busan, | 부산행의 |
| available/ for the 7 o'clock show, | 가능한 7시 공연의 |

**step 1 + step 2를 결합하여 완전한 문장으로**

**step 3** 청킹 문장 만들기
문장의 형태(긍정문, 부정문, 의문문, 명령문, 감탄문), 동사의 시제, 수(단수, 복수), 태(능동, 수동)를 생각하면서

| I would like to buy two tickets for the 7 o'clock show. | 나는 사기를 원하다 두 장의 표를 7시 공연의 |
| I would like to buy tickets for the concert. | 나는 사기를 원하다 표를 콘서트의 |
| Buy a ticket from the vending machine. | 사라 티켓을 자동판매기에서 |
| I would like to buy a one-way ticket for Busan. | 나는 사기를 원하다 편도 티켓을 부산행의 |
| Are there any seats available for the 7 o'clock show? | 좌석이 있느냐 가능한 7시 공연의? |

 이해 · 기억 · 활용하여할 **의미덩어리 청킹 – 1개의 단어처럼** 생각하세요. ^0^
buy a ticket/ buy two tickets/ buy a one-way ticket/ be available for the 7 o'clock show/ for the concert/ from the vending machine/ for Busan

# unit 168

## call an ambulance 「부르다 구급차를」

「구급차를 부르다」 의미로 긴급 상황을 표현할 때 쓰인다.
구급차를 부르거나, 경찰, 소방서에 신고할 때 사용하는 표현이다.

주어 [명사, 명사구, 명사절] | 동사 call | 목적어 ambulance
형용사 | 부사 | 형용사 an

**Tip** 의미덩어리 청킹 학습법에서는, 동사 call과 목적어 an ambulance를 각각의 세 단어가 아니라, **청킹동사구 call an ambulance**를 「구급차를 부르다」라는 한 개의 단어처럼 이해 기억 활용하며, 한 개의 의미덩어리 청킹이므로 머릿속에서 한 번만 생각합니다. 의미덩어리 청킹 학습법에서는, 부사구 right away를 각각의 두 단어가 아니라, **청킹부사구 right away**를 「즉시」라는 한 개의 단어처럼 이해 기억 활용하며, 한 개의 의미덩어리 청킹이므로 머릿속에서 한 번만 생각합니다.

---

표현하고자 하는 내용 얼개짜기 Outlining

### step 1 청킹동사구
[청킹동사 + 목적어 / 보어]

| call an ambulance, | 부르다 구급차를 |
| call an ambulance, | 부르다 구급차를 |
| send an ambulance, | 보내다 구급차를 |
| call the police, | 부르다 경찰을 |
| call the fire department, | 전화하다 소방서에 |

### step 2 청킹부사(구, 절)
등위절, 명사구(절), 형용사구(절)

| for me, | 나를 위해 |
| right now, | 지금 |
| right away, | 즉시 |
| at the first sign/ of trouble, | 첫 번째 신호에 문제의 |
| for help, | 도움을 위해 |

step1 + step2를 결합하여 완전한 문장으로
↓

### step 3 청킹 문장 만들기
문장의 형태(긍정문, 부정문, 의문문, 명령문, 감탄문), 동사의 시제, 수(단수, 복수), 태(능동, 수동)를 생각하면서

| Could you call an ambulance for me? | 너는 불러주겠느냐 구급차를 나를 위해? |
| Should I call an ambulance right now? | 내가 부를까 구급차를 지금? |
| Please send an ambulance right away. | 보내라 구급차를 즉시 |
| Call the police at the first sign of trouble. | 불러라 경찰을 첫 번째 신호에 문제의 *문제 조짐이 있으면 경찰을 불러라. |
| Please call the fire department for help. | 전화하라 소방서에 도움을 위해 |

---

! 이해 · 기억 · 활용하여할 **의미덩어리 청킹 − 1개의 단어처럼** 생각하세요. ^O^
call an ambulance/ send an ambulance/ call the police/ call the fire department/ for me/ right now/ right away/ at the first sign of trouble/ for help

청킹 스피킹 AUTO 193

## unit 169 · call somebody 「전화하다 누구에게」

「누구에게 전화하다」 의미로 쓰인다.
내가 누구에게 전화를 할 때나, 상대방을 향해 나에게 전화하라고 할 때 사용하는 표현이다.

| 주어 [명사, 명사구, 명사절] | 동사 call | 목적어 somebody |
|---|---|---|
| 형용사 | 부사 | 형용사 |

**Tip** 의미덩어리 청킹 학습법에서는, 동사 call과 목적어 somebody를 각각의 두 단어가 아니라, **청킹동사구 call somebody**를 「누구에게 전화하다」라는 한 개의 단어처럼 이해 기억 활용하며, 한 개의 의미덩어리 청킹이므로 머릿속에서 한 번만 생각합니다. 의미덩어리 청킹 학습법에서는, 부사구 at this number를 각각의 세 단어가 아니라, **청킹부사구 at this number**를 「이 번호로」라는 한 개의 단어처럼 이해 기억 활용하며, 한 개의 의미덩어리 청킹이므로 머릿속에서 한 번만 생각합니다.

### 표현하고자 하는 내용 얼개짜기 Outlining

**step 1** 청킹동사구
[청킹동사 + 목적어 / 보어]

| call somebody, | 전화하다 누구에게 |
|---|---|
| call somebody, | 전화하다 누구에게 |
| call somebody, | 전화하다 누구에게 |
| call somebody, | 전화하다 누구에게 |
| call somebody, | 전화하다 누구에게 |

**step 2** 청킹부사(구, 절)
등위절, 명사구(절), 형용사구(절)

| again/ later, | 다시 나중에 |
|---|---|
| as soon as it is ready, | 하자마자 그것이 이다 준비된 |
| at this number, | 이 번호로 |
| when you arrive, | 할 때 너가 도착하는 |
| any time/ if you need help, | 언제라도 만약 너가 필요하면 도움을 |

step 1 + step 2를 결합하여 완전한 문장으로

**step 3** 청킹 문장 만들기
문장의 형태(긍정문, 부정문, 의문문, 명령문, 감탄문), 동사의 시제, 수(단수, 복수), 태(능동, 수동)를 생각하면서

| I will call you again later. | 나는 전화할 것이다 너에게 다시 나중에 |
|---|---|
| I will call you as soon as it is ready. | 나는 전화할 것이다 너에게 하자마자 그것이 이다 준비된 |
| Please call me at this number. | 전화하라 나에게 이 번호로 |
| Please call me when you arrive. | 전화하라 나에게 할 때 너가 도착하는 |
| Call me any time if you need help. | 전화하라 나에게 언제라도 만약 너가 필요하면 도움을 |

이해 · 기억 · 활용하여 **의미덩어리 청킹 - 1개의 단어처럼** 생각하세요. ^O^
call somebody/ call you/ call me/ any time/ at this number/ as soon as it is ready/ when you arrive/ if you need help

## unit 170 change a bill 「잔돈으로 바꾸다 지폐를」

「지폐를 잔돈으로 바꾸다」 의미로 쓰인다. 고액권이나 지폐를 잔돈으로 바꿀 때 사용하는 표현이다.
동사 break를 사용하여 break a bill~로 표현하기도 한다.

주어 [명사, 명사구, 명사절]　　동사 change　　목적어 bill
　　형용사　　　　　　　　　　　　부사　　　　　　　형용사 a

**Tip** 의미덩어리 청킹 학습법에서는, 동사 change와 목적어 a bill을 각각의 세 단어가 아니라, **청킹동사구 change a bill**을 「지폐를 잔돈으로 바꾸다」라는 **한 개의 단어처럼** 이해 기억 활용하며, 한 개의 의미덩어리 청킹이므로 머릿속에서 한 번만 생각합니다. 의미덩어리 청킹 학습법에서는, 부사구 for a dollar를 각각의 세 단어가 아니라, **청킹부사구 for a dollar**를 「1달러에 대해」라는 **한 개의 단어처럼** 이해 기억 활용하며, 한 개의 의미덩어리 청킹이므로 머릿속에서 한 번만 생각합니다.

### 표현하고자 하는 내용 얼개짜기 Outlining

**step 1 청킹동사구** [청킹동사 + 목적어 / 보어]

| | |
|---|---|
| change a bill, | 잔돈으로 바꾸다 지폐를 |
| change a bill, | 잔돈으로 바꾸다 지폐를 |
| break a bill, | 잔돈으로 바꾸다 지폐를 |
| give somebody change, | 주다 누구에게 잔돈을 |
| get change, | 가지다 잔돈을 |

**+**

**step 2 청킹부사(구, 절)** 등위절, 명사구(절), 형용사구(절)

| | |
|---|---|
| for me, | 나를 위해 |
| for you, | 너를 위해 |
| for me, | 나를 위해 |
| for this bill, | 이 지폐에 대해 |
| for a dollar, | 1달러에 대해 |

step 1 + step 2를 결합하여 완전한 문장으로

**step 3 청킹 문장 만들기**
문장의 형태(긍정문, 부정문, 의문문, 명령문, 감탄문), 동사의 시제, 수(단수, 복수), 태(능동, 수동)를 생각하면서

| | |
|---|---|
| Would you change this bill for me? | 너는 잔돈으로 바꿔주겠느냐 이 지폐를 나를 위해? |
| I can't change a large bill for you. | 나는 잔돈으로 바꿔줄 수 없다 고액권 지폐를 너를 위해 |
| Could you break a twenty dollar bill for me? | 너는 잔돈으로 바꿔주겠느냐 20달러 지폐를 나를 위해? |
| Could you give me some change for this bill? | 너는 주겠느냐 나에게 잔돈을 이 지폐에 대해? |
| Can I get change for a dollar? | 나는 가질 수 있느냐 잔돈을 1달러에 대해? |

 이해·기억·활용하여할 **의미덩어리 청킹 – 1개의 단어처럼** 생각하세요. ^0^

change a bill/ change this bill/ change a large bill/ break a bill/ break a twenty dollar bill/ give somebody change/ give me some change/ get change/ for me/ for this bill/ for a dollar

## unit 171 check out a book 「대출하다 책을」

「책을 대출하다, 책을 빌리다」 의미로 쓰이며, 도서관에서 책을 대출하고자 할 때 사용하는 표현이다.
대출하는 경우 동사는 check out, borrow, keep을 사용하며, 반납하는 경우 return을 사용한다.

| 주어 [명사, 명사구, 명사절] | 동사 check | 목적어 book |
|---|---|---|
| 형용사 | 부사 out | 형용사 a |

**Tip** 의미덩어리 청킹 학습법에서는, 동사 check out과 목적어 a book을 각각의 네 단어가 아니라, **청킹동사구 check out a book**을「책을 대출하다」라는 한 개의 단어처럼 이해 기억 활용하며, 한 개의 의미덩어리 청킹이므로 머릿속에서 한 번만 생각합니다. 의미덩어리 청킹 학습법에서는, 부사구 at a time을 각각의 세 단어가 아니라, **청킹부사구 at a time**을「한 번에」이라는 한 개의 단어처럼 이해 기억 활용하며, 한 개의 의미덩어리 청킹이므로 머릿속에서 한 번만 생각합니다.

### 표현하고자 하는 내용 얼개짜기 Outlining

**step 1 청킹동사구** [청킹동사 + 목적어 / 보어]

| check out a book, | 대출하다 책을 |
|---|---|
| check out a book, | 대출하다 책을 |
| check out a book, | 대출하다 책을 |
| borrow a book, | 빌리다 책을 |
| keep a book, | 보관하다 책을 |

**step 2 청킹부사(구, 절)** 등위절, 명사구(절), 형용사구(절)

| from the library, | 도서관에서 |
|---|---|
| at a time, | 한 번에 |
| at a time, | 한 번에 |
| for a day or two, | 하루 또는 이틀 동안 |
| for a month, | 한 달 동안 |

### step 1 + step 2를 결합하여 완전한 문장으로

**step 3 청킹 문장 만들기**
문장의 형태(긍정문, 부정문, 의문문, 명령문, 감탄문), 동사의 시제, 수(단수, 복수), 태(능동, 수동)를 생각하면서

| I checked out a couple books from the library. | 나는 대출하였다 2권의 책을 도서관에서 |
|---|---|
| How many books can I check out at a time? | 몇 권의 책을 나는 대출할 수 있느냐 한 번에? |
| You can't check out more than three books at a time. | 너는 대출할 수 없다 세권 이상을 한 번에 |
| Can I borrow this book for a day or two? | 내가 빌릴 수 있느냐 이 책을 하루 또는 이틀 동안? |
| You can keep this book for a month. | 너는 빌릴 수 있다 이 책을 한 달 동안 |

 이해 · 기억 · 활용하여할 **의미덩어리 청킹 – 1개의 단어처럼** 생각하세요. ^0^

check out a book/ check out a couple books/ check out more than three books/ borrow a book/ borrow this book/ keep a book/ keep this book/ from the library/ at a time/ for a day or two/ for a month

## unit 172 cut a finger 「베이다 손가락을」

「손가락을 베이다」의미로 쓰인다.
병원에서 진료를 하면서 일반적인 증상을 대답할 때 사용하는 표현이다.

주어 [명사, 명사구, 명사절] — 동사 cut — 목적어 finger
형용사 — 부사 — 형용사 a

**Tip** 의미덩어리 청킹 학습법에서는, 동사 cut와 목적어 a finger를 각각의 세 단어가 아니라, **청킹동사구 cut a finger**를 「손가락을 베이다」라는 **한 개의 단어처럼** 이해 기억 활용하며, 한 개의 의미덩어리 청킹이므로 머릿속에서 한 번만 생각합니다.
의미덩어리 청킹 학습법에서는, 부사구 on a piece of glass를 각각의 다섯 단어가 아니라, **청킹부사구 on a piece of glass**를 「유리조각에」라는 **한 개의 단어처럼** 이해 기억 활용하며, 한 개의 의미덩어리 청킹이므로 머릿속에서 한 번만 생각합니다.

표현하고자 하는 내용 얼개짜기 Outlining

### step 1 청킹동사구
[청킹동사 + 목적어 / 보어]

| | |
|---|---|
| cut a finger, | 베이다 손가락을 |
| cut oneself, | 베이다 자신을 |
| burn a hand, | 데다 손을 |
| chew food, | 씹다 음식을 |
| sprain an ankle, | 삐다 발목을 |

### step 2 청킹부사(구, 절)
등위절, 명사구(절), 형용사구(절)

| | |
|---|---|
| on a piece of glass, | 유리조각에 |
| on a knife, | 칼에 |
| with boiling water, | 끓는 물에 |
| well/ because of the toothache, | 잘 치통 때문에 |
| playing soccer, | 운동하는 중에 축구를 |

step1 + step2를 결합하여 완전한 문장으로

### step 3 청킹 문장 만들기
문장의 형태(긍정문, 부정문, 의문문, 명령문, 감탄문), 동사의 시제, 수(단수, 복수), 태(능동, 수동)를 생각하면서

| | |
|---|---|
| I cut my finger on a piece of glass. | 나는 베이다 나의 손가락을 유리조각에 |
| I cut myself on a knife. | 나는 베이다 나 자신을 칼에 |
| I burned my hand with boiling water. | 나는 데었다 나의 손을 끓는 물에 |
| I can't chew my food well because of the toothache. | 나는 씹을 수 없다 음식을 잘 치통 때문에 |
| I sprained my ankle playing soccer. | 나는 삐었다 나의 발목을 운동하는 중에 축구를 |

 이해 · 기억 · 활용하여할 **의미덩어리 청킹 – 1개의 단어처럼** 생각하세요. ^0^
cut a finger/ cut my finger/ cut oneself/ cut myself/ burn a hand/ burn my hand/ chew food/ chew my food/ sprain an ankle/ sprain my ankle/ on a piece of glass/ on a knife/ with boiling water/ because of the toothache/ playing soccer

# unit 173 cut hair 「자르다 머리를」

「머리를 자르다」 의미로 쓰인다.
이발소나 미용실에서 머리를 자를 때 사용하는 표현이며, 머리를 다듬는 것은 동사 trim을 사용하여 표현한다.

| 주어 [명사, 명사구, 명사절] | 동사 cut | 목적어 hair |
|---|---|---|
| 형용사 | 부사 | 형용사 |

**Tip** 의미덩어리 청킹 학습법에서는, 동사 cut와 목적어 hair를 각각의 두 단어가 아니라, **청킹동사구 cut hair**를 「머리를 자르다」라는 **한 개의 단어처럼** 이해 기억 활용하며, 한 개의 의미덩어리 청킹이므로 머릿속에서 한 번만 생각합니다. 의미덩어리 청킹 학습법에서는, 부사구 in the same style을 각각의 네 단어가 아니라, **청킹부사구 in the same style**을 「같은 스타일로」라는 **한 개의 단어처럼** 이해 기억 활용하며, 한 개의 의미덩어리 청킹이므로 머릿속에서 한 번만 생각합니다.

### 표현하고자 하는 내용 얼개짜기 Outlining

**step 1 청킹동사구** [청킹동사 + 목적어 / 보어]

| cut hair, | 자르다 머리를 |
| cut hair, | 자르다 머리를 |
| cut hair, | 자르다 머리를 |
| leave bangs, | 두다 앞머리를 |
| trim a side, | 다듬다 옆 부분을 |

**step 2 청킹부사(구, 절)** 등위절, 명사구(절), 형용사구(절)

| in the same style, | 같은 스타일로 |
| once a month, | 한번 한 달에 |
| in a barbershop, | 이발소에서 |
| as they are, | 그대로 그들이 있는 |
| and taper it/ in the back, | 그리고 깎다 뒤에는 |

### step 1 + step 2를 결합하여 완전한 문장으로

**step 3 청킹 문장 만들기**
문장의 형태(긍정문, 부정문, 의문문, 명령문, 감탄문), 동사의 시제, 수(단수, 복수), 태(능동, 수동)를 생각하면서

| Can you cut my hair in the same style? | 너는 잘라주겠느냐 나의 머리를 같은 스타일로? |
| I have my hair cut once a month. | 나는 하게하다 나의 머리를 자르는 한번 한 달에 |
| I usually cut my hair in a barbershop. | 나는 보통 자르다 나의 머리를 이발소에서 |
| Please leave the bangs as they are. | 두라 앞머리를 그대로 그들이 있는 |
| Trim the sides and taper it in the back, please. | 다듬어라 옆 부분을 그리고 깎아라 뒤에는 |

 이해 · 기억 · 활용하여할 **의미덩어리 청킹 – 1개의 단어처럼** 생각하세요. ^O^

cut hair/ cut my hair/ leave bangs/ trim a side/ trim the sides/ in the same style/ once a month/ in a barbershop/ as they are/ and taper it/ in the back

# dial a number

## 「돌리다 번호를」

「번호를 돌리다, 전화를 걸다」 의미로 쓰인다.
특히 사무실이나 호텔에서 외부로 전화를 걸고자 할 때 사용하기도 한다.

주어 [명사, 명사구, 명사절] | 동사 dial | 목적어 number
형용사 | 부사 | 형용사 a

**Tip** 의미덩어리 청킹 학습법에서는, 동사 dial과 목적어 a number를 각각의 세 단어가 아니라, **청킹동사구 dial a number**를 「번호를 돌리다」라는 **한 개의 단어**처럼 이해 기억 활용하며, 한 개의 의미덩어리 청킹이므로 머릿속에서 한 번만 생각합니다.
의미덩어리 청킹 학습법에서는, 부사구 for an outside line을 각각의 네 단어가 아니라, **청킹부사구 for an outside line**을 「외부전화를 위해」라는 **한 개의 단어**처럼 이해 기억 활용하며, 한 개의 의미덩어리 청킹이므로 머릿속에서 한 번만 생각합니다.

---

표현하고자 하는 내용 얼개짜기 Outlining

### step 1  청킹동사구
[청킹동사 + 목적어 / 보어]

dial a number,     돌리다 번호를
dial a number,     돌리다 번호를
dial a number,     돌리다 번호를
dial a number,     돌리다 번호를
dial a number,     돌리다 번호를

+

### step 2  청킹부사(구, 절)
등위절, 명사구(절), 형용사구(절)

by mistake,                실수로
and then push 'send',      그리고 누르다 '센드'버튼을
for an outside line,       외부전화를 위해
for an outside line,       외부전화를 위해
for directory assistance,  전화번호 안내를 위해

step1+step2를 결합하여 완전한 문장으로

### step 3  청킹 문장 만들기
문장의 형태(긍정문, 부정문, 의문문, 명령문, 감탄문), 동사의 시제, 수(단수, 복수), 태(능동, 수동)를 생각하면서

I dialed the wrong number by mistake.            나는 돌리다 잘못된 번호를 실수로
Just dial the number, and then push 'send'.      단지 돌리라 번호를 그리고 눌러라 '센드'버튼을
What number do I dial for an outside line?       어떤 번호를 나는 돌려야하느냐 외부전화를 위해?
Just dial nine for an outside line.              단지 돌리라 9번을 외부전화를 위해
What number do I dial for directory assistance?  어떤 번호를 나는 돌려야하느냐 전화번호 안내를 위해?

---

 이해 · 기억 · 활용하여할 **의미덩어리 청킹 - 1개의 단어처럼** 생각하세요. ^O^

dial a number/ dial the wrong number/ by mistake/ for an outside line/ for directory assistance/ and then push 'send'

## unit 175 · do exercise 「하다 운동을」

「운동을 하다」 의미로 쓰인다.
exercise는 do와 함께 명사로 쓰기도 하지만, 단독으로 「운동하다」라는 동사로 쓰기도 한다.

| 주어 [명사, 명사구, 명사절] | 동사 do | 목적어 exercise |
|---|---|---|
| 형용사 | 부사 | 형용사 |

**Tip** 의미덩어리 청킹 학습법에서는, 동사 do와 목적어 exercise를 각각의 두 단어가 아니라, **청킹동사구 do exercise**를 「운동을 하다」라는 한 개의 단어처럼 이해 기억 활용하며, 한 개의 의미덩어리 청킹이므로 머릿속에서 한 번만 생각합니다. 의미덩어리 청킹 학습법에서는, 부사구 to stay healthy를 각각의 세 단어가 아니라, **청킹부사구 to stay healthy**를 「건강을 유지하기 위하여」라는 한 개의 단어처럼 이해 기억 활용하며, 한 개의 의미덩어리 청킹이므로 머릿속에서 한 번만 생각합니다.

### 표현하고자 하는 내용 얼개짜기 Outlining

**step 1** 청킹동사구
[청킹동사 + 목적어 / 보어]

| do exercise, | 하다 운동을 |
| do exercise, | 하다 운동을 |
| do exercise, | 하다 운동을 |
| do exercise, | 하다 운동을 |
| exercise, | 운동하다 |

+

**step 2** 청킹부사(구, 절)
등위절, 명사구(절), 형용사구(절)

| for an hour/ in the morning, | 한 시간 동안 아침에 |
| anytime/ anywhere, | 언제 어디에서나 |
| yesterday, | 어제 |
| to stay healthy, | 유지하기 위하여 건강한 |
| to keep slim, | 유지하기 위하여 날씬한 |

step 1 + step 2를 결합하여 완전한 문장으로
↓

**step 3** 청킹 문장 만들기
문장의 형태(긍정문, 부정문, 의문문, 명령문, 감탄문), 동사의 시제, 수(단수, 복수), 태(능동, 수동)를 생각하면서

| I do light exercise for an hour in the morning. | 나는 하다 가벼운 운동을 한 시간 동안 아침에 |
| You cad do this exercise anytime anywhere. | 너는 할 수 있다 이 운동을 언제 어디에서나 |
| I did too much exercise yesterday. | 나는 하였다 너무 많은 운동을 어제 |
| What kind of exercise do you do to stay healthy? | 어떤 종류의 운동을 너는 하느냐 유지하기 위하여 건강한? |
| Do you exercise to keep slim? | 너는 운동하느냐 유지하기 위하여 날씬한? |

! 이해 · 기억 · 활용하여야할 **의미덩어리 청킹 – 1개의 단어처럼** 생각하세요. ^O^
do exercise/ do light exercise/ do this exercise/ do too much exercise/ exercise to keep slim/ anytime anywhere/ for an hour/ in the morning/ to stay healthy

# unit 176 do homework 「하다 숙제를」

「숙제를 하다, 과제를 하다」 의미로 쓰인다.
homework는 숙제, housework는 집안일, paperwork는 서류작업으로 모두 동사 do를 활용하여 표현한다.

| 주어 [명사, 명사구, 명사절] | 동사 do | 목적어 homework |
|---|---|---|
| 형용사 | 부사 | 형용사 |

**Tip** 의미덩어리 청킹 학습법에서는, 동사 do와 목적어 homework를 각각의 두 단어가 아니라, **청킹동사구 do homework**를 「숙제를 하다」라는 **한 개의 단어처럼** 이해 기억 활용하며, 한 개의 의미덩어리 청킹이므로 머릿속에서 한 번만 생각합니다.
의미덩어리 청킹 학습법에서는, 부사구 in the library를 각각의 세 단어가 아니라, **청킹부사구 in the library**를 「도서관에서」라는 **한 개의 단어처럼** 이해 기억 활용하며, 한 개의 의미덩어리 청킹이므로 머릿속에서 한 번만 생각합니다.

## 표현하고자 하는 내용 얼개짜기 Outlining

### step 1 청킹동사구
[청킹동사 + 목적어 / 보어]

do homework,  하다 숙제를
do homework,  하다 숙제를
do homework,  하다 숙제를
do homework,  하다 숙제를
do homework,  하다 숙제를

 +

### step 2 청킹부사(구, 절)
등위절, 명사구(절), 형용사구(절)

after dinner,  저녁 후에
right now,  지금
before you go/ to sleep,  전에 너가 가는 잠자러
by eight p.m.  8시까지
in the library,  도서관에서

**step 1 + step 2를 결합하여 완전한 문장으로**

### step 3 청킹 문장 만들기
문장의 형태(긍정문, 부정문, 의문문, 명령문, 감탄문), 동사의 시제, 수(단수, 복수), 태(능동, 수동)를 생각하면서

I will do my homework after dinner.  나는 할 것이다 나의 숙제를 저녁 후에
Do your homework right now.  하라 너의 숙제를 지금
Do your homework before you go to sleep.  하라 너의 숙제를 전에 너가 가는 잠자러
Have your homework done by eight p.m.  하게하라 너의 숙제가 끝나는 8시까지
I am doing my history homework in the library.  나는 하고 있는 중이다 나의 역사 숙제를 도서관에서

 이해 · 기억 · 활용하여할 **의미덩어리 청킹 – 1개의 단어처럼** 생각하세요. ^O^
do homework/ do my homework/ do your homework/ do my history homework/ after dinner/ right now/ by eight p.m./ in the library/ before you go to sleep

# unit 177 do a job 「하다 일을」

형용사 good, great와 함께 「일을 잘 하다」 의미로 쓰인다.
상대방이 일을 잘 하였을 때 칭찬하면서 사용하는 표현이다. 줄여서 단순히 Good job!으로 표현하기도 한다.

| 주어 [명사, 명사구, 명사절] | 동사 do | 목적어 job |
|---|---|---|
| 형용사 | 부사 | 형용사 a |

**Tip** 의미덩어리 청킹 학습법에서는, 동사 do와 목적어 a job을 각각의 세 단어가 아니라, **청킹동사구 do a job**을 「일을 하다」라는 한 개의 단어처럼 이해 기억 활용하며, 한 개의 의미덩어리 청킹이므로 머릿속에서 한 번만 생각합니다. 의미덩어리 청킹 학습법에서는, 부사구 on the whole을 각각의 세 단어가 아니라, **청킹부사구 on the whole**을 「전반적으로」라는 한 개의 단어처럼 이해 기억 활용하며, 한 개의 의미덩어리 청킹이므로 머릿속에서 한 번만 생각합니다.

―― 표현하고자 하는 내용 얼개짜기 Outlining ――

### step 1 청킹동사구
[청킹동사 + 목적어 / 보어]

| do a job, | 하다 일을 |
| do a job, | 하다 일을 |
| do a job, | 하다 일을 |
| do a job, | 하다 일을 |
| do a job, | 하다 일을 |

+

### step 2 청킹부사(구, 절)
등위절, 명사구(절), 형용사구(절)

| on the whole, | 전반적으로 |
| on that matter, | 그 문제에 대해 |
| this time, | 이번에 |
| on that project, | 그 프로젝트에 대해 |
| in cleaning carpets, | 청소하는 것에 카페트를 |

step 1 + step 2를 결합하여 완전한 문장으로
↓

### step 3 청킹 문장 만들기
문장의 형태(긍정문, 부정문, 의문문, 명령문, 감탄문), 동사의 시제, 수(단수, 복수), 태(능동, 수동)를 생각하면서

| You did a good job on the whole. | 너는 하였다 잘 일을 전반적으로 |
| You did a good job on that matter. | 너는 하였다 잘 일을 그 문제에 대해 |
| Do a good job this time. | 하라 잘 일을 이번에 |
| You did a great job on that project. | 너는 하였다 잘 일을 그 프로젝트에 대해 |
| You did a great job in cleaning carpets. | 너는 하였다 잘 일을 청소하는 것에 카페트를 |

**!** 이해·기억·활용하여할 의미덩어리 청킹 – 1개의 단어처럼 생각하세요. ^0^

do a job/ do a good job/ do a great job/ on the whole/ on that matter/ this time/ on that project/ in cleaning carpets

# unit 178 do something 「하다 무엇을」

「무엇을 하다」 의미로 쓰인다.
특히 여가시간이나 퇴근 후를 활용하여 무엇을 하는지를 물어볼 때 사용하는 표현이다.

| 주어 [명사, 명사구, 명사절] | 동사 do | 목적어 something |
|---|---|---|
| 형용사 | 부사 | 형용사 |

**Tip** 의미덩어리 청킹 학습법에서는, 동사 do와 목적어 something을 각각의 두 단어가 아니라, **청킹동사구 do something**을 「무엇을 하다」라는 한 개의 단어처럼 이해 기억 활용하며, 한 개의 의미덩어리 청킹이므로 머릿속에서 한 번만 생각합니다.
의미덩어리 청킹 학습법에서는, 부사구 in your free time을 각각의 네 단어가 아니라, **청킹부사구 in your free time**을 「너의 한가한 시간에」라는 한 개의 단어처럼 이해 기억 활용하며, 한 개의 의미덩어리 청킹이므로 머릿속에서 한 번만 생각합니다.

― 표현하고자 하는 내용 얼개짜기 Outlining ―

### step 1 청킹동사구
[청킹동사 + 목적어 / 보어]

| do something, | 하다 무엇을 |
| do something, | 하다 무엇을 |
| do something, | 하다 무엇을 |
| do something, | 하다 무엇을 |
| do something, | 하다 무엇을 |

+

### step 2 청킹부사(구, 절)
등위절, 명사구(절), 형용사구(절)

| in your free time, | 너의 한가한 시간에 |
| in your spare time, | 너의 여가 시간에 |
| if you had free time, | 만약 너가 있다면 여가 시간이 |
| after work, | 퇴근 후에 |
| on your day off, | 너의 쉬는 날에 |

step 1 + step 2를 결합하여 완전한 문장으로
↓

### step 3 청킹 문장 만들기
문장의 형태(긍정문, 부정문, 의문문, 명령문, 감탄문), 동사의 시제, 수(단수, 복수), 태(능동, 수동)를 생각하면서

| What do you do in your free time? | 무엇을 너는 하느냐 너의 한가한 시간에? |
| What do you do in your spare time? | 무엇을 너는 하느냐 너의 여가 시간에? |
| What would you like to do if you had free time? | 무엇을 너는 하기를 원하느냐 만약 너가 있다면 여가 시간이? |
| What do you do after work? | 무엇을 너는 하느냐 퇴근 후에? |
| What do you do on your day off? | 무엇을 너는 하느냐 너의 쉬는 날에? |

**!** 이해 · 기억 · 활용하여할 **의미덩어리 청킹 – 1개의 단어처럼** 생각하세요. ^0^

do something/ in your free time/ in your spare time/ after work/ on your day off/ if you had free time

## unit 179 feel uncomfortable 「느끼다 불편한」

「불편함을 느끼다」 의미로 쓰인다.
병원 진료실에서 진료를 받으면서 증상을 물어보는 경우 일반적인 증상을 대답할 때 사용하는 표현이다.

주어 [명사, 명사구, 명사절] — 동사 feel — 보어 uncomfortable
형용사 — 부사 — 부사

**Tip** 의미덩어리 청킹 학습법에서는, 동사 feel과 보어 uncomfortable을 각각의 두 단어가 아니라, **청킹동사구 feel uncomfortable을 「불편함을 느끼다」**라는 **한 개의 단어**처럼 이해 기억 활용하며, 한 개의 의미덩어리 청킹이므로 머릿속에서 한 번만 생각합니다.
의미덩어리 청킹 학습법에서는, 부사구 in my stomach를 각각의 세 단어가 아니라, **청킹부사구 in my stomach를 「나의 위에」**라는 **한 개의 단어**처럼 이해 기억 활용하며, 한 개의 의미덩어리 청킹이므로 머릿속에서 한 번만 생각합니다.

### 표현하고자 하는 내용 얼개짜기 Outlining

**step 1** 청킹동사구
[청킹동사 + 목적어 / 보어]

feel uncomfortable,   느끼다 불편한
feel dizzy,   느끼다 어지러운
feel numb,   느끼다 저린
feel nauseous,   느끼다 메스꺼운
feel,   느끼다

**step 2** 청킹부사(구, 절)
등위절, 명사구(절), 형용사구(절)

in my stomach,   나의 위에
when I stand up,   할 때 내가 일어나는
in the morning,   아침에
from the food smell,   음식냄새에
like vomiting,   마치 토할 것 같은

**step 1 + step 2를 결합하여 완전한 문장으로**

**step 3** 청킹 문장 만들기
문장의 형태(긍정문, 부정문, 의문문, 명령문, 감탄문), 동사의 시제, 수(단수, 복수), 태(능동, 수동)를 생각하면서

I feel uncomfortable in my stomach.   나는 느끼다 불편한 나의 위에
I feel dizzy when I stand up.   나는 느끼다 어지러운 할 때 내가 일어나는
My legs feel numb in the morning.   나의 다리는 느끼다 저린 아침에
I feel nauseous from the food smell.   나는 느끼다 속이 메스꺼운 음식냄새에
I feel like vomiting.   나는 느끼다 마치 토할 것 같은

 이해 · 기억 · 활용하여할 **의미덩어리 청킹 – 1개의 단어처럼** 생각하세요. ^O^
feel uncomfortable/ feel dizzy/ feel numb/ feel nauseous/ feel like vomiting/ in my stomach/ in the morning/ from the food smell/ when I stand up

# unit 180 fill a prescription 「약을 조제하다 처방전을」

「처방전에 따라 약을 조제하다」 의미로 쓰인다.
병원에서 의사의 처방전을 받아 약국에서 약을 조제할 때 사용하는 표현이다.

| 주어 [명사, 명사구, 명사절] | 동사 fill | 목적어 prescription |
|---|---|---|
| 형용사 | 부사 | 형용사 a |

**Tip** 의미덩어리 청킹 학습법에서는, 동사 fill과 목적어 a prescription을 각각의 세 단어가 아니라, **청킹동사구 fill a prescription**을 「처방전에 따라 약을 조제하다」라는 한 개의 단어처럼 이해 기억 활용하며, 한 개의 의미덩어리 청킹이므로 머릿속에서 한 번만 생각합니다. 의미덩어리 청킹 학습법에서는, 부사구 at any drugstore를 각각의 세 단어가 아니라, **청킹부사구 at any drugstore**를 「어느 약국에서든지」라는 한 개의 단어처럼 이해 기억 활용하며, 한 개의 의미덩어리 청킹이므로 머릿속에서 한 번만 생각합니다.

### 표현하고자 하는 내용 얼개짜기 Outlining

**step 1** 청킹동사구
[청킹동사 + 목적어 / 보어]

| fill a prescription, | 약을 조제하다 처방전을 |
| fill a prescription, | 약을 조제하다 처방전을 |
| give you a prescription, | 주다 너에게 처방전을 |
| take a prescription, | 가져가다 처방전을 |
| have a prescription, | 있다 처방전을 |

+

**step 2** 청킹부사(구, 절)
등위절, 명사구(절), 형용사구(절)

| for me, | 나를 위해 |
| at any drugstore, | 어느 약국에서든지 |
| for pain control, | 통증조절에 대한 |
| to the pharmacy, | 약국으로 |
| to fill, | 약을 조제하는 |

step 1 + step 2를 결합하여 완전한 문장으로

**step 3** 청킹 문장 만들기
문장의 형태(긍정문, 부정문, 의문문, 명령문, 감탄문), 동사의 시제, 수(단수, 복수), 태(능동, 수동)를 생각하면서

Could you fill this prescription for me?
You can have this prescription filled at any drugstore.
I will give you a prescription for pain control.
Please take this prescription to the pharmacy.
Do you have the prescription to fill?

너는 약을 조제해주겠느냐 이 처방전을 나를 위해?
너는 하게할 수 있다 너의 처방전을 약을 조제하는 어느 약국에서든지
(병원에서) 나는 줄 것이다 너에게 처방전을 통증조절에 대한
(병원에서) 가져가라 이 처방전을 약국으로
너는 있느냐 처방전을 약을 조제하는?

 이해 · 기억 · 활용하여할 **의미덩어리 청킹 – 1개의 단어처럼** 생각하세요. ^0^

fill a prescription/ fill this prescription/ give you a prescription/ take a prescription/ take this prescription/ have a prescription/ to fill/ for me/ at any drugstore/ for pain control/ to the pharmacy

## unit 181 finish a report 「완성하다 보고서를」

「보고서를 완성하다」 의미로 비즈니스에 쓰인다. 언제까지 주어진 일을 완성하여야 하는가를 말할 때 사용하는 표현이다. wrap up a thing~의 표현을 사용하기도 한다.

| 주어 [명사, 명사구, 명사절] | 동사 finish | 목적어 report |
|---|---|---|
| 형용사 | 부사 | 형용사 a |

**Tip** 의미덩어리 청킹 학습법에서는, 동사 finish와 목적어 a report를 각각의 세 단어가 아니라, **청킹동사구 finish a report**를 「보고서를 완성하다」라는 **한 개의 단어**처럼 이해 기억 활용하며, 한 개의 의미덩어리 청킹이므로 머릿속에서 한 번만 생각합니다. 의미덩어리 청킹 학습법에서는, 부사구 by this week를 각각의 세 단어가 아니라, **청킹부사구 by this week**를 「이번 주까지」라는 **한 개의 단어**처럼 이해 기억 활용하며, 한 개의 의미덩어리 청킹이므로 머릿속에서 한 번만 생각합니다.

─ 표현하고자 하는 내용 얼개짜기 Outlining ─

### step 1 청킹동사구
[청킹동사 + 목적어 / 보어]

| finish a report, | 완성하다 보고서를 |
| finish a report, | 완성하다 보고서를 |
| finish a project, | 완성하다 프로젝트를 |
| finish a job, | 완성하다 일을 |
| wrap up a thing, | 마무리하다 일을 |

\+

### step 2 청킹부사(구, 절)
등위절, 명사구(절), 형용사구(절)

| yet, | 아직 |
| by this week, | 이번 주까지 |
| by Friday, | 금요일까지 |
| on time, | 제 시간에 |
| here/ for today, | 여기에서 오늘 |

step1 + step2를 결합하여 완전한 문장으로

### step 3 청킹 문장 만들기
문장의 형태(긍정문, 부정문, 의문문, 명령문, 감탄문), 동사의 시제, 수(단수, 복수), 태(능동, 수동)를 생각하면서

| Have you finished your monthly report yet? | 너는 완성하였느냐 너의 월간 보고서를? |
| I want you to finish a report by this week. | 나는 원하다 너가 완성하는 보고서를 이번 주까지 |
| This project has to be finished by Friday. | 이 프로젝트는 완성되어져야 하다 금요일까지 |
| Finish the job on time. | 완성하라 일을 제 시간에 |
| Let's wrap things up here for today. | 하자 우리가 마무리하는 일을 여기에서 오늘 |

 이해 · 기억 · 활용하여할 **의미덩어리 청킹 – 1개의 단어처럼** 생각하세요. ^O^

finish a report/ finish your monthly report/ finish a project/ finish a job/ wrap up a thing/ wrap things up/ by this week/ by Friday/ on time/ for today

## unit 182 — forget to take 「잊다 먹는 것을」

부정형으로 「~을 먹는 것을 잊지 마라, 복용하는 것을 잊지 마라」 의미로 쓰인다.
병원의 처방전을 받아 약을 조제한 후 약을 복용하는 것을 설명할 때 사용하는 표현이다.

| 주어 [명사, 명사구, 명사절] | 동사 forget | 목적어 to take |
|---|---|---|
| 형용사 | 부사 | 형용사 |

**Tip** 의미덩어리 청킹 학습법에서는, 동사 forget과 목적어 to take를 각각의 세 단어가 아니라, **청킹동사구 forget to take**를 「~을 먹는 것을 잊다」라는 한 개의 단어처럼 이해 기억 활용하며, 한 개의 의미덩어리 청킹이므로 머릿속에서 한 번만 생각합니다. 의미덩어리 청킹 학습법에서는, 부사구 30 minutes after meals를 각각의 네 단어가 아니라, **청킹부사구 30 minutes after meals**를 「식사 후 30분에」라는 한 개의 단어처럼 이해 기억 활용하며, 한 개의 의미덩어리 청킹이므로 머릿속에서 한 번만 생각합니다.

### 표현하고자 하는 내용 얼개짜기 Outlining

**step 1 청킹동사구** [청킹동사 + 목적어 / 보어]

| | |
|---|---|
| forget to take, | 잊다 먹는 것을 |
| forget to take, | 잊다 먹는 것을 |
| forget to take, | 잊다 먹는 것을 |
| forget to take, | 잊다 먹는 것을 |
| forget to take, | 잊다 먹는 것을 |

**step 2 청킹부사(구, 절)** 등위절, 명사구(절), 형용사구(절)

| | |
|---|---|
| on time, | 제 시간에 |
| before meals, | 식사 전에 |
| 30 minutes after meals, | 30분 식사 후에 |
| every six hours, | 매 6시간 마다 |
| 3 times a day / after each meal, | 3번 하루에 매 식사 후에 |

**step 1 + step 2를 결합하여 완전한 문장으로**

**step 3 청킹 문장 만들기**
문장의 형태(긍정문, 부정문, 의문문, 명령문, 감탄문), 동사의 시제, 수(단수, 복수), 태(능동, 수동)를 생각하면서

| | |
|---|---|
| Don't forget to take this medicine on time. | 잊지 마라 복용하는 것을 이 약을 제 시간에 |
| Don't forget to take this medicine before meals. | 잊지 마라 복용하는 것을 이 약을 식사 전에 |
| Don't forget to take your medicine 30 minutes after meals. | 잊지 마라 복용하는 것을 너의 약을 30분 식사 후에 |
| Don't forget to take this medicine every six hours. | 잊지 마라 복용하는 것을 이 약을 매 6시간 마다 |
| Don't forget to take this medicine 3 times a day after each meal. | 잊지 마라 복용하는 것을 이 약을 3번 하루에 매 식사 후에 |

! 이해 · 기억 · 활용하여할 **의미덩어리 청킹 – 1개의 단어처럼** 생각하세요. ^0^
forget to take this medicine/ on time/ before meals/ 30 minutes after meals/ every six hours/ 3 times a day/ after each meal

# unit 183 get a check-up 「받다 검진을」

「건강검진을 받다」 의미로 병원 등에서 쓰인다.
형용사 general, medical, dental, routine, thorough, yearly 등을 같이 사용하여 표현하기도 한다.

| 주어 [명사, 명사구, 명사절] | 동사 get | 목적어 check-up |
|---|---|---|
| 형용사 | 부사 | 형용사 a |

> **Tip** 의미덩어리 청킹 학습법에서는, 동사 get과 목적어 a check-up을 각각의 세 단어가 아니라, **청킹동사구 get a check-up**을 「건강검진을 받다」라는 한 개의 단어처럼 이해 기억 활용하며, 한 개의 의미덩어리 청킹이므로 머릿속에서 한 번만 생각합니다. 의미덩어리 청킹 학습법에서는, 부사구 once a year를 각각의 세 단어가 아니라, **청킹부사구 once a year**를 「1년에 한번」이라는 한 개의 단어처럼 이해 기억 활용하며, 한 개의 의미덩어리 청킹이므로 머릿속에서 한 번만 생각합니다.

### 표현하고자 하는 내용 얼개짜기 Outlining

**step 1** 청킹동사구
[청킹동사 + 목적어 / 보어]

| get a check-up, | 받다 검진을 |
| get a check-up, | 받다 검진을 |
| have a check-up, | 받다 검진을 |
| go, | 가다 |
| go, | 가다 |

**+**

**step 2** 청킹부사(구, 절)
등위절, 명사구(절), 형용사구(절)

| regularly, | 정기적으로 |
| once a year, | 한번 1년에 |
| last month, | 지난달에 |
| for a check-up/ if you are sick, | 검진하러 만약 너가 이다 아프면 |
| to the doctor/ for a check-up, | 병원에 검진하러 |

step 1 + step 2를 결합하여 완전한 문장으로

**step 3** 청킹 문장 만들기
문장의 형태(긍정문, 부정문, 의문문, 명령문, 감탄문), 동사의 시제, 수(단수, 복수), 태(능동, 수동)를 생각하면서

| I want to get a general check-up regularly. | 나는 원하다 받는 종합검진을 정기적으로 |
| Please get a medical check-up once a year. | 받아라 건강 검진을 한번 1년에 |
| I had a yearly check-up last month. | 나는 받았다 정기검진을 지난달에 |
| You should go for a check-up if you are sick. | 너는 가는 것이 좋다 검진하러 만약 너가 이다 아프면 |
| I go to the doctor for a check-up. | 나는 가다 병원에 검진하러 |

 이해 · 기억 · 활용하여할 **의미덩어리 청킹 – 1개의 단어처럼** 생각하세요. ^0^

get a check-up/ get a general check-up/ get a medical check-up/ have a check-up/ have a yearly check-up/ go for a check-up/ go to the doctor/ once a year/ last month/ for a check-up/ if you are sick

# unit 184 **get dressed** 「되다 옷을 차려입은」

「옷을 차려입다」 의미로 쓰인다. 멋을 내고 외양을 가꾸면서 옷을 차려 입는 경우를 표현할 때 사용하며, be dressed up~, get dressed up~의 표현을 사용하기도 한다.

| 주어 [명사, 명사구, 명사절] | 동사 get | 보어 dressed |
|---|---|---|
| 형용사 | 부사 | 부사 |

**Tip** 의미덩어리 청킹 학습법에서는, 동사 get과 보어 dressed를 각각의 두 단어가 아니라, **청킹동사구 get dressed**를 「옷을 차려입다」라는 **한 개의 단어처럼** 이해 기억 활용하며, 한 개의 의미덩어리 청킹이므로 머릿속에서 한 번만 생각합니다. 의미덩어리 청킹 학습법에서는, 부사구 before the party를 각각의 세 단어가 아니라, **청킹부사구 before the party**를 「파티 전에」라는 **한 개의 단어처럼** 이해 기억 활용하며, 한 개의 의미덩어리 청킹이므로 머릿속에서 한 번만 생각합니다.

표현하고자 하는 내용 얼개짜기 Outlining

### step 1 청킹동사구
[청킹동사 + 목적어 / 보어]

| | |
|---|---|
| get dressed | 되다 옷을 차려입은 |
| get dressed | 되다 옷을 차려입은 |
| get dressed | 되다 옷을 차려입은 |
| get dressed | 되다 옷을 차려입은 |
| get dressed | 되다 옷을 차려입은 |

+

### step 2 청킹부사(구, 절)
등위절, 명사구(절), 형용사구(절)

| | |
|---|---|
| before the party, | 파티 전에 |
| as soon as possible, | 가능한 한 빨리 |
| in my Korean traditional costume, | 나의 한국 전통의상으로 |
| for a day out, | 하루 외출을 |
| and wearing makeup, | 그리고 하는 화장을 |

step 1 + step 2를 결합하여 완전한 문장으로

### step 3 청킹 문장 만들기
문장의 형태(긍정문, 부정문, 의문문, 명령문, 감탄문), 동사의 시제, 수(단수, 복수), 태(능동, 수동)를 생각하면서

| | |
|---|---|
| You should get dressed before the party. | 너는 하는 것이 좋다 옷을 차려입은 파티 전에 |
| Please get dressed as soon as possible. | 하라 옷을 차려입은 가능한 한 빨리 |
| I got dressed up in my Korean traditional costume. | 나는 옷을 차려 입었다 나의 한국 전통의상으로 |
| I like to get dressed up for a day out. | 나는 좋아하다 옷을 차려입는 하루 외출을 |
| I like getting dressed up and wearing makeup. | 나는 좋아하다 옷을 차려입은 그리고 하는 화장을 |

**!** 이해 · 기억 · 활용하여할 **의미덩어리 청킹 – 1개의 단어처럼** 생각하세요. ^O^

get dressed/ get dressed up/ before the party/ as soon as possible/ in my Korean traditional costume/ for a day out/ and wearing makeup

## unit 185 get hurt 「되다 다치는」

「다치게 되다, 부상당하다」 의미로 쓰이며, 이때 get은 become의 뜻으로 「되다」 의미로 사용된다.
병원에서 진료를 하면서 증상을 물어보는 경우 일반적인 증상을 말할 때 사용하는 표현이다.

| 주어 [명사, 명사구, 명사절] | 동사 get | 보어 hurt |
|---|---|---|
| 형용사 | 부사 | 부사 |

**Tip** 의미덩어리 청킹 학습법에서는, 동사 get과 보어 hurt를 각각의 두 단어가 아니라, 청킹동사구 get hurt를 「다치게 되다」라는 한 개의 단어처럼 이해 기억 활용하며, 한 개의 의미덩어리 청킹이므로 머릿속에서 한 번만 생각합니다. 의미덩어리 청킹 학습법에서는, 부사구 in a traffic accident를 각각의 네 단어가 아니라, 청킹부사구 in a traffic accident를 「교통사고에서」라는 한 개의 단어처럼 이해 기억 활용하며, 한 개의 의미덩어리 청킹이므로 머릿속에서 한 번만 생각합니다.

표현하고자 하는 내용 얼개짜기 Outlining

### step 1 청킹동사구
[청킹동사 + 목적어 / 보어]

| get hurt, | 되다 다치는 |
| get hurt, | 되다 다치는 |
| get hurt, | 되다 다치는 |
| get stung, | 되다 쏘인 |
| get burnt, | 되다 화상을 입은 |

 +

### step 2 청킹부사(구, 절)
등위절, 명사구(절), 형용사구(절)

| while exercising, | 운동하는 중에 |
| in a traffic accident, | 교통사고에서 |
| if you are not careful, | 만약 너가 아니다 주의하는 |
| on the face/ by a bee, | 얼굴에 벌에게서 |
| in the hand/ by a hot iron, | 손에 뜨거운 다리미에 |

step1 + step2를 결합하여 완전한 문장으로

### step 3 청킹 문장 만들기
문장의 형태(긍정문, 부정문, 의문문, 명령문, 감탄문), 동사의 시제, 수(단수, 복수), 태(능동, 수동)를 생각하면서

| I got hurt while exercising. | 나는 되었다 다치는 운동하는 중에 |
| My neck got hurt in a traffic accident. | 나의 목은 되었다 다친 교통사고에서 |
| You may get hurt if you are not careful. | 너는 될 수 있다 다치는 만약 너가 아니다 주의하는 |
| I got stung on the face by a bee. | 나는 되었다 쏘인 얼굴에 벌에게서 |
| I got burnt in the hand by a hot iron. | 나는 되었다 화상을 입은 손에 뜨거운 다리미에 |

! 이해 · 기억 · 활용하여할 의미덩어리 청킹 – 1개의 단어처럼 생각하세요. ^0^

get hurt/ get stung/ get burnt/ while exercising/ in a traffic accident/ on the face/ by a bee/ in the hand/ by a hot iron/ if you are not careful

## unit 186 get a job 「얻다 직장을」

「직장을 얻다, 취직하다」 의미로 쓰인다. job 앞에 new job, good job, part-time job, full-time job, well-paid job 등 형용사를 붙여 표현을 다양하게 할 수 있다.

| 주어 [명사, 명사구, 명사절] | 동사 get | 목적어 job |
|---|---|---|
| 형용사 | 부사 | 형용사 a |

**Tip** 의미덩어리 청킹 학습법에서는, 동사 get과 목적어 a job을 각각의 세 단어가 아니라, **청킹동사구** get a job을 「직장을 얻다」라는 **한 개의 단어**처럼 이해 기억 활용하며, 한 개의 의미덩어리 청킹이므로 머릿속에서 한 번만 생각합니다. 의미덩어리 청킹 학습법에서는, 부사구 at a software company를 각각의 네 단어가 아니라, **청킹부사구** at a soft company를 「소프트웨어 회사에서」라는 **한 개의 단어**처럼 이해 기억 활용하며, 한 개의 의미덩어리 청킹이므로 머릿속에서 한 번만 생각합니다.

### 표현하고자 하는 내용 얼개짜기 Outlining

**step 1** 청킹동사구
[청킹동사 + 목적어 / 보어]

get a job, 얻다 직장을
get a job, 얻다 직장을
get a job, 얻다 직장을
get a job, 얻다 직장을
get a job, 얻다 직장을

**+**

**step 2** 청킹부사(구, 절)
등위절, 명사구(절), 형용사구(절)

right/ after college, 바로 졸업 후에
at a software company, 소프트웨어 회사에서
as a waiter/ in a restaurant, 웨이터로 식당에서
so I'd like to treat you out, 그래서 나는 접대하기를 원하다 너를
because I don't have enough experience, 왜냐하면 나는 가지지 않다 충분한 경험을

### step 1 + step 2를 결합하여 완전한 문장으로 ↓

**step 3** 청킹 문장 만들기
문장의 형태(긍정문, 부정문, 의문문, 명령문, 감탄문), 동사의 시제, 수(단수, 복수), 태(능동, 수동)를 생각하면서

I'm going to get a job right after college. 나는 얻을 예정이다 직장을 바로 졸업 후에
I have got a new job at a software company. 나는 얻었다 새로운 직장을 소프트웨어 회사에서
I got a part-time job as a waiter in a restaurant. 나는 얻었다 파트타임 직장을 웨이터로 식당에서
I got a full-time job, so I'd like to treat you out. 나는 얻었다 풀타임 직장을 그래서 나는 접대하기를 원하다 너를
I can't get a well-paid job because I don't have enough experience. 나는 가질 수 없다 보수가 높은 직장을 왜냐하면 나는 가지지 않다 충분한 경험을

**!** 이해 · 기억 · 활용하여할 **의미덩어리 청킹 – 1개의 단어처럼** 생각하세요. ^O^
get a job/ get a new job/ get a part-time job/ get a full-time job/ get a well-paid job/ right after college/ at a software company/ as a waiter/ in a restaurant/ so I'd like to treat you out/ because I don't have enough experience

# unit 187: get a result 「받다 결과를」

「결과를 받다, 결과를 알다」 의미로 쓰인다.
인터뷰나 성적 등 결과를 언제 어떻게 알 수 있는가를 물어보고 대답할 때 사용하는 표현이다.

| 주어 [명사, 명사구, 명사절] | 동사 get | 목적어 result |
|---|---|---|
| 형용사 | 부사 | 형용사 a |

**Tip** 의미덩어리 청킹 학습법에서는, 동사 get과 목적어 a result를 각각의 세 단어가 아니라, **청킹동사구 get a result**를 「결과를 받다」라는 한 개의 단어처럼 이해 기억 활용하며, 한 개의 의미덩어리 청킹이므로 머릿속에서 한 번만 생각합니다. 의미덩어리 청킹 학습법에서는, 부사구 of the interview를 각각의 세 단어가 아니라, **청킹부사구 of the interview**를 「인터뷰의」라는 한 개의 단어처럼 이해 기억 활용하며, 한 개의 의미덩어리 청킹이므로 머릿속에서 한 번만 생각합니다.

## 표현하고자 하는 내용 얼개짜기 Outlining

### step 1 청킹동사구
[청킹동사 + 목적어 / 보어]

| | |
|---|---|
| get a result, | 받다 결과를 |
| get a result, | 받다 결과를 |
| know a result, | 알다 결과를 |
| know a result, | 알다 결과를 |
| announce a result, | 발표하다 결과를 |

+

### step 2 청킹부사(구, 절)
등위절, 명사구(절), 형용사구(절)

| | |
|---|---|
| of the interview, | 인터뷰의 |
| than this, | 이것보다 |
| of the interview, | 인터뷰의 |
| as soon as possible, | 가능한 한 빨리 |
| shortly thereafter, | 곧 그 후에 |

step 1 + step 2를 결합하여 완전한 문장으로

### step 3 청킹 문장 만들기
문장의 형태(긍정문, 부정문, 의문문, 명령문, 감탄문), 동사의 시제, 수(단수, 복수), 태(능동, 수동)를 생각하면서

| | |
|---|---|
| When can I get the results of the interview? | 언제 나는 받을 수 있느냐 결과를 인터뷰의? |
| You can get a better result than this. | 너는 받을 수 있다 더 좋은 결과를 이것보다 |
| How can I know the results of the interview? | 어떻게 나는 알 수 있느냐 결과를 인터뷰의? |
| Let me know the results as soon as possible. | 하게하라 내가 아는 결과를 가능한 한 빨리 |
| The results will be announced shortly thereafter. | 결과는 발표될 것이다 곧 그 후에 |

이해 · 기억 · 활용하여할 **의미덩어리 청킹 – 1개의 단어처럼** 생각하세요. ^O^
get a result/ get a better result/ know a result/ announce a result/ of the interview/ than this/ as soon as possible

## unit 188 · get well 「되다 회복하는」

「병이 나아지다, 건강을 회복하다」 의미로 쓰인다.
아픈 사람에게「빠른 쾌유를 빈다」는 Get well soon!을 사용하여 표현한다.

```
주어 [명사, 명사구, 명사절]    동사 get         보어 well
        형용사                  부사              부사
```

**Tip** 의미덩어리 청킹 학습법에서는, 동사 get과 보어 well을 각각의 두 단어가 아니라, **청킹동사구 get well**을 「건강을 회복하다」라는 **한 개의 단어처럼** 이해 기억 활용하며, 한 개의 의미덩어리 청킹이므로 머릿속에서 한 번만 생각합니다. 의미덩어리 청킹 학습법에서는, 부사구 in a few days를 각각의 네 단어가 아니라, **청킹부사구 in a few days**를 「며칠 지나면」이라는 **한 개의 단어처럼** 이해 기억 활용하며, 한 개의 의미덩어리 청킹이므로 머릿속에서 한 번만 생각합니다.

### 표현하고자 하는 내용 얼개짜기 Outlining

**step 1 청킹동사구** [청킹동사 + 목적어 / 보어]

| | |
|---|---|
| get well, | 되다 회복하는 |
| get well, | 되다 회복하는 |
| get well, | 되다 회복하는 |
| get well, | 되다 회복하는 |
| get well, | 되다 회복하는 |

**step 2 청킹부사(구, 절)** 등위절, 명사구(절), 형용사구(절)

| | |
|---|---|
| soon/ and take care of yourself, | 곧 그리고 돌보라 너 자신을 |
| soon, | 곧 |
| soon/ after the treatment, | 곧 치료 후에 |
| in a few days, | 며칠 후에 |
| again/ and return to work, | 다시 그리고 돌아가다 직장으로 |

### step 1 + step 2를 결합하여 완전한 문장으로 ↓

**step 3 청킹 문장 만들기**
문장의 형태(긍정문, 부정문, 의문문, 명령문, 감탄문), 동사의 시제, 수(단수, 복수), 태(능동, 수동)를 생각하면서

| | |
|---|---|
| Get well soon and take care of yourself. | 되다 회복하는 곧 그리고 돌보라 너 자신을 *빨리 완쾌하라. |
| Will I be able to get well soon? | 내가 될 수 있느냐 회복하는 곧? |
| You will get well soon after the treatment. | 너는 될 것이다 회복하는 곧 치료 후에 |
| You will get well in a few days. | 너는 될 것이다 회복하는 며칠 후에 |
| May you get well again and return to work. | 바라다 너가 회복하여 다시 그리고 돌아기를 직장으로 |

! 이해 · 기억 · 활용하여할 **의미덩어리 청킹 − 1개의 단어처럼** 생각하세요. ^0^
get well/ after the treatment/ in a few days/ and take care of yourself/ and return to work

## unit 189 give somebody a call 「주다 누구에게 전화를」

「누구에게 전화를 하다」 의미로 쓰인다.
상대방이 나에게 전화하거나, 내가 상대방에게 전화 할 것이라고 말할 때 사용하는 표현이다.

| 주어 [명사, 명사구, 명사절] | 동사 give | 목적어 call |
|---|---|---|
| 형용사 | 부사 | 형용사 a |

**Tip** 의미덩어리 청킹 학습법에서는, 동사 give와 목적어 somebody a call을 각각의 네 단어가 아니라, **청킹동사구 give somebody a call**을 「누구에게 전화를 하다」라는 한 개의 단어처럼 이해 기억 활용하며, 한 개의 의미덩어리 청킹이므로 머릿속에서 한 번만 생각합니다. 의미덩어리 청킹 학습법에서는, 부사구 at your earliest convenience를 각각의 네 단어가 아니라, **청킹부사구 at your earliest convenience**를 「너의 가장 빠른 시간에」라는 한 개의 단어처럼 이해 기억 활용하며, 한 개의 의미덩어리 청킹이므로 머릿속에서 한 번만 생각합니다.

### 표현하고자 하는 내용 얼개짜기 Outlining

**step 1 청킹동사구**
[청킹동사 + 목적어 / 보어]

give somebody a call,   주다 누구에게 전화를
give somebody a call,   주다 누구에게 전화를
give somebody a call,   주다 누구에게 전화를
give somebody a call,   주다 누구에게 전화를
give somebody a call,   주다 누구에게 전화를

**step 2 청킹부사(구, 절)**
등위절, 명사구(절), 형용사구(절)

whenever you can,          할 때 너가 가능한
at your earliest convenience,   너의 가장 빠른 시간에
at six am/ tomorrow morning,    여섯시에 내일 아침
in a few days,             며칠 후에
as soon as I come back,    하자마자 내가 돌아오는

### step 1+step2를 결합하여 완전한 문장으로 ↓

**step 3 청킹 문장 만들기**
문장의 형태(긍정문, 부정문, 의문문, 명령문, 감탄문), 동사의 시제, 수(단수, 복수), 태(능동, 수동)를 생각하면서

Give me a call whenever you can.                           주라 나에게 전화를 할 때 너가 가능한
Please give me a call at your earliest convenience.         주라 나에게 전화를 너의 가장 빠른 시간에
Would you give me a wake-up call at six am tomorrow morning?   너는 줄 수 있느냐 나에게 모닝콜을 여섯시에 내일 아침?
I will give you another call in a few days.                나는 할 것이다 너에게 전화를 며칠 후에
I will give you a call as soon as I come back.             나는 할 것이다 너에게 전화를 하자마자 내가 돌아오는

 이해 · 기억 · 활용하여할 **의미덩어리 청킹 – 1개의 단어처럼** 생각하세요. ^O^
give somebody a call/ give me a call/ give you a call/ give you another call/ give me a wake-up call/
at your earliest convenience/ at six am tomorrow morning/ in a few days/ whenever you can/
as soon as I come back

## unit 190 · go dancing 「가다 춤추러」

「춤추러 가다」 의미로 쓰이며, 운동이나 여가 활용 등을 'go 동사ing~' 형태를 사용하여 표현한다. 또한 go window-shopping, go boating, go bowling, go climbing, go hunting, go jogging, go swimming 등도 함께 기억하도록 한다.

| 주어 [명사, 명사구, 명사절] | 동사 go | 목적어 dancing |
|---|---|---|
| 형용사 | 부사 | 형용사 |

**Tip** 의미덩어리 청킹 학습법에서는, 동사 go와 목적어 dancing을 각각의 두 단어가 아니라, **청킹동사구 go dancing을「춤추러 가다」라는 한 개의 단어처럼** 이해 기억 활용하며, 한 개의 의미덩어리 청킹이므로 머릿속에서 한 번만 생각합니다. 의미덩어리 청킹 학습법에서는, 부사구 to the piano music을 각각의 네 단어가 아니라, **청킹부사구 to the piano music을「피아노 음악에 따라」라는 한 개의 단어처럼** 이해 기억 활용하며, 한 개의 의미덩어리 청킹이므로 머릿속에서 한 번만 생각합니다.

### 표현하고자 하는 내용 얼개짜기 Outlining

**step 1** 청킹동사구
[청킹동사 + 목적어 / 보어]

go dancing,      가다 춤추는
go fishing,      가다 낚시를
go camping,      가다 캠핑을
go skiing,       가다 스키를 타러
go shopping,     가다 쇼핑을

**step 2** 청킹부사(구, 절)
등위절, 명사구(절), 형용사구(절)

with her/ to the piano music,      그녀와 같이 피아노 음악에 따라
for relaxation,                    휴식을 위해
with my friends/ this weekend,     나의 친구들과 이번 주말에
most weekends/ in winter,          대부분의 주말에 겨울에
on occasions,                      때때로

### step1+step2를 결합하여 완전한 문장으로 ↓

**step 3** 청킹 문장 만들기
문장의 형태(긍정문, 부정문, 의문문, 명령문, 감탄문), 동사의 시제, 수(단수, 복수), 태(능동, 수동)를 생각하면서

I **go dancing** with her to the piano music.      나는 가다 춤추는 그녀와 같이 피아노 음악에 따라
I **go fishing** for relaxation.                   나는 가다 낚시를 휴식을 위해
I am **going camping** with my friends this weekend. 나는 갈 예정이다 캠핑을 나의 친구들과 이번 주말에
I **go skiing** most weekends in winter.           나는 가다 스키를 타러 대부분의 주말에 겨울에
I **go shopping** on occasions.                    나는 가다 쇼핑을 때때로

! 이해 · 기억 · 활용하여할 **의미덩어리 청킹 — 1개의 단어처럼** 생각하세요. ^O^
go dancing/ go fishing/ go camping/ go skiing/ go shopping/ with her/ to the piano music/ for relaxation/ with my friends/ this weekend/ most weekends/ in winter/ on occasions

## unit 191 go over a report 「검토하다 보고서를」

「보고서를 검토하다」 의미로 쓰인다. 내용을 자세히 보는 것은 go over~, 심사숙고하는 것은 think over~를 사용하여 표현한다.

| 주어 [명사, 명사구, 명사절] | 동사 go | 목적어 report |
|---|---|---|
| 형용사 | 부사 over | 형용사 a |

**Tip** 의미덩어리 청킹 학습법에서는, 동사 go over와 목적어 a report를 각각의 네 단어가 아니라, **청킹동사구 go over a report**를 「보고서를 검토하다」라는 한 개의 단어처럼 이해 기억 활용하며, 한 개의 의미덩어리 청킹이므로 머릿속에서 한 번만 생각합니다. 의미덩어리 청킹 학습법에서는, 부사구 from the beginning을 각각의 세 단어가 아니라, **청킹부사구 from the beginning**을 「**처음부터**」라는 한 개의 단어처럼 이해 기억 활용하며, 한 개의 의미덩어리 청킹이므로 머릿속에서 한 번만 생각합니다.

표현하고자 하는 내용 얼개짜기 Outlining

### step 1 청킹동사구
[청킹동사 + 목적어 / 보어]

| | |
|---|---|
| go over a report, | 검토하다 보고서를 |
| go over a report, | 검토하다 보고서를 |
| go over it, | 검토하다 그것을 |
| think over something, | 심사숙고하다 무엇을 |
| think over something, | 심사숙고하다 무엇을 |

### step 2 청킹부사(구, 절)
등위절, 명사구(절), 형용사구(절)

| | |
|---|---|
| step by step/ from the beginning, | 단계적으로 처음부터 |
| with you, | 너와 같이 |
| in details, | 상세히 |
| for a moment, | 잠시 동안 |
| before making a decision, | 하기 전에 결정을 |

step 1 + step 2를 결합하여 완전한 문장으로

### step 3 청킹 문장 만들기
문장의 형태(긍정문, 부정문, 의문문, 명령문, 감탄문), 동사의 시제, 수(단수, 복수), 태(능동, 수동)를 생각하면서

| | |
|---|---|
| Let's go over the report step by step from the beginning. | 하자 우리가 검토하는 보고서를 단계적으로 처음부터 |
| I want to go over your report with you. | 나는 원하다 검토하는 너의 보고서를 너와 같이 |
| Go over it in details. | 검토하라 그것을 상세히 |
| I think it over for a moment. | 나는 심사숙고하다 그것을 잠시 동안 |
| I will think it over before making a decision. | 나는 심사숙고할 것이다 그것을 하기 전에 결정을 |

이해 · 기억 · 활용하여할 **의미덩어리 청킹 - 1개의 단어처럼** 생각하세요. ^O^

go over a report/ go over it/ think over something/ think it over/ step by step/ from the beginning/ with you/ in details/ for a moment/ before making a decision

# unit 192 have an accident 「당하다 사고를」

「사고를 당하다」 의미로 특히 교통사고 등에 많이 쓰인다.
「~로 가는 도중에」사고를 당했다고 하는 경우에는 on the way to ~, on one's way to ~를 사용하여 표현한다.

| 주어 [명사, 명사구, 명사절] | 동사 have | 목적어 accident |
|---|---|---|
| 형용사 | 부사 | 형용사 an |

**Tip** 의미덩어리 청킹 학습법에서는, 동사 have와 목적어 an accident를 각각의 세 단어가 아니라, **청킹동사구 have an accident**를 「사고를 당하다」라는 **한 개의 단어처럼** 이해 기억 활용하며, 한 개의 의미덩어리 청킹이므로 머릿속에서 한 번만 생각합니다. 의미덩어리 청킹 학습법에서는, 부사구 on the way here를 각각의 네 단어가 아니라, **청킹부사구 on the way here**를 「여기로 오는 도중에」라는 **한 개의 단어처럼** 이해 기억 활용하며, 한 개의 의미덩어리 청킹이므로 머릿속에서 한 번만 생각합니다.

### 표현하고자 하는 내용 얼개짜기 Outlining

**step 1 청킹동사구**
[청킹동사 + 목적어 / 보어]

have an accident,   당하다 사고를
have an accident,   당하다 사고를
have an accident,   당하다 사고를
have an accident,   당하다 사고를
have an accident,   당하다 사고를

**+**

**step 2 청킹부사(구, 절)**
등위절, 명사구(절), 형용사구(절)

a couple of days ago,   며칠 전에
on the way/ here,   도중에 여기로
on his way/ home,   도중에 집으로
this morning/ on his way/ to the office,   오늘 아침 도중에 사무실로 가는
and badly hurt her arm,   그리고 심하게 다쳤다 그녀의 팔을

**step 1 + step 2를 결합하여 완전한 문장으로**
↓

**step 3 청킹 문장 만들기**
문장의 형태(긍정문, 부정문, 의문문, 명령문, 감탄문), 동사의 시제, 수(단수, 복수), 태(능동, 수동)를 생각하면서

I had a car accident a couple of days ago.   나는 당하였다 차 사고를 며칠 전에
I had an accident on the way here.   나는 당하였다 사고를 도중에 여기로
He had an accident on his way home.   그는 당하였다 사고를 도중에 집으로
He had a car accident this morning on his way to the office.   그는 당하였다 차 사고를 오늘 아침 도중에 사무실로 가는
She had an accident and badly hurt her arm.   그녀는 당하였다 사고를 그리고 심하게 다쳤다 그녀의 팔을

! 이해 · 기억 · 활용하여할 **의미덩어리 청킹 – 1개의 단어처럼** 생각하세요. ^0^

have an accident/ have a car accident/ a couple of days ago/ on the way here/ on his way home/ this morning/ on his way to the office/ and badly hurt her arm

# unit 193 have an allergy 「있다 알레르기를」

「알레르기가 있다, 아주 싫어하다」 의미로 쓰인다. 병원에서 진료를 한 후 약을 처방하면서 알레르기 여부를 물어볼 때 사용하는 표현이다. 내용은 뒤에 전치사 to~를 사용하여 표현하며, be allergic to~를 사용하기도 한다.

| 주어 [명사, 명사구, 명사절] | 동사 have | 목적어 allergy |
|---|---|---|
| 형용사 | 부사 | 형용사 an |

**Tip** 의미덩어리 청킹 학습법에서는, 동사 have와 목적어 an allergy를 각각의 세 단어가 아니라, **청킹동사구 have an allergy**를 「알레르기가 있다」라는 한 개의 단어처럼 이해 기억 활용하며, 한 개의 의미덩어리 청킹이므로 머릿속에서 한 번만 생각합니다. 의미덩어리 청킹 학습법에서는, 부사구 to animal hair를 각각의 세 단어가 아니라, **청킹부사구 to animal hair**를 「동물 털에」라는 한 개의 단어처럼 이해 기억 활용하며, 한 개의 의미덩어리 청킹이므로 머릿속에서 한 번만 생각합니다.

―――― 표현하고자 하는 내용 얼개짜기 Outlining ――――

### step 1 청킹동사구
[청킹동사 + 목적어 / 보어]

| have an allergy, | 있다 알레르기를 |
| have an allergy, | 있다 알레르기를 |
| have an allergy, | 있다 알레르기를 |
| have an allergy, | 있다 알레르기를 |
| be allergic, | 이다 알레르기가 있는 |

**+**

### step 2 청킹부사(구, 절)
등위절, 명사구(절), 형용사구(절)

| to pollen, | 꽃가루에 |
| to dairy products, | 유제품에 |
| to animal hair, | 동물 털에 |
| to cats, | 고양이에 |
| to grass, | 풀에 |

step 1+step 2를 결합하여 완전한 문장으로

### step 3 청킹 문장 만들기
문장의 형태(긍정문, 부정문, 의문문, 명령문, 감탄문), 동사의 시제, 수(단수, 복수), 태(능동, 수동)를 생각하면서

| I have an allergy to pollen. | 나는 있다 알레르기가 꽃가루에 |
| I have an allergy to dairy products. | 나는 있다 알레르기가 유제품에 |
| I have an allergy to animal hair. | 나는 있다 알레르기가 동물 털에 |
| Do you have any allergies to cats? | 너는 있느냐 알레르기가 고양이에? |
| I am allergic to grass. | 나는 이다 알레르기가 있는 풀에 |

이해 · 기억 · 활용하여할 **의미덩어리 청킹 - 1개의 단어처럼** 생각하세요. ^0^

have an allergy/ be allergic to grass/ to pollen/ to dairy products/ to animal hair/ to cats

# unit 194 have a call 「있다 전화를」

「전화가 왔다」의미로 쓰인다. 누구에게 전화가 왔느니 전화를 받으라고 하거나, 자신에게 다른 전화가 왔다고 말할 때 사용하는 표현이다. be wanted on the phone~을 사용하여 표현하기도 한다.

| 주어 [명사, 명사구, 명사절] | 동사 have | 목적어 call |
|---|---|---|
| 형용사 | 부사 | 형용사 a |

**Tip** 의미덩어리 청킹 학습법에서는, 동사 have와 목적어 a call을 각각의 세 단어가 아니라, **청킹동사구 have a call**을 「전화가 왔다」라는 **한 개의 단어**처럼 이해 기억 활용하며, 한 개의 의미덩어리 청킹이므로 머릿속에서 한 번만 생각합니다. 의미덩어리 청킹 학습법에서는, 부사구 on the other line을 각각의 네 단어가 아니라, **청킹부사구 on the other line**을 「다른 라인에」라는 **한 개의 단어**처럼 이해 기억 활용하며, 한 개의 의미덩어리 청킹이므로 머릿속에서 한 번만 생각합니다.

표현하고자 하는 내용 얼개짜기 Outlining

### step 1 청킹동사구
[청킹동사 + 목적어 / 보어]

| have a call, | 있다 전화를 |
| have a call, | 있다 전화를 |
| have a call, | 있다 전화를 |
| have a call, | 있다 전화를 |
| be wanted, | 이다 찾고 있는 |

+

### step 2 청킹부사(구, 절)
등위절, 명사구(절), 형용사구(절)

| on line 2, | 2번 라인에 |
| on line 4 holding, | 4번 라인에 대기 중인 |
| on the other line, | 다른 라인에 |
| on another extension, | 다른 내선에 |
| on the phone, | 전화에서 |

step 1 + step 2를 결합하여 완전한 문장으로

### step 3 청킹 문장 만들기
문장의 형태(긍정문, 부정문, 의문문, 명령문, 감탄문), 동사의 시제, 수(단수, 복수), 태(능동, 수동)를 생각하면서

| You have a call on line 2. | 너는 있다 전화를 2번 라인에 *너에게 전화가 와 있다. |
| You have a call on line 4 holding. | 너는 있다 전화를 4번 라인에 대기 중인 |
| I have a call on the other line. | 나는 있다 전화를 다른 라인에 *나에게 다른 전화가 왔다. |
| I have a call on another extension. | 나는 있다 전화를 다른 내선에 |
| You are wanted on the phone. | 너는 이다 찾고 있는 전화에서 *너에게 전화 왔다. |

 이해 · 기억 · 활용하여할 **의미덩어리 청킹 − 1개의 단어**처럼 생각하세요. ^O^

have a call/ be wanted on the phone/ on line 2/ on line 4 holding/ on the other line/ on another extension

## unit 195 — have a chance 「가지다 기회를」

「기회를 가지다, 가능성이 있다」 의미로 쓰인다.
내용은 뒤에 to부정사~ 또는 전치사 of~를 사용하여 표현한다.

| 주어 [명사, 명사구, 명사절] | 동사 have | 목적어 chance |
|---|---|---|
| 형용사 | 부사 | 형용사 a |

**Tip** 의미덩어리 청킹 학습법에서는, 동사 have와 목적어 a chance를 각각의 세 단어가 아니라, **청킹동사구 have a chance**를 「기회를 가지다」라는 한 개의 단어처럼 이해 기억 활용하며, 한 개의 의미덩어리 청킹이므로 머릿속에서 한 번만 생각합니다. 의미덩어리 청킹 학습법에서는, 부사구 to apply for the job을 각각의 다섯 단어가 아니라, **청킹부사구 to apply for the job**을 「그 일에 지원하는」이라는 한 개의 단어처럼 이해 기억 활용하며, 한 개의 의미덩어리 청킹이므로 머릿속에서 한 번만 생각합니다.

### 표현하고자 하는 내용 얼개짜기 Outlining

**step 1 청킹동사구** [청킹동사 + 목적어 / 보어]

| | |
|---|---|
| have a chance, | 있다 기회를 |
| have a chance, | 있다 기회를 |
| have a chance, | 있다 기회를 |
| have a chance, | 있다 기회를 |
| have a chance, | 있다 기회를 |

**+**

**step 2 청킹부사(구, 절)** 등위절, 명사구(절), 형용사구(절)

| | |
|---|---|
| to apply/ for the job, | 지원하는 그 일에 |
| to get another job, | 얻는 다른 직업을 |
| of winning, | 승리의 |
| to review my proposal, | 검토하는 나의 제안을 |
| of gaining the game, | 이기는 경기를 |

step 1 + step 2를 결합하여 완전한 문장으로

**step 3 청킹 문장 만들기**
문장의 형태(긍정문, 부정문, 의문문, 명령문, 감탄문), 동사의 시제, 수(단수, 복수), 태(능동, 수동)를 생각하면서

| | |
|---|---|
| I have a chance to apply for the job. | 나는 있다 기회를 지원하는 그 일에 |
| I have a chance to get another job. | 나는 있다 기회를 얻는 다른 직업을 |
| I have a fifty-fifty chance of winning. | 나는 있다 50:50의 기회를 승리의 |
| Do you have a chance to review my proposal? | 너는 가졌느냐 기회를 검토하는 나의 제안을? |
| I have no chance of gaining the game. | 나는 없다 가능성을 이기는 경기를 |

 이해·기억·활용하여할 **의미덩어리 청킹 – 1개의 단어처럼** 생각하세요. ^0^

have a chance/ have a fifty-fifty chance/ have no chance/ to apply for the job/ to get another job/ to review my proposal/ of winning/ of gaining the game

# unit 196 — have experience 「가지다 경험을」

「경험을 가지다」 의미로 쓰인다. 직장의 자리에 적합한 경험이나 자격증, 기술, 학위 등을 물어보고 대답할 때 사용하는 표현이다. 기술은 skill, 자격증은 qualification, 학위는 degree 명사를 활용하여 표현한다.

| 주어 [명사, 명사구, 명사절] | 동사 have | 목적어 experience |
|---|---|---|
| 형용사 | 부사 | 형용사 |

**Tip** 의미덩어리 청킹 학습법에서는, 동사 have와 목적어 experience를 각각의 두 단어가 아니라, **청킹동사구 have experience**를 「경험을 가지다」라는 한 개의 단어처럼 이해 기억 활용하며, 한 개의 의미덩어리 청킹이므로 머릿속에서 한 번만 생각합니다. 의미덩어리 청킹 학습법에서는, 부사구 in this field를 각각의 세 단어가 아니라, **청킹부사구 in this field**를 「이 분야에서」라는 한 개의 단어처럼 이해 기억 활용하며, 한 개의 의미덩어리 청킹이므로 머릿속에서 한 번만 생각합니다.

### 표현하고자 하는 내용 얼개짜기 Outlining

**step 1** 청킹동사구 [청킹동사 + 목적어 / 보어]

| have experience, | 가지다 경험을 |
| have experience, | 가지다 경험을 |
| have experience, | 가지다 경험을 |
| have experience, | 가지다 경험을 |
| have a skill, | 가지다 기술을 |

**+**

**step 2** 청킹부사(구, 절) 등위절, 명사구(절), 형용사구(절)

| in this field, | 이 분야에서 |
| in this field, | 이 분야에서 |
| in sales field, | 세일즈 분야에서 |
| at all, | 전혀 |
| in money management, | 자산관리에 |

step 1 + step 2를 결합하여 완전한 문장으로

**step 3** 청킹 문장 만들기
문장의 형태(긍정문, 부정문, 의문문, 명령문, 감탄문), 동사의 시제, 수(단수, 복수), 태(능동, 수동)를 생각하면서

| How much experience do you have in this field? | 얼마의 경력을 너는 가지고 있느냐 이 분야에서? |
| I don't have a lot of experience in this field. | 나는 가지고 있지 않다 많은 경험을 이 분야에서 |
| Do you have any experience in sales field? | 너는 가지고 있느냐 경력을 세일즈 분야에서? |
| I have no work experience at all. | 나는 가지고 있지 않다 직업경력을 전혀 |
| I have some special skills in money management. | 너는 가지고 있다 특별한 기술을 자산관리에 |

 이해 · 기억 · 활용하여할 **의미덩어리 청킹 – 1개의 단어처럼** 생각하세요. ^0^

have experience/ have a lot of experience/ have any experience/ have no work experience/ have a skill/ have some special skills/ in this field/ in sales field/ at all/ in money management

# have a fever 「있다 열을」

「열이 있다」 의미로 쓰인다.
병원에서 진료를 하면서 증상을 물어보는 경우 일반적인 증상을 대답할 때 사용하는 표현이다.

| 주어 [명사, 명사구, 명사절] | 동사 have | 목적어 fever |
|---|---|---|
| 형용사 | 부사 | 형용사 a |

> **Tip** 의미덩어리 청킹 학습법에서는, 동사 have와 목적어 a fever를 각각의 세 단어가 아니라, **청킹동사구 have a fever**를 「열이 있다」라는 **한 개의 단어**처럼 이해 기억 활용하며, 한 개의 의미덩어리 청킹이므로 머릿속에서 한 번만 생각합니다. 의미덩어리 청킹 학습법에서는, 부사구 for a couple of weeks를 각각의 다섯 단어가 아니라, **청킹부사구 for a couple of weeks**를 「2주 동안」이라는 **한 개의 단어**처럼 이해 기억 활용하며, 한 개의 의미덩어리 청킹이므로 머릿속에서 한 번만 생각합니다.

― 표현하고자 하는 내용 얼개짜기 Outlining ―

**step 1** 청킹동사구
[청킹동사 + 목적어 / 보어]

| have a fever, | 있다 열을 |
| have a cough, | 가지다 기침을 |
| have the flu, | 걸리다 독감을 |
| have a nose, | 가지다 코를 |
| have a throat, | 가지다 목을 |

**step 2** 청킹부사(구, 절)
등위절, 명사구(절), 형용사구(절)

| and ache all over, | 그리고 아프다 모든 곳이 |
| from a cold, | 감기로 |
| for a couple of weeks, | 2주 동안 |
| all day, | 하루 종일 |
| and it hurt to swallow, | 그리고 아프다 목에 넘기는 것을 |

step 1 + step 2를 결합하여 완전한 문장으로

**step 3** 청킹 문장 만들기
문장의 형태(긍정문, 부정문, 의문문, 명령문, 감탄문), 동사의 시제, 수(단수, 복수), 태(능동, 수동)를 생각하면서

| I have a fever and ache all over. | 나는 있다 열을 그리고 아프다 모든 곳이 |
| I have a bad cough from a cold. | 나는 가지다 심한 기침을 감기로 |
| I have had the flu for a couple of weeks. | 나는 걸리다 독감을 2주 동안 |
| I have a runny nose all day. | 나는 가지다 콧물이 흐르는 코를 하루 종일    *콧물이 나다. |
| I have a sore throat and it hurt to swallow. | 나는 가지다 심하게 아픈 목을  그리고 아프다 목에 넘기는 것을 |

> **!** 이해 · 기억 · 활용하여할 **의미덩어리 청킹 — 1개의 단어처럼** 생각하세요. ^O^
>
> have a fever/ have a cough/ have a bad cough/ have the flu/ have a runny nose/ have a sore throat/ from a cold/ for a couple of weeks/ all day/ and ache all over/ and it hurt to swallow

# unit 198 have a meeting 「하다 회의를」

「회의를 하다, 회의를 열다」 의미로 쓰이며, 동사 hold, schedule을 사용하기도 한다.
회의를 주재하는 것은 동사 preside over, 회의를 마무리하는 것은 wrap up을 사용하여 표현한다.

| 주어 [명사, 명사구, 명사절] | 동사 have | 목적어 meeting |
|---|---|---|
| 형용사 | 부사 | 형용사 a |

**Tip** 의미덩어리 청킹 학습법에서는, 동사 have와 목적어 a meeting을 각각의 세 단어가 아니라, **청킹동사구 have a meeting**을 「회의를 하다」라는 한 개의 단어처럼 이해 기억 활용하며, 한 개의 의미덩어리 청킹이므로 머릿속에서 한 번만 생각합니다. 의미덩어리 청킹 학습법에서는, 부사구 on this issue를 각각의 세 단어가 아니라, **청킹부사구 on this issue**를 「이 이슈에 대해」라는 한 개의 단어처럼 이해 기억 활용하며, 한 개의 의미덩어리 청킹이므로 머릿속에서 한 번만 생각합니다.

## 표현하고자 하는 내용 얼개짜기 Outlining

### step 1 청킹동사구
[청킹동사 + 목적어 / 보어]

have a meeting,        하다 회의를
have a meeting,        하다 회의를
have a meeting,        하다 회의를
hold a meeting,        하다 회의를
schedule a meeting,    예정하다 회의를

+

### step 2 청킹부사(구, 절)
등위절, 명사구(절), 형용사구(절)

at 10 tomorrow,           10시에 내일
with my boss/ on this issue,  상사와 함께 이 이슈에 대해
in an hour,               한 시간 후에
once a week,              한번 한 주에
for tomorrow,             내일

step 1 + step 2를 결합하여 완전한 문장으로

### step 3 청킹 문장 만들기
문장의 형태(긍정문, 부정문, 의문문, 명령문, 감탄문), 동사의 시제, 수(단수, 복수), 태(능동, 수동)를 생각하면서

We are having a meeting at 10 tomorrow.                우리는 할 예정이다 회의를 10시에 내일
I have a very important meeting with my boss on this issue.  나는 하다 매우 중요한 회의를 상사와 함께 이 이슈에 대해
I have a business meeting in an hour.                  나는 하다 업무회의를 한 시간 후에
We hold a meeting once a week.                         우리는 하다 회의를 한번 한 주에
The next meeting is scheduled for tomorrow.            다음 회의는 이다 예정인 내일

 이해 · 기억 · 활용하여할 **의미덩어리 청킹 – 1개의 단어처럼** 생각하세요. ^O^
have a meeting/ have a very important meeting/ have a business meeting/ hold a meeting/ schedule a meeting/ at 10 tomorrow/ with my boss/ on this issue/ in an hour/ once a week/ for tomorrow

# have a pain 「있다 통증을」

「통증이 있다」 의미로 쓰인다. 병원에서 진료를 하면서 통증을 물어보고 대답할 때 사용하는 표현이다.
아픈 부위는 전치사 in~을 사용하여 표현한다.

| 주어 [명사, 명사구, 명사절] | 동사 have | 목적어 pain |
|---|---|---|
| 형용사 | 부사 | 형용사 a |

> **Tip** 의미덩어리 청킹 학습법에서는, 동사 have와 목적어 a pain을 각각의 세 단어가 아니라, **청킹동사구 have a pain**을 「통증이 있다」라는 한 개의 단어처럼 이해 기억 활용하며, 한 개의 의미덩어리 청킹이므로 머릿속에서 한 번만 생각합니다. 의미덩어리 청킹 학습법에서는, 부사구 in my chest를 각각의 세 단어가 아니라, **청킹부사구 in my chest**를 「나의 가슴에」라는 한 개의 단어처럼 이해 기억 활용하며, 한 개의 의미덩어리 청킹이므로 머릿속에서 한 번만 생각합니다.

### 표현하고자 하는 내용 얼개짜기 Outlining

**step 1** 청킹동사구
[청킹동사 + 목적어 / 보어]

| have a pain, | 있다 통증을 |
| have a pain, | 있다 통증을 |
| have a pain, | 있다 통증을 |
| have a headache, | 있다 두통을 |
| have a stomachache, | 있다 복통을 |

**+**

**step 2** 청킹부사(구, 절)
등위절, 명사구(절), 형용사구(절)

| in my chest, | 나의 가슴에 |
| in my back, | 나의 등에 |
| in my stomach, | 나의 위에 |
| after having drunk too much, | 술을 마신 후에 많이 |
| after lunch, | 점심 후에 |

step 1 + step 2를 결합하여 완전한 문장으로

**step 3** 청킹 문장 만들기
문장의 형태(긍정문, 부정문, 의문문, 명령문, 감탄문), 동사의 시제, 수(단수, 복수), 태(능동, 수동)를 생각하면서

| I have a severe pain in my chest. | 나는 심한 통증이 있다 나의 가슴에 |
| I have a shooting pain in my back. | 나는 있다 쑤시는 통증이 나의 등에 |
| I have a sharp pain in my stomach. | 나는 있다 심한 통증이 나의 위에 |
| I have a splitting headache after having drunk too much. | 나는 있다 빠개지는 두통을 술을 마신 후에 많이 |
| I have an upset stomachache after lunch. | 나는 있다 배탈이 점심 후에 |

 이해 · 기억 · 활용하여할 **의미덩어리 청킹 - 1개의 단어처럼** 생각하세요. ^0^

have a pain/ have a severe pain/ have a shooting pain/ have a sharp pain/ have a headache/ have a splitting headache/ have a stomachache/ have an upset stomachache/ in my chest/ in my back/ in my stomach/ after lunch/ after having drunk too much

## keep an eye 「계속하다 주시를」

「계속 지켜보다, 살피다, 주시를 계속하다」 의미로 쓰인다. 특히 잠시 자리를 비우면서 가방을 봐달라고 하거나, 아기를 맡기면서 안전하게 봐 달라고 부탁할 때 사용하는 표현이다. 주시하는 대상은 뒤에 전치사 on~을 사용하여 표현한다.

주어 [명사, 명사구, 명사절] — 동사 keep — 목적어 eye
형용사 — 부사 — 형용사 an

**Tip** 의미덩어리 청킹 학습법에서는, 동사 keep과 목적어 an eye를 각각의 세 단어가 아니라, **청킹동사구 keep an eye**를 「계속 지켜보다」라는 한 개의 단어처럼 이해 기억 활용하며, 한 개의 의미덩어리 청킹이므로 머릿속에서 한 번만 생각합니다.
의미덩어리 청킹 학습법에서는, 부사구 on my bag를 각각의 세 단어가 아니라, **청킹부사구 on my bag**을 「나의 가방을」이라는 한 개의 단어처럼 이해 기억 활용하며, 한 개의 의미덩어리 청킹이므로 머릿속에서 한 번만 생각합니다.

### 표현하고자 하는 내용 얼개짜기 Outlining

**step 1 청킹동사구** [청킹동사 + 목적어 / 보어]

| | |
|---|---|
| keep an eye, | 계속하다 주시를 |
| keep an eye, | 계속하다 주시를 |
| keep an eye, | 계속하다 주시를 |
| keep an eye, | 계속하다 주시를 |
| keep an eye, | 계속하다 주시를 |

**step 2 청킹부사(구, 절)** 등위절, 명사구(절), 형용사구(절)

| | |
|---|---|
| on the children, | 아이들을 |
| on my bag/ for a moment, | 나의 가방을 잠시 동안 |
| on the baby/ while I am cooking, | 아이를 동안에 내가 요리하는 |
| on the store/ while I am away, | 상점을 동안에 내가 없는 |
| on the situation, | 상황을 |

step 1 + step 2를 결합하여 완전한 문장으로

**step 3 청킹 문장 만들기**
문장의 형태(긍정문, 부정문, 의문문, 명령문, 감탄문), 동사의 시제, 수(단수, 복수), 태(능동, 수동)를 생각하면서

| | |
|---|---|
| I must keep an eye on the children. | 나는 계속 지켜봐야 한다 아이들을 |
| Could you keep an eye on my bag for a moment? | 너는 지켜봐주겠느냐 나의 가방을 잠시 동안? |
| Please keep an eye on the baby while I am cooking. | 계속 지켜보라 아이를 동안에 내가 요리하는 |
| Keep an eye on the store while I am away. | 계속 지켜보라 상점을 동안에 내가 없는 |
| I need to keep an eye on the situation. | 나는 필요하다 계속 지켜보는 것이 상황을 |

 이해 · 기억 · 활용하여할 **의미덩어리 청킹 - 1개의 단어처럼** 생각하세요. ^0^

keep an eye/ on the children/ on my bag/ for a moment/ on the baby/ on the store/ on the situation/ while I am cooking/ while I am away

## unit 201 leave a message 「남기다 메시지를」

「메시지를 남기다」 의미로 전화 등에 쓰인다.
전화 받고 있는 사람에게 메시지를 남기려고 하거나, 자동응답기에 메시지를 남길 때 사용하는 표현이다.

| 주어 [명사, 명사구, 명사절] | 동사 leave | 목적어 message |
|---|---|---|
| 형용사 | 부사 | 형용사 a |

**Tip** 의미덩어리 청킹 학습법에서는, 동사 leave와 목적어 a message를 각각의 세 단어가 아니라, **청킹동사구 leave a message를 「메시지를 남기다」**라는 한 개의 단어처럼 이해 기억 활용하며, 한 개의 의미덩어리 청킹이므로 머릿속에서 한 번만 생각합니다. 의미덩어리 청킹 학습법에서는, 부사구 after the beep를 각각의 세 단어가 아니라, **청킹부사구 after the beep를 「삐 소리 후에」**라는 한 개의 단어처럼 이해 기억 활용하며, 한 개의 의미덩어리 청킹이므로 머릿속에서 한 번만 생각합니다.

### 표현하고자 하는 내용 얼개짜기 Outlining

**step 1 청킹동사구**
[청킹동사 + 목적어 / 보어]

leave a message, 남기다 메시지를
leave a message, 남기다 메시지를
leave a message, 남기다 메시지를
leave a message, 남기다 메시지를
leave a message, 남기다 메시지를

**step 2 청킹부사(구, 절)**
등위절, 명사구(절), 형용사구(절)

with you, 너에게
for him, 그에게
after the beep, 삐 소리 후에
after the tone, 발신음 후에
and I will return your call, 그리고 나는 화답할 것이다 너의 전화에

### step 1 + step 2를 결합하여 완전한 문장으로 ↓

**step 3 청킹 문장 만들기**
문장의 형태(긍정문, 부정문, 의문문, 명령문, 감탄문), 동사의 시제, 수(단수, 복수), 태(능동, 수동)를 생각하면서

May I leave a message with you? 나는 남길 수 있느냐 메시지를 너에게?
Would you like to leave a message for him? 너는 남기기를 원하느냐 메시지를 그에게?
Please leave a message after the beep. 남겨라 메시지를 삐 소리 후에
Please leave a message after the tone. 남겨라 메시지를 발신음 후에
Please leave a message, and I will return your call. 남겨라 메시지를 그러면 나는 화답할 것이다 너의 전화에

**!** 이해 · 기억 · 활용하여할 **의미덩어리 청킹 – 1개의 단어처럼** 생각하세요. ^0^

leave a message/ with you/ for him/ after the beep/ after the tone/ and I will return your call

# unit 202 make an agreement 「하다 합의를」

「합의를 하다, 계약을 맺다, 협정을 맺다」 의미로 쓰인다. 구두이든 서면이든, 누구와 협의를 하고 의논을 하여 합의에 도달한 경우를 말할 때 사용하는 표현이며, 동사 agree와 같은 의미이다. 누구와 합의를 하는 경우는 뒤에 전치사 with~을 사용하여 표현한다.

| 주어 [명사, 명사구, 명사절] | 동사 make | 목적어 agreement |
|---|---|---|
| 형용사 | 부사 | 형용사 an |

**Tip** 의미덩어리 청킹 학습법에서는, 동사 make와 목적어 an agreement를 각각의 세 단어가 아니라, **청킹동사구 make an agreement**를 「합의를 하다」라는 한 개의 단어처럼 이해 기억 활용하며, 한 개의 의미덩어리 청킹이므로 머릿속에서 한 번만 생각합니다. 의미덩어리 청킹 학습법에서는, 부사구 on the instant를 각각의 세 단어가 아니라, **청킹부사구 on the instant**를 「즉석에서」라는 한 개의 단어처럼 이해 기억 활용하며, 한 개의 의미덩어리 청킹이므로 머릿속에서 한 번만 생각합니다.

표현하고자 하는 내용 얼개짜기 Outlining

**step 1 청킹동사구**
[청킹동사 + 목적어 / 보어]

make an agreement,   하다 합의를
make an agreement,   하다 합의를
make an agreement,   하다 합의를
make an agreement,   하다 합의를
make an agreement,   하다 합의를

**+**

**step 2 청킹부사(구, 절)**
등위절, 명사구(절), 형용사구(절)

with my boss,          나의 상사와
on the instant,        즉석에서
to sell,               파는 것에
to purchase a house,   사는 집을
on this issue,         이 이슈에 대해

step 1 + step 2를 결합하여 완전한 문장으로
↓

**step 3 청킹 문장 만들기**
문장의 형태(긍정문, 부정문, 의문문, 명령문, 감탄문), 동사의 시제, 수(단수, 복수), 태(능동, 수동)를 생각하면서

I made an agreement with my boss.              나는 하였다 합의를 나의 상사와
We made an agreement on the instant.           우리는 하였다 합의를 즉석에서
I make a verbal agreement to sell.             나는 하다 구두 합의를 파는 것에
I made a written agreement to purchase a house. 나는 하였다 서면 합의를 사는 집을
We make no agreement on this issue.            우리는 하지 못하다 합의를 이 이슈에 대해

! 이해 · 기억 · 활용하여할 **의미덩어리 청킹 – 1개의 단어처럼** 생각하세요. ^0^

make an agreement/ make a verbal agreement/ make a written agreement/ make no agreement/ with my boss/ on the instant/ to sell/ to purchase a house/ on this issue

# unit 203 make an appointment 「하다 약속을」

「예약을 하다, 만날 약속을 하다」 의미로 쓰인다.
특히 병원 진료 등을 위해 예약이 필요한 경우에 사용하는 표현이다.

| 주어 [명사, 명사구, 명사절] | 동사 make | 목적어 appointment |
|---|---|---|
| 형용사 | 부사 | 형용사 an |

**Tip** 의미덩어리 청킹 학습법에서는, 동사 make와 목적어 an appointment를 각각의 세 단어가 아니라, **청킹동사구** make an appointment를 「예약을 하다」라는 한 개의 단어처럼 이해 기억 활용하며, 한 개의 의미덩어리 청킹이므로 머릿속에서 한 번만 생각합니다. 의미덩어리 청킹 학습법에서는, 부사구 for the check-up을 각각의 세 단어가 아니라, **청킹부사구** for the check-up을 「검진을 위해」라는 한 개의 단어처럼 이해 기억 활용하며, 한 개의 의미덩어리 청킹이므로 머릿속에서 한 번만 생각합니다.

### 표현하고자 하는 내용 얼개짜기 Outlining

**step 1 청킹동사구** [청킹동사 + 목적어 / 보어]

| make an appointment, | 하다 약속을 |
| make an appointment, | 하다 약속을 |
| make an appointment, | 하다 약속을 |
| make an appointment, | 하다 약속을 |
| make an appointment, | 하다 약속을 |

**step 2 청킹부사(구, 절)** 등위절, 명사구(절), 형용사구(절)

| for the check-up, | 검진을 위해 |
| for an eye exam, | 눈 검사를 위한 |
| to see the doctor/ next Friday, | 진찰을 위해 다음 금요일에 |
| to see the dentist, | 치과 진찰을 위해 |
| with Dr. Yun, | 닥터 윤과 |

step 1 + step 2를 결합하여 완전한 문장으로

**step 3 청킹 문장 만들기**
문장의 형태(긍정문, 부정문, 의문문, 명령문, 감탄문), 동사의 시제, 수(단수, 복수), 태(능동, 수동)를 생각하면서

| Should I make an appointment for the check-up? | 나는 해야 하느냐 예약을 검진을 위해? |
| I would like to make an appointment for an eye exam. | 나는 하기를 원하다 약속을 눈 검사를 위한 |
| Could I make an appointment to see the doctor next Friday? | 나는 예약할 수 있느냐 진찰을 위해 다음 금요일에? |
| I would like to make an appointment to see the dentist. | 나는 하기를 원하다 약속을 치과 진찰을 위해 |
| Did you make an appointment with Dr. Yun? | 너는 하였느냐 약속을 닥터 윤과? |

 이해 · 기억 · 활용하여할 **의미덩어리 청킹 – 1개의 단어처럼** 생각하세요. ^O^

make an appointment/ for the check-up/ for an eye exam/ to see the doctor/ next Friday/ to see the dentist/ with Dr. Yun

# unit 204 — make a call 「하다 전화를」

「전화를 하다, 전화를 걸다」 의미로 쓰인다. 특히 장거리 전화나 국제전화를 걸고자 할 때 사용하는 표현이며, 동사 place를 사용하여 place a call~로 표현하기도 한다.

| 주어 [명사, 명사구, 명사절] | 동사 make | 목적어 call |
|---|---|---|
| 형용사 | 부사 | 형용사 a |

**Tip** 의미덩어리 청킹 학습법에서는, 동사 make와 목적어 a call을 각각의 세 단어가 아니라, **청킹동사구 make a call**을 「전화를 하다」라는 한 개의 단어처럼 이해 기억 활용하며, 한 개의 의미덩어리 청킹이므로 머릿속에서 한 번만 생각합니다. 의미덩어리 청킹 학습법에서는, 부사구 with a pay phone을 각각의 네 단어가 아니라, **청킹부사구 with a pay phone**을 「공중전화로」라는 한 개의 단어처럼 이해 기억 활용하며, 한 개의 의미덩어리 청킹이므로 머릿속에서 한 번만 생각합니다.

### 표현하고자 하는 내용 얼개짜기 Outlining

**step 1** 청킹동사구
[청킹동사 + 목적어 / 보어]

| | |
|---|---|
| make a call, | 하다 전화를 |
| make a call, | 하다 전화를 |
| make a call, | 하다 전화를 |
| make a call, | 하다 전화를 |
| place a call, | 신청하다 전화를 |

**+**

**step 2** 청킹부사(구, 절)
등위절, 명사구(절), 형용사구(절)

| | |
|---|---|
| to Seoul, Korea, | 서울로 한국의 |
| with my calling card, | 전화카드로 |
| with a pay phone, | 공중전화로 |
| from my room, | 나의 방에서 |
| to Korea, | 한국으로 |

step1 + step2를 결합하여 완전한 문장으로

**step 3** 청킹 문장 만들기
문장의 형태(긍정문, 부정문, 의문문, 명령문, 감탄문), 동사의 시제, 수(단수, 복수), 태(능동, 수동)를 생각하면서

| | |
|---|---|
| I would like to make an overseas call to Seoul, Korea. | 나는 하기를 원하다 국제전화를 서울로 한국의 |
| How can I make a long distance call with my calling card? | 어떻게 나는 할 수 있느냐 장거리 전화를 전화카드로? |
| Can I make an international call with a pay phone? | 나는 할 수 있느냐 국제전화를 공중전화로? |
| Can I make an international call from my room? | 나는 할 수 있느냐 국제전화를 나의 방에서? |
| I would like to place a collect call to Korea. | 나는 신청하기를 원하다 수신자부담 통화를 한국으로 |

> 이해 · 기억 · 활용하여할 **의미덩어리 청킹 – 1개의 단어처럼** 생각하세요. ^0^
> 
> make a call/ make an overseas call/ make a long distance call/ make an international call/ place a collect call/ to Seoul/ to Korea/ with my calling card/ with a pay phone/ from my room

## make a deal 「하다 거래를」

「거래를 하다, 협상하다」 의미로 쓰인다. 상대방과 거래, 장사, 협상, 타협, 흥정 등을 할 때 사용하는 표현이다. 누구와 협상을 하는 경우는 뒤에 전치사 with~을 사용하여 표현하며, 「이것으로 거래가 성사되다」는 It's a deal~로 표현한다.

| 주어 [명사, 명사구, 명사절] | 동사 make | 목적어 deal |
|---|---|---|
| 형용사 | 부사 | 형용사 a |

**Tip** 의미덩어리 청킹 학습법에서는, 동사 make와 목적어 a deal을 각각의 세 단어가 아니라, **청킹동사구 make a deal**을 「거래를 하다」라는 한 개의 단어처럼 이해 기억 활용하며, 한 개의 의미덩어리 청킹이므로 머릿속에서 한 번만 생각합니다.
의미덩어리 청킹 학습법에서는, 부사구 with your company를 각각의 세 단어가 아니라, **청킹부사구 with your company**를 「너의 회사와」라는 한 개의 단어처럼 이해 기억 활용하며, 한 개의 의미덩어리 청킹이므로 머릿속에서 한 번만 생각합니다.

― 표현하고자 하는 내용 얼개짜기 Outlining ―

**step 1 청킹동사구**
[청킹동사 + 목적어 / 보어]

| make a deal, | 하다 거래를 |
| make a deal, | 하다 거래를 |
| make a deal, | 하다 거래를 |
| make a deal, | 하다 거래를 |
| make a deal, | 하다 거래를 |

+

**step 2 청킹부사(구, 절)**
등위절, 명사구(절), 형용사구(절)

| with you, | 너와 같이 |
| with your company, | 너의 회사와 |
| with a foreign country, | 외국과 |
| if you like, | 만약 너가 원하면 |
| if you are not negotiating, | 만약 너가 협상하지 않는다면 |

step 1 + step 2를 결합하여 완전한 문장으로

**step 3 청킹 문장 만들기**
문장의 형태(긍정문, 부정문, 의문문, 명령문, 감탄문), 동사의 시제, 수(단수, 복수), 태(능동, 수동)를 생각하면서

| I will make a deal with you. | 나는 할 것이다 거래를 너와 같이 |
| I will make a deal with your company. | 나는 할 것이다 거래를 너의 회사와 |
| I made a deal with a foreign country. | 나는 하였다 거래를 외국과 |
| I can make a deal if you like. | 나는 할 수 있다 거래를 만약 너가 원하면 |
| You can't make a deal if you are not negotiating. | 너는 할 수 없다 거래를 만약 너가 협상하지 않는다면 |

 이해 · 기억 · 활용하여할 **의미덩어리 청킹 – 1개의 단어처럼** 생각하세요. ^0^

make a deal/ with you/ with your company/ with a foreign country/ if you like/ if you are not negotiating

# make a deposit 「하다 입금을」

「입금을 하다」 의미로 쓰인다. 은행에서 계좌를 개설하고 난 후 돈을 계좌에 입금할 때 사용하는 표현이며, 동사 deposit과 같은 의미이다. 「출금을 하다」는 make a withdrawal~ 또는 동사 withdraw를 사용하여 표현한다.

| 주어 [명사, 명사구, 명사절] | 동사 make | 목적어 deposit |
|---|---|---|
| 형용사 | 부사 | 형용사 a |

**Tip** 의미덩어리 청킹 학습법에서는, 동사 make와 목적어 a deposit을 각각의 세 단어가 아니라, **청킹동사구 make a deposit**을 「입금을 하다」라는 한 개의 단어처럼 이해 기억 활용하며, 한 개의 의미덩어리 청킹이므로 머릿속에서 한 번만 생각합니다. 의미덩어리 청킹 학습법에서는, 부사구 to my checking account를 각각의 네 단어가 아니라, **청킹부사구 to my checking account**를 「나의 수표계좌에」라는 한 개의 단어처럼 이해 기억 활용하며, 한 개의 의미덩어리 청킹이므로 머릿속에서 한 번만 생각합니다.

## 표현하고자 하는 내용 얼개짜기 Outlining

### step 1 청킹동사구
[청킹동사 + 목적어 / 보어]

| | |
|---|---|
| make a deposit, | 하다 입금을 |
| make a deposit, | 하다 입금을 |
| deposit money, | 입금하다 돈을 |
| make a withdrawal, | 하다 출금을 |
| withdraw money, | 인출하다 돈을 |

+

### step 2 청킹부사(구, 절)
등위절, 명사구(절), 형용사구(절)

| | |
|---|---|
| to my checking account, | 나의 수표계좌에 |
| to cover the check, | 지급하기 위하여 수표를 |
| into my account, | 나의 계좌에 |
| from my savings account, | 나의 저축계좌에서 |
| from my savings account, | 나의 저축계좌에서 |

step 1 + step 2를 결합하여 완전한 문장으로

### step 3 청킹 문장 만들기
문장의 형태(긍정문, 부정문, 의문문, 명령문, 감탄문), 동사의 시제, 수(단수, 복수), 태(능동, 수동)를 생각하면서

| | |
|---|---|
| I would like to make a deposit to my checking account. | 나는 하기를 원하다 입금을 나의 수표계좌에 |
| I made a deposit to cover the check. | 나는 하였다 입금을 지급하기 위하여 수표를 |
| I would like to deposit some money into my account. | 나는 입금하기를 원하다 돈을 나의 계좌에 |
| I would like to make a withdrawal from my savings account. | 나는 하기를 원하다 출금을 나의 저축계좌에서 |
| I would like to withdraw some money from my savings account. | 나는 인출하기를 원하다 돈을 나의 저축계좌에서 |

! 이해·기억·활용하여할 **의미덩어리 청킹 - 1개의 단어처럼** 생각하세요. ^O^

make a deposit/ deposit money/ deposit some money/ make a withdrawal/ withdraw money/ withdraw some money/ to my checking account/ to cover the check/ into my account/ from my savings account

## unit 207 open an account 「개설하다 계좌를」

「계좌를 개설하다, 통장을 개설하다」 의미로 쓰인다. 은행에서 계좌를 개설할 때 사용하는 표현이며, 해지할 때는 close an account~, cancel an account~로 표현한다.

| 주어 [명사, 명사구, 명사절] | 동사 open | 목적어 account |
|---|---|---|
| 형용사 | 부사 | 형용사 an |

**Tip** 의미덩어리 청킹 학습법에서는, 동사 open과 목적어 an account를 각각의 세 단어가 아니라, **청킹동사구** open an account를 「계좌를 개설하다」라는 한 개의 단어처럼 이해 기억 활용하며, 한 개의 의미덩어리 청킹이므로 머릿속에서 한 번만 생각합니다. 의미덩어리 청킹 학습법에서는, 부사구 with this check을 각각의 세 단어가 아니라, **청킹부사구** with this check을 「이 수표로」라는 한 개의 단어처럼 이해 기억 활용하며, 한 개의 의미덩어리 청킹이므로 머릿속에서 한 번만 생각합니다.

### 표현하고자 하는 내용 얼개짜기 Outlining

**step 1 청킹동사구** [청킹동사 + 목적어 / 보어]

| | |
|---|---|
| open an account, | 개설하다 계좌를 |
| open an account, | 개설하다 계좌를 |
| open an account, | 개설하다 계좌를 |
| open an account, | 개설하다 계좌를 |
| open an account, | 개설하다 계좌를 |

**+**

**step 2 청킹부사(구, 절)** 등위절, 명사구(절), 형용사구(절)

| | |
|---|---|
| with this check, | 이 수표로 |
| at the bank, | 은행에서 |
| for the first time, | 처음으로 |
| by telephone/ or on the internet, | 전화로 또는 인터넷으로 |
| after I got a job, | 후에 내가 가진 직업을 |

**step 1 + step 2를 결합하여 완전한 문장으로**

**step 3 청킹 문장 만들기**
문장의 형태(긍정문, 부정문, 의문문, 명령문, 감탄문), 동사의 시제, 수(단수, 복수), 태(능동, 수동)를 생각하면서

| | |
|---|---|
| I would like to open an account with this check, please. | 나는 개설하기를 원하다 새로운 저축계좌를 이 수표로 |
| I opened an account at the bank. | 나는 개설하였다 계좌를 은행에서 |
| I opened an account for the first time. | 나는 개설하였다 계좌를 처음으로 |
| I can't open an account by telephone or on the internet. | 나는 개설할 수 없다 계좌를 전화로 또는 인터넷으로 |
| I opened a savings account after I got a job. | 나는 개설하였다 저축계좌를 후에 내가 가진 직업을 |

**!** 이해 · 기억 · 활용하여할 **의미덩어리 청킹 – 1개의 단어처럼** 생각하세요. ^O^

open an account/ open a savings account/ with this check/ at the bank/ for the first time/ by telephone or on the internet/ after I got a job

## unit 208 pay rent 「지불하다 임대료를」

「임대료를 지불하다」 의미로 쓰인다.
아파트나 집을 임대하여 임대료를 낼 경우에 언제 어떻게 낼 것인가를 얘기할 때 사용하는 표현이다.

주어 [명사, 명사구, 명사절] — 동사 pay — 목적어 rent
형용사 — 부사 — 형용사

**Tip** 의미덩어리 청킹 학습법에서는, 동사 pay와 목적어 rent를 각각의 두 단어가 아니라, 청킹동사구 pay rent를 「임대료를 지불하다」라는 한 개의 단어처럼 이해 기억 활용하며, 한 개의 의미덩어리 청킹이므로 머릿속에서 한 번만 생각합니다. 의미덩어리 청킹 학습법에서는, 부사구 on my flat를 각각의 세 단어가 아니라, 청킹부사구 on my flat를 「나의 아파트의」라는 한 개의 단어처럼 이해 기억 활용하며, 한 개의 의미덩어리 청킹이므로 머릿속에서 한 번만 생각합니다.

### 표현하고자 하는 내용 얼개짜기 Outlining

**step 1 청킹동사구** [청킹동사 + 목적어 / 보어]

| pay rent, | 지불하다 임대료를 |
| pay rent, | 지불하다 임대료를 |
| pay rent, | 지불하다 임대료를 |
| pay rent, | 지불하다 임대료를 |
| pay rent, | 지불하다 임대료를 |

+

**step 2 청킹부사(구, 절)** 등위절, 명사구(절), 형용사구(절)

| in advance, | 먼저 |
| in advance/ as a deposit, | 먼저 보증금으로 |
| on the first of the month, | 1일에 매월의 |
| on time, | 제때에 |
| on my flat, | 나의 아파트의 |

 step 1+step 2를 결합하여 완전한 문장으로

**step 3 청킹 문장 만들기**
문장의 형태(긍정문, 부정문, 의문문, 명령문, 감탄문), 동사의 시제, 수(단수, 복수), 태(능동, 수동)를 생각하면서

How much rent do I have to pay in advance? — 얼마의 임대료를 나는 지불하여야 하느냐 먼저?
You have to pay a month's rent in advance as a deposit. — 너는 지불하여야 한다 1개월 임대료를 먼저 보증금으로
I have to pay the rent on the first of the month. — 나는 지불하여야 한다 임대료를 1일에 매월의
I always pay the rent on time. — 나는 항상 지불하다 임대료를 제때에
I couldn't pay the rent on my flat. — 나는 지불하지 못했다 임대료를 나의 아파트의

 이해 · 기억 · 활용하여할 **의미덩어리 청킹 – 1개의 단어처럼** 생각하세요. ^0^

pay rent/ pay a month's rent/ in advance/ as a deposit/ on the first of the month/ on time/ on my flat

# unit 209 play soccer 「운동하다 축구를」

「축구를 하다」 의미로 쓰인다. 주로 운동을 하는 경우에 사용하는 표현이다.
그 외에 play cards, play chess 등 놀이에도 사용하여 표현한다.

| 주어 [명사, 명사구, 명사절] | 동사 play | 목적어 soccer |
|---|---|---|
| 형용사 | 부사 | 형용사 |

**Tip** 의미덩어리 청킹 학습법에서는, 동사 play와 목적어 soccer를 각각의 두 단어가 아니라, **청킹동사구 play soccer**를 「축구를 하다」라는 한 개의 단어처럼 이해 기억 활용하며, 한 개의 의미덩어리 청킹이므로 머릿속에서 한 번만 생각합니다. 의미덩어리 청킹 학습법에서는, 부사구 in the playground를 각각의 세 단어가 아니라, **청킹부사구 in the playground**를 「운동장에서」라는 한 개의 단어처럼 이해 기억 활용하며, 한 개의 의미덩어리 청킹이므로 머릿속에서 한 번만 생각합니다.

**표현하고자 하는 내용 얼개짜기 Outlining**

**step 1** 청킹동사구
[청킹동사 + 목적어 / 보어]

play soccer,         운동하다 축구를
play baseball,       운동하다 야구를
play basketball,     운동하다 농구를
play tennis,         운동하다 테니스를
play hide-and-seek,  하다 숨바꼭질을

**step 2** 청킹부사(구, 절)
등위절, 명사구(절), 형용사구(절)

in the playground,              운동장에서
with my friends/ in the park,   나의 친구들과 공원에서
in gym class,                   체육시간에
twice a week,                   두 번 일주일에
after school,                   방과 후에

**step 1+step 2를 결합하여 완전한 문장으로**

**step 3** 청킹 문장 만들기
문장의 형태(긍정문, 부정문, 의문문, 명령문, 감탄문), 동사의 시제, 수(단수, 복수), 태(능동, 수동)를 생각하면서

I am going to play soccer in the playground.     나는 운동할 예정이다 축구를 운동장에서
I play baseball with my friends in the park.     나는 운동하다 야구를 나의 친구들과 공원에서
I played basketball in gym class.                나는 운동하였다 농구를 체육시간에
I play tennis twice a week.                      나는 운동하다 테니스를 두 번 일주일에
I used to play hide-and-seek after school.       나는 하곤 했다 숨바꼭질을 방과 후에

 이해 · 기억 · 활용하여할 **의미덩어리 청킹 - 1개의 단어처럼** 생각하세요. ^0^

play soccer/ play baseball/ play basketball/ play tennis/ play hide-and-seek/ in the playground/ with my friends/ in the park/ in gym class/ twice a week/ after school

# unit 210 postpone a game 「연기하다 게임을」

「게임을 연기하다」 의미로 쓰인다. 나쁜 날씨로 경기가 연기되거나 중단, 취소되는 경우에 사용하는 표현이다. 연기하는 것은 put off, 중단되는 것은 stop, suspend, 취소하는 것은 cancel, call off를 사용하여 표현한다.

| 주어 [명사, 명사구, 명사절] | 동사 postpone | 목적어 game |
|---|---|---|
| 형용사 | 부사 | 형용사 a |

**Tip** 의미덩어리 청킹 학습법에서는, 동사 postpone과 목적어 a game을 각각의 세 단어가 아니라, **청킹동사구 postpone a game**을 「게임을 연기하다」라는 한 개의 단어처럼 이해 기억 활용하며, 한 개의 의미덩어리 청킹이므로 머릿속에서 한 번만 생각합니다. 의미덩어리 청킹 학습법에서는, 부사구 because of the rain을 각각의 네 단어가 아니라, **청킹부사구 because of the rain**을 「비 때문에」라는 한 개의 단어처럼 이해 기억 활용하며, 한 개의 의미덩어리 청킹이므로 머릿속에서 한 번만 생각합니다.

― 표현하고자 하는 내용 얼개짜기 Outlining ―

### step 1 청킹동사구
[청킹동사 + 목적어 / 보어]

| | |
|---|---|
| postpone a game, | 연기하다 게임을 |
| postpone a game, | 연기하다 게임을 |
| postpone a game, | 연기하다 게임을 |
| put off a game, | 연기하다 게임을 |
| call off a game, | 취소하다 게임을 |

### step 2 청킹부사(구, 절)
등위절, 명사구(절), 형용사구(절)

| | |
|---|---|
| for a week, | 1주일 동안 |
| because of the rain, | 비 때문에 |
| due to the rain, | 비 때문에 |
| because of bad weather, | 나쁜 날씨 때문에 |
| in spite of the rain, | 비에도 불구하고 |

step 1 + step 2를 결합하여 완전한 문장으로

### step 3 청킹 문장 만들기
문장의 형태(긍정문, 부정문, 의문문, 명령문, 감탄문), 동사의 시제, 수(단수, 복수), 태(능동, 수동)를 생각하면서

| | |
|---|---|
| We would better postpone the game for a week. | 우리는 연기하는 것이 좋다 게임을 1주일 동안 |
| We postponed a football game because of the rain. | 우리는 연기하였다 축구경기를 비 때문에 |
| The game was postponed due to the rain. | 게임은 연기되었다 비 때문에 |
| The game was put off because of bad weather. | 게임은 연기되었다 나쁜 날씨 때문에 |
| The game was not called off in spite of the rain. | 게임은 취소되지 않았다 비에도 불구하고 |

 이해 · 기억 · 활용하여할 **의미덩어리 청킹 – 1개의 단어처럼** 생각하세요. ^O^

postpone a game/ postpone a football game/ put off a game/ call off a game/ for a week/ because of the rain/ due to the rain/ because of bad weather/ in spite of the rain

# unit 211 put somebody through 「연결하다 누구를」

「전화로 누구를 연결하다」 의미로 쓰인다. 전화를 하여 어느 부서나 사람의 연결을 부탁하거나, 걸려온 전화를 누구에게 연결할 때 사용하는 표현이다. 연결하는 대상은 전치사 to~를 사용한다. connect somebody~의 표현을 사용하기도 한다.

| 주어 [명사, 명사구, 명사절] | 동사 put | 목적어 somebody |
|---|---|---|
| 형용사 | 부사 through | 형용사 |

**Tip** 의미덩어리 청킹 학습법에서는, 동사 put through와 목적어 somebody를 각각의 세 단어가 아니라, **청킹동사구 put through somebody**를 「전화를 연결하다」라는 한 개의 단어처럼 이해 기억 활용하며, 한 개의 의미덩어리 청킹이므로 머릿속에서 한 번만 생각합니다. 의미덩어리 청킹 학습법에서는, 부사구 to the manager를 각각의 세 단어가 아니라, **청킹부사구 to the manager**를 「매니저에게」라는 한 개의 단어처럼 이해 기억 활용하며, 한 개의 의미덩어리 청킹이므로 머릿속에서 한 번만 생각합니다.

― 표현하고자 하는 내용 얼개짜기 Outlining ―

**step 1 청킹동사구** [청킹동사 + 목적어 / 보어]

| put somebody through, | 연결하다 누구를 |
| put somebody through, | 연결하다 누구를 |
| put somebody through, | 연결하다 누구를 |
| put somebody through, | 연결하다 누구를 |
| connect somebody, | 연결하다 누구를 |

**step 2 청킹부사(구, 절)** 등위절, 명사구(절), 형용사구(절)

| to the manager, | 매니저에게 |
| to the president, | 사장에게 |
| to his secretary, | 그의 비서에게 |
| to Justin. | 저스틴에게 |
| to the right section, | 담당부서로 |

step 1 + step 2를 결합하여 완전한 문장으로 ↓

**step 3 청킹 문장 만들기**
문장의 형태(긍정문, 부정문, 의문문, 명령문, 감탄문), 동사의 시제, 수(단수, 복수), 태(능동, 수동)를 생각하면서

| Please put me through to the manager. | 연결하라 나를 매니저에게 |
| Could you put me through to the president? | 너는 연결하여 주겠느냐 나를 사장에게? |
| I will put you through to his secretary. | 나는 연결할 것이다 너를 그의 비서에게 |
| I will put you through to Justin. | 나는 연결할 것이다 너를 저스틴에게 |
| I will connect you to the right section. | 나는 연결할 것이다 너를 담당부서로 |

 이해 · 기억 · 활용하여할 **의미덩어리 청킹 – 1개의 단어처럼** 생각하세요. ^O^

put somebody through/ put me through/ put you through/ connect somebody/ connect you/ to the manager/ to the president/ to his secretary/ to Justin/ to the right section

## unit 212 raise an arm 「들다 팔을」

「팔을 들다」 의미로 쓰인다.
특히 병원에서 진료를 하면서 상태를 알아보기 위해 팔 등을 들어보라고 말할 때 사용하는 표현이다.

주어 [명사, 명사구, 명사절] — 동사 raise — 목적어 arm
형용사 — 부사 — 형용사 an

**Tip** 의미덩어리 청킹 학습법에서는, 동사 raise와 목적어 an arm을 각각의 세 단어가 아니라, **청킹동사구 raise an arm**을 「팔을 들다」라는 한 개의 단어처럼 이해 기억 활용하며, 한 개의 의미덩어리 청킹이므로 머릿속에서 한 번만 생각합니다. 의미덩어리 청킹 학습법에서는, 부사구 over your head를 각각의 세 단어가 아니라, **청킹부사구 over your head**를 「너의 머리 위로」라는 한 개의 단어처럼 이해 기억 활용하며, 한 개의 의미덩어리 청킹이므로 머릿속에서 한 번만 생각합니다.

표현하고자 하는 내용 얼개짜기 Outlining

**step 1** 청킹동사구
[청킹동사 + 목적어 / 보어]

| raise an arm, | 들다 팔을 |
| raise an arm, | 들다 팔을 |
| raise an arm, | 들다 팔을 |
| raise a hand, | 들다 손을 |
| raise a leg, | 들다 다리를 |

**step 2** 청킹부사(구, 절)
등위절, 명사구(절), 형용사구(절)

| over your shoulders, | 너의 어깨위로 |
| above your head, | 너의 머리위로 |
| to chest level, | 가슴높이로 |
| over your head, | 너의 머리 위로 |
| and hold for a count of ten, | 그리고 유지하다 10을 셀 동안 |

step 1 + step 2를 결합하여 완전한 문장으로

**step 3** 청킹 문장 만들기
문장의 형태(긍정문, 부정문, 의문문, 명령문, 감탄문), 동사의 시제, 수(단수, 복수), 태(능동, 수동)를 생각하면서

| Please raise your arms over your shoulders. | 들어라 너의 팔을 너의 어깨위로 |
| Please raise your arms above your head. | 들어라 너의 팔을 너의 머리위로 |
| Please raise your arms to chest level. | 들어라 너의 팔을 가슴높이로 |
| Raise your hands over your head. | 들어라 너의 손을 너의 머리 위로 |
| Raise your leg and hold for a count of ten. | 들라 너의 다리를 그리고 유지하라 10을 셀 동안 |

 이해 · 기억 · 활용하여할 **의미덩어리 청킹 – 1개의 단어처럼** 생각하세요. ^0^
raise an arm/ raise your arms/ raise a hand/ raise your hands/ raise a leg/ raise your leg/ over your shoulders/ above your head/ over your head/ to chest level/ and hold for a count of ten

# unit 213 recommend a person 「추천하다 사람을」

「사람을 추천하다」 의미로 쓰인다.
직장에서 자리에 적합한 사람의 추천을 부탁하거나 추천을 할 때 사용하는 표현이다.

| 주어 [명사, 명사구, 명사절] | 동사 recommend | 목적어 person |
|---|---|---|
| 형용사 | 부사 | 형용사 a |

**Tip** 의미덩어리 청킹 학습법에서는, 동사 recommend와 목적어 a person을 각각의 세 단어가 아니라, **청킹동사구 recommend a person**을 「사람을 추천하다」라는 한 개의 단어처럼 이해 기억 활용하며, 한 개의 의미덩어리 청킹이므로 머릿속에서 한 번만 생각합니다. 의미덩어리 청킹 학습법에서는, 부사구 for the post를 각각의 세 단어가 아니라, **청킹부사구 for the post**를 「그 자리에」라는 한 개의 단어처럼 이해 기억 활용하며, 한 개의 의미덩어리 청킹이므로 머릿속에서 한 번만 생각합니다.

―― 표현하고자 하는 내용 얼개짜기 Outlining ――

### step 1 청킹동사구
[청킹동사 + 목적어 / 보어]

| recommend a person, | 추천하다 누구를 |
| recommend a person, | 추천하다 누구를 |
| recommend a secretary, | 추천하다 비서를 |
| recommend someone, | 추천하다 누구를 |
| recommend someone, | 추천하다 누구를 |

### step 2 청킹부사(구, 절)
등위절, 명사구(절), 형용사구(절)

| for the post, | 그 자리에 |
| to you, | 너에게 |
| for me, | 나를 위해 |
| who best fits the position, | 누구 가장 적합한 자리에 |
| highly/ for the job, | 적극 그 자리에 |

step1 + step2를 결합하여 완전한 문장으로
↓

### step 3 청킹 문장 만들기
문장의 형태(긍정문, 부정문, 의문문, 명령문, 감탄문), 동사의 시제, 수(단수, 복수), 태(능동, 수동)를 생각하면서

| Could you recommend the right person for the post? | 너는 추천하느냐 적합한 사람을 그 자리에? |
| I highly recommend an excellent person to you. | 나는 적극 추천하다 좋은 사람을 너에게 |
| Can you recommend a secretary for me? | 너는 추천해주겠느냐 비서를 나를 위해? |
| Please recommend someone who best fits the position. | 추천하라 누구를 가장 적합한 자리에 |
| Who would you recommend highly for the job? | 누구를 너는 추천하느냐 적극 그 자리에? |

 이해·기억·활용하여 **의미덩어리 청킹 – 1개의 단어처럼** 생각하세요. ^O^
recommend a person/ recommend the right person/ recommend an excellent person/ recommend a secretary/ recommend someone/ for the post/ to you/ for me/ for the job/ who best fits the position

# save money 「저축하다 돈을」

「돈을 저축하다, 모으다, 절약하다」 의미로 쓰인다.
어떤 경우를 대비하여 저축하고 절약하는 경우에 사용하는 표현이다.

```
주어 [명사, 명사구, 명사절]    동사 save    목적어 money
        형용사                   부사            형용사
```

**Tip** 의미덩어리 청킹 학습법에서는, 동사 save와 목적어 money를 각각의 2단어가 아니라, **청킹동사구 save money**를 「돈을 저축하다」라는 1개의 단어처럼 이해 기억 활용하며, 1개의 의미덩어리 청킹이므로 머릿속에서 1번만 생각합니다. 의미덩어리 청킹 학습법에서는, 부사구 for a rainy day를 각각의 4단어가 아니라, **청킹부사구 for a rainy day**를 「어려운 경우를 대비하여」이라는 1개의 단어처럼 이해 기억 활용하며, 1개의 의미덩어리 청킹이므로 머릿속에서 1번만 생각합니다

표현하고자 하는 내용 얼개짜기 Outlining

### step 1 청킹동사구
[청킹동사 + 목적어 / 보어]

save money,     저축하다 돈을
save money,     저축하다 돈을
save money,     저축하다 돈을
save money,     저축하다 돈을
save money,     저축하다 돈을

\+

### step 2 청킹부사(구, 절)
등위절, 명사구(절), 형용사구(절)

for a rainy day,          어려운 경우를 대비하여
for this trip,            이 여행을 위해
by little by little,      조금씩
to buy a new car,         사기 위하여 새 차를
in many different ways,   많은 다른 방법들로

step 1 + step 2를 결합하여 완전한 문장으로

### step 3 청킹 문장 만들기
문장의 형태(긍정문, 부정문, 의문문, 명령문, 감탄문), 동사의 시제, 수(단수, 복수), 태(능동, 수동)를 생각하면서

I am saving money for a rainy day.          나는 저축하고 있다 돈을 어려운 경우를 대비하여
I am saving money for this trip.            나는 저축하고 있다 돈을 이 여행을 위해
I will save money by little by little.      나는 저축할 것이다 돈을 조금씩
I must save money to buy a new car.         나는 저축하여야 하다 돈을 사기 위하여 새 차를
You can save money in many different ways.  너는 모을 수 있다 돈을 많은 다른 방법들로

 이해 · 기억 · 활용하여할 **의미덩어리 청킹 – 1개의 단어처럼** 생각하세요. ^0^

save money/ for a rainy day/ for this trip/ by little by little/ to buy a new car/ in many different ways

# unit 215 see a doctor 「가다 병원을」

단어적인 의미는 의사를 보다 이지만, 「병원을 가다, 진찰을 받다」 의미로 쓰인다.
병원에 가서 진찰을 받는 것이 좋겠다는 것을 말할 때 사용하는 표현이다.

| 주어 [명사, 명사구, 명사절] | 동사 see | 목적어 doctor |
|---|---|---|
| 형용사 | 부사 | 형용사 a |

**Tip** 의미덩어리 청킹 학습법에서는, 동사 see와 목적어 a doctor를 각각의 세 단어가 아니라, **청킹동사구 see a doctor**를 「**병원을 가다**」라는 한 개의 단어처럼 이해 기억 활용하며, 한 개의 의미덩어리 청킹이므로 머릿속에서 한 번만 생각합니다.
의미덩어리 청킹 학습법에서는, 부사구 just in case를 각각의 세 단어가 아니라, **청킹부사구 just in case**를 「**만약을 위해서**」라는 한 개의 단어처럼 이해 기억 활용하며, 한 개의 의미덩어리 청킹이므로 머릿속에서 한 번만 생각합니다.

## 표현하고자 하는 내용 얼개짜기 Outlining

### step 1 청킹동사구
[청킹동사 + 목적어 / 보어]

| | |
|---|---|
| see a doctor, | 가다 병원을 |
| see a doctor, | 가다 병원을 |
| see a doctor, | 가다 병원을 |
| see a doctor, | 가다 병원을 |
| see a doctor, | 가다 병원을 |

### step 2 청킹부사(구, 절)
등위절, 명사구(절), 형용사구(절)

| | |
|---|---|
| at once, | 즉시 |
| just in case, | 만약을 위해서 |
| for a bad cough, | 심한 기침으로 |
| first/ for a prescription, | 먼저 처방전을 위해 |
| before it gets worse, | 전에 그것이 되는 더 나쁜 |

**step 1 + step 2를 결합하여 완전한 문장으로**

### step 3 청킹 문장 만들기
문장의 형태(긍정문, 부정문, 의문문, 명령문, 감탄문), 동사의 시제, 수(단수, 복수), 태(능동, 수동)를 생각하면서

| | |
|---|---|
| You had better see a doctor at once. | 너는 가는 것이 좋다 병원을 즉시 |
| I should go see a doctor just in case. | 나는 가는 것이 좋다 병원을 만약을 위해서 |
| I need to see a doctor for a bad cough. | 나는 필요하다 가는 병원을 심한 기침으로 |
| You should see a doctor first for a prescription. | 너는 가는 것이 좋다 병원을 먼저 처방전을 위해 |
| You should see a doctor before it gets worse. | 너는 가는 것이 좋다 병원을 전에 그것이 되는 더 나쁜 |

! 이해 · 기억 · 활용하여할 **의미덩어리 청킹 – 1개의 단어처럼** 생각하세요. ^O^

see a doctor/ at once/ just in case/ for a bad cough/ for a prescription/ before it gets worse

unit 216

# see a movie  「보다 영화를」

「영화를 보다, 영화를 구경하다」 의미로 쓰인다.
여가생활로 극장에 영화를 보러 가는 것을 얘기할 때 사용하는 표현이다.

| 주어 [명사, 명사구, 명사절] | 동사 see | 목적어 movie |
|---|---|---|
| 형용사 | 부사 | 형용사 a |

**Tip** 의미덩어리 청킹 학습법에서는, 동사 see와 목적어 a movie를 각각의 세 단어가 아니라, **청킹동사구 see a movie를 「영화를 보다」**라는 한 개의 단어처럼 이해 기억 활용하며, 한 개의 의미덩어리 청킹이므로 머릿속에서 한 번만 생각합니다. 의미덩어리 청킹 학습법에서는, 부사구 as a group을 각각의 세 단어가 아니라, **청킹부사구 as a group을 「단체로」**라는 한 개의 단어처럼 이해 기억 활용하며, 한 개의 의미덩어리 청킹이므로 머릿속에서 한 번만 생각합니다.

---

**표현하고자 하는 내용 얼개짜기 Outlining**

### step 1 청킹동사구
[청킹동사 + 목적어 / 보어]

see a movie,    보다 영화를
see a movie,    보다 영화를
see a movie,    보다 영화를
see a movie,    보다 영화를
see a movie,    보다 영화를

### step 2 청킹부사(구, 절)
등위절, 명사구(절), 형용사구(절)

some other time,      나중에
tonight,              오늘 저녁
with me/ tonight,     나와 같이 오늘 저녁
as a group/ tomorrow, 단체로 내일
in a long time,       오랫동안

**step 1 + step 2를 결합하여 완전한 문장으로**

### step 3 청킹 문장 만들기
문장의 형태(긍정문, 부정문, 의문문, 명령문, 감탄문), 동사의 시제, 수(단수, 복수), 태(능동, 수동)를 생각하면서

We can see a movie some other time.        우리는 볼 수 있다 영화를 나중에
Let's go to see a movie tonight.           하자 우리가 가는 보러 영화를 오늘 저녁
Would you like to go and see a movie with me tonight?   너는 가서 보겠느냐 영화를 나와 같이 오늘 저녁?
We are going to see a movie as a group tomorrow.        우리는 볼 예정이다 영화를 단체로 내일
I haven't seen a movie in a long time.     나는 보지 못하였다 영화를 오랫동안

 이해 · 기억 · 활용하여할 **의미덩어리 청킹 – 1개의 단어처럼** 생각하세요. ^O^

see a movie/ some other time/ with me/ as a group/ in a long time

## unit 217

# send a letter
「보내다 편지를」

「편지를 보내다」 의미로 쓰인다. 우체국에서 편지나 소포, 우편환 등을 보낼 때 사용하는 표현이다.
발송하는 방법은 뒤에 전치사 by~를 사용하여 표현한다.

| 주어 [명사, 명사구, 명사절] | 동사 send | 목적어 letter |
|---|---|---|
| 형용사 | 부사 | 형용사 a |

**Tip** 의미덩어리 청킹 학습법에서는, 동사 send와 목적어 a letter를 각각의 세 단어가 아니라, **청킹동사구 send a letter**를 「편지를 보내다」라는 한 개의 단어처럼 이해 기억 활용하며, 한 개의 의미덩어리 청킹이므로 머릿속에서 한 번만 생각합니다.
의미덩어리 청킹 학습법에서는, 부사구 by registered mail을 각각의 세 단어가 아니라, **청킹부사구 by registered mail**을 「등기우편으로」라는 한 개의 단어처럼 이해 기억 활용하며, 한 개의 의미덩어리 청킹이므로 머릿속에서 한 번만 생각합니다.

---

표현하고자 하는 내용 얼개짜기 Outlining

### step 1 청킹동사구
[청킹동사 + 목적어 / 보어]

| send a letter, | 보내다 편지를 |
| send a letter, | 보내다 편지를 |
| send a letter, | 보내다 편지를 |
| send a package, | 보내다 꾸러미를 |
| send a parcel, | 보내다 소포를 |

### step 2 청킹부사(구, 절)
등위절, 명사구(절), 형용사구(절)

| by regular mail, | 보통우편으로 |
| by registered mail, | 등기우편으로 |
| to China/ by air mail, | 중국으로 항공우편으로 |
| by sea mail, | 선박우편으로 |
| by special delivery, | 속달로 |

step 1 + step 2를 결합하여 완전한 문장으로

### step 3 청킹 문장 만들기
문장의 형태(긍정문, 부정문, 의문문, 명령문, 감탄문), 동사의 시제, 수(단수, 복수), 태(능동, 수동)를 생각하면서

| I would like to send this letter by regular mail. | 나는 보내기를 원하다 이 편지를 보통우편으로 |
| I would like to send this letter by registered mail. | 나는 보내기를 원하다 이 편지를 등기우편으로 |
| I would like to send this letter to China by air mail. | 나는 보내기를 원하다 이 편지를 중국으로 항공우편으로 |
| I would like to send this package by sea mail. | 나는 보내기를 원하다 이 꾸러미를 선박우편으로 |
| I would like to send this parcel by special delivery. | 나는 보내기를 원하다 이 소포를 속달로 |

이해 · 기억 · 활용하여할 **의미덩어리 청킹 – 1개의 단어처럼** 생각하세요. ^O^

send a letter/ send this letter/ send a package/ send this package/ send a parcel/ send this parcel/ by regular mail/ by registered mail/ to China/ by air mail/ by sea mail/ by special delivery

# unit 218 sign a contract 「서명하다 계약을」

「계약서에 서명하다」 의미로 비즈니스 등에 쓰인다.
여러 가지 사항을 확인하고 계약서에 서명을 할 때 사용하는 표현이다.

| 주어 [명사, 명사구, 명사절] | 동사 sign | 목적어 contract |
|---|---|---|
| 형용사 | 부사 | 용사 a |

**Tip** 의미덩어리 청킹 학습법에서는, 동사 sign과 목적어 a contract를 각각의 세 단어가 아니라, **청킹동사구 sign a contract**를 「계약서에 서명하다」라는 한 개의 단어처럼 이해 기억 활용하며, 한 개의 의미덩어리 청킹이므로 머릿속에서 한 번만 생각합니다. 의미덩어리 청킹 학습법에서는, 부사구 on approval을 각각의 두 단어가 아니라, **청킹부사구 on approval**을 「점검하고 나서」라는 한 개의 단어처럼 이해 기억 활용하며, 한 개의 의미덩어리 청킹이므로 머릿속에서 한 번만 생각합니다.

― 표현하고자 하는 내용 얼개짜기 Outlining ―

### step 1 청킹동사구
[청킹동사 + 목적어 / 보어]

| sign a contract, | 서명하다 계약을 |
| sign a contract, | 서명하다 계약을 |
| sign a contract, | 서명하다 계약을 |
| sign a copy, | 서명하다 복사본에 |
| sign an agreement, | 서명하다 계약을 |

+

### step 2 청킹부사(구, 절)
등위절, 명사구(절), 형용사구(절)

| on approval, | 점검하고 나서 |
| in the near future, | 가까운 미래에 |
| agreeing to the conditions, | 동의하면서 조건들을 |
| of the contract, | 계약서의 |
| to promote cooperation, | 증진하는 협력을 |

step 1 + step 2를 결합하여 완전한 문장으로

### step 3 청킹 문장 만들기
문장의 형태(긍정문, 부정문, 의문문, 명령문, 감탄문), 동사의 시제, 수(단수, 복수), 태(능동, 수동)를 생각하면서

| I will sign the contract on approval. | 나는 서명 할 것이다 계약을 점검하고 나서 |
| I hope to sign a new contract in the near future. | 나는 바라다 서명하는 새로운 계약을 가까운 미래에 |
| I want you sign this contract agreeing to the conditions. | 나는 원하다 너가 서명하는 이 계약서를 동의하면서 조건들을 |
| Please sign both copies of the contract. | 서명하라 복사본 2부에 계약서의 |
| We signed an agreement to promote cooperation. | 우리는 서명하였다 계약을 증진하는 협력을 |

 이해 · 기억 · 활용하여할 **의미덩어리 청킹 – 1개의 단어처럼** 생각하세요. ^0^

sign a contract/ sign a new contract/ sign this contract/ sign a copy/ sign both copies/ sign an agreement/ on approval/ in the near future/ agreeing to the conditions/ of the contract/ to promote cooperation

# spend time

## unit 219

## 「보내다 시간을」

「시간을 보내다, 시간을 소비하다」 의미로 쓰이며, 어떻게 무엇을 하면서 누구와 시간을 보내는 것을 말할 때 사용하는 표현이다. 무엇을 하면서 보내는 것은 뒤에 동사ing~, 누구와 보내는 것은 전치사 with~을 사용하여 표현한다.

| 주어 [명사, 명사구, 명사절] | 동사 spend | 목적어 time |
|---|---|---|
| 형용사 | 부사 | 형용사 |

**Tip** 의미덩어리 청킹 학습법에서는, 동사 spend와 목적어 time을 각각의 두 단어가 아니라, **청킹동사구 spend time**을 「시간을 보내다」라는 **한 개의 단어**처럼 이해 기억 활용하며, 한 개의 의미덩어리 청킹이므로 머릿속에서 한 번만 생각합니다. 의미덩어리 청킹 학습법에서는, 부사구 on computer games를 각각의 세 단어가 아니라, **청킹부사구 on computer games**를 「컴퓨터 게임에」라는 **한 개의 단어**처럼 이해 기억 활용하며, 한 개의 의미덩어리 청킹이므로 머릿속에서 한 번만 생각합니다.

### 표현하고자 하는 내용 얼개짜기 Outlining

**step 1** 청킹동사구
[청킹동사 + 목적어 / 보어]

spend time,   보내다 시간을
spend time,   보내다 시간을
spend time,   보내다 시간을
spend time,   보내다 시간을
spend time,   보내다 시간을

**+**

**step 2** 청킹부사(구, 절)
등위절, 명사구(절), 형용사구(절)

with my family/ on the weekend,   나의 가족들과 주말에
out of doors/ in the fresh air,   야외에서 신선한 공기에
speaking with your family,   얘기하는 너의 가족과
watching TV,   TV를 보면서
on computer games,   컴퓨터 게임에

step 1 + step 2를 결합하여 완전한 문장으로

**step 3** 청킹 문장 만들기
문장의 형태(긍정문, 부정문, 의문문, 명령문, 감탄문), 동사의 시제, 수(단수, 복수), 태(능동, 수동)를 생각하면서

I spend time with my family on the weekend.   나는 보내다 시간을 나의 가족들과 주말에
You should spend more time out of doors in the fresh air.   너는 보내는 것이 좋다 더 많은 시간을 야외에서 신선한 공기에
Do you spend much time speaking with your family?   너는 보내느냐 많은 시간을 얘기하는 너의 가족과?
I spend too much time watching TV.   나는 보내다 너무 많은 시간을 TV를 보면서
You spend too much time on computer games.   너는 보내다 너무 많은 시간을 컴퓨터 게임에

**!** 이해 · 기억 · 활용하여할 **의미덩어리 청킹 – 1개의 단어처럼** 생각하세요. ^O^
spend time/ spend more time/ spend much time/ spend too much time/ with my family/ on the weekend/ out of doors/ in the fresh air/ on computer games/ speaking with your family/ watching TV

# unit 220 start working 「시작하다 일을」

「일을 시작하다」 의미로 비즈니스 등에 쓰인다.
상대방에게 언제부터 근무를 시작할 수 있는가를 물어볼 때 사용하는 표현이다.

| 주어 [명사, 명사구, 명사절] | 동사 start | 목적어 working |
|---|---|---|
| 형용사 | 부사 | 형용사 |

**Tip** 의미덩어리 청킹 학습법에서는, 동사 start와 목적어 working을 각각의 두 단어가 아니라, **청킹동사구 start working**을 「일을 시작하다」라는 **한 개의 단어처럼** 이해 기억 활용하며, 한 개의 의미덩어리 청킹이므로 머릿속에서 한 번만 생각합니다.
의미덩어리 청킹 학습법에서는, 부사구 as soon as possible을 각각의 네 단어가 아니라, **청킹부사구 as soon as possible**을 「가능한 한 빨리」라는 **한 개의 단어처럼** 이해 기억 활용하며, 한 개의 의미덩어리 청킹이므로 머릿속에서 한 번만 생각합니다.

---

표현하고자 하는 내용 얼개짜기 Outlining

### step 1 청킹동사구
[청킹동사 + 목적어 / 보어]

| | |
|---|---|
| start working, | 시작하다 일을 |
| start working, | 시작하다 일을 |
| start working, | 시작하다 일을 |
| start working, | 시작하다 일을 |
| be available, | 이다 가능한 |

### step 2 청킹부사(구, 절)
등위절, 명사구(절), 형용사구(절)

| | |
|---|---|
| right away, | 즉시 |
| on it/ now, | 그것에 대해 지금 |
| as soon as possible, | 가능한 한 빨리 |
| at this company, | 이 회사에서 |
| to start working, | 시작하는 일을 |

step1+step2를 결합하여 완전한 문장으로

### step 3 청킹 문장 만들기
문장의 형태(긍정문, 부정문, 의문문, 명령문, 감탄문), 동사의 시제, 수(단수, 복수), 태(능동, 수동)를 생각하면서

| | |
|---|---|
| Would you be able to start working right away? | 너는 이느냐 가능한 시작하는 일을 즉시? |
| I can start working on it now. | 나는 시작할 수 있다 일을 그것에 대해 지금 |
| We would like you to start working as soon as possible. | 우리는 원하다 너가 시작하는 일을 가능한 한 빨리 |
| How soon would you be able to start working at this company? | 얼마나 빨리 너는 이느냐 가능한 시작하는 일을 이 회사에서? |
| When would you be available to start working? | 언제 너는 이다 가능한 시작하는 일을? |

 이해 · 기억 · 활용하여할 **의미덩어리 청킹 – 1개의 단어처럼** 생각하세요. ^O^

start working/ be available to start working/ right away/ on it/ as soon as possible/ at this company

## unit 221 stay healthy 「유지하다 건강한」

「건강을 유지하다」 의미로 쓰이며, 어떻게 건강을 유지하는 것이 좋은 것이지를 말할 때 사용하는 표현이다. 이때 stay는 뒤에 형용사를 두어 「~한 상태로 있다, ~한 상태를 유지하다」라는 의미로 사용된다. 방법은 전치사 by~를 사용하여 표현한다.

| 주어 [명사, 명사구, 명사절] | 동사 stay | 보어 healthy |
|---|---|---|
| 형용사 | 부사 | 부사 |

**Tip** 의미덩어리 청킹 학습법에서는, 동사 stay와 보어 healthy를 각각의 두 단어가 아니라, **청킹동사구 stay healthy**를 「건강을 유지하다」라는 한 개의 단어처럼 이해 기억 활용하며, 한 개의 의미덩어리 청킹이므로 머릿속에서 한 번만 생각합니다. 의미덩어리 청킹 학습법에서는, 부사구 by exercising regularly를 각각의 세 단어가 아니라, **청킹부사구 by exercising regularly**를 「규칙적으로 운동함으로서」라는 한 개의 단어처럼 이해 기억 활용하며, 한 개의 의미덩어리 청킹이므로 머릿속에서 한 번만 생각합니다.

### 표현하고자 하는 내용 얼개짜기 Outlining

**step 1** 청킹동사구
[청킹동사 + 목적어 / 보어]

| stay healthy, | 유지하다 건강한 |
| stay healthy, | 유지하다 건강한 |
| stay healthy, | 유지하다 건강한 |
| stay healthy, | 유지하다 건강한 |
| stay healthy, | 유지하다 건강한 |

**+**

**step 2** 청킹부사(구, 절)
등위절, 명사구(절), 형용사구(절)

| during the summer, | 여름동안에 |
| and live longer, | 그리고 살아라 오래 |
| by exercising regularly, | 운동함으로서 규칙적으로 |
| by trying to laugh a lot, | 노력함으로서 웃는 많이 |
| by washing our hands regularly, | 씻음으로서 손을 규칙적으로 |

step 1 + step 2를 결합하여 완전한 문장으로

**step 3** 청킹 문장 만들기
문장의 형태(긍정문, 부정문, 의문문, 명령문, 감탄문), 동사의 시제, 수(단수, 복수), 태(능동, 수동)를 생각하면서

| Let's stay healthy during the summer. | 하자 우리가 유지하는 건강한 여름동안에 |
| Stay healthy and live longer. | 유지하라 건강한 그리고 살아라 오래 |
| Try to stay healthy by exercising regularly. | 노력하라 유지하는 건강한 운동함으로서 규칙적으로 |
| You can stay healthy by trying to laugh a lot. | 너는 유지할 수 있다 건강한 노력함으로서 웃는 많이 |
| Let's stay healthy by washing our hands regularly. | 하자 우리가 유지하는 건강한 씻음으로서 손을 규칙적으로 |

 이해·기억·활용하여할 **의미덩어리 청킹 – 1개의 단어처럼** 생각하세요. ^0^

stay healthy/ during the summer/ by exercising regularly/ by trying to laugh a lot/ by washing our hands regularly/ and live longer

## unit 222 take a breath 「하다 호흡을」

「호흡을 하다」 의미로 쓰인다. 마음을 진정시키거나 분노를 참기 위하여 심호흡을 하는 것은 형용사 deep를 사용하여 take a deep breath~로 표현하며, 호흡을 참는 것은 동사 hold를 사용하여 hold a breath~로 표현한다.

주어 [명사, 명사구, 명사절]  동사 take  목적어 breath
형용사  부사  형용사 a

**Tip** 의미덩어리 청킹 학습법에서는, 동사 take와 목적어 a breath를 각각의 세 단어가 아니라, **청킹동사구 take a breath**를 「호흡을 하다」라는 한 개의 단어처럼 이해 기억 활용하며, 한 개의 의미덩어리 청킹이므로 머릿속에서 한 번만 생각합니다. 의미덩어리 청킹 학습법에서는, 부사구 to calm yourself down을 각각의 네 단어가 아니라, **청킹부사구 to calm yourself down**을 「너 자신을 진정하기 위하여」라는 한 개의 단어처럼 이해 기억 활용하며, 한 개의 의미덩어리 청킹이므로 머릿속에서 한 번만 생각합니다.

### 표현하고자 하는 내용 얼개짜기 Outlining

**step 1 청킹동사구** [청킹동사 + 목적어 / 보어]

take a breath,  하다 호흡을
take a breath,  하다 호흡을
take a breath,  하다 호흡을
hold a breath,  참다 호흡을
hold a breath,  참다 호흡을

**step 2 청킹부사(구, 절)** 등위절, 명사구(절), 형용사구(절)

to calm yourself down,  진정하기 위하여 너 자신을
trying to keep calm,  노력 하면서 침착하기 위하여
of relief/ and begin to talk,  안도의 그리고 시작하다 말하는 것을
for a moment,  잠시 동안
and count to ten,  그리고 세다 열까지

### step 1 + step 2를 결합하여 완전한 문장으로

**step 3 청킹 문장 만들기** 문장의 형태(긍정문, 부정문, 의문문, 명령문, 감탄문), 동사의 시제, 수(단수, 복수), 태(능동, 수동)를 생각하면서

Please take a deep breath to calm yourself down.  하라 심호흡을 진정하기 위하여 너 자신을
I took a deep breath trying to keep calm.  나는 하였다 심호흡을 노력 하면서 침착하기 위하여
I take a breath of relief and begin to talk.  나는 하다 호흡을 안도의 그리고 시작하다 말하는 것을
Please hold your breath for a moment.  참아라 너의 호흡을 잠시 동안
Hold your breath and count to ten.  참아라 너의 호흡을 그리고 세라 열까지

 이해 · 기억 · 활용하여할 **의미덩어리 청킹 – 1개의 단어처럼** 생각하세요. ^O^

take a breath/ take a deep breath/ hold a breath/ hold your breath/ to calm yourself down/ trying to keep calm/ of relief/ for a moment/ and begin to talk/ and count to ten

# unit 223 take a course 「수강하다 과정을」

「과정을 수강하다, 강습을 듣다, 수업을 듣다」 의미로 쓰인다. 특히 학교에서 과정이나 과목, 수업을 수강하는 것을 말할 때 사용하는 표현이다. 명사 class, subject를 사용하여 take a class~, take a subject~로 표현하기도 한다.

주어 [명사, 명사구, 명사절]  —  동사 take  —  목적어 course
형용사  —  부사  —  형용사 a

**Tip** 의미덩어리 청킹 학습법에서는, 동사 take와 목적어 a course를 각각의 세 단어가 아니라, **청킹동사구 take a course**를 「과정을 수강하다」라는 한 개의 단어처럼 이해 기억 활용하며, 한 개의 의미덩어리 청킹이므로 머릿속에서 한 번만 생각합니다. 의미덩어리 청킹 학습법에서는, 부사구 for your elective course를 각각의 네 단어가 아니라, **청킹부사구 for your elective course**를 「너의 선택과목으로」라는 한 개의 단어처럼 이해 기억 활용하며, 한 개의 의미덩어리 청킹이므로 머릿속에서 한 번만 생각합니다.

### 표현하고자 하는 내용 얼개짜기 Outlining

**step 1 청킹동사구**
[청킹동사 + 목적어 / 보어]

take a course,  수강하다 과정을
take a course,  수강하다 과정을
take a course,  수강하다 과정을
take a course,  수강하다 과정을
take a class,   수강하다 수업을

**+**

**step 2 청킹부사(구, 절)**
등위절, 명사구(절), 형용사구(절)

this semester,            이번 학기에
in Spanish,               스페인어의
in college,               대학에서
for your elective course, 너의 선택과목으로
this coming semester,     이번 다가오는 학기에

### step 1+step 2를 결합하여 완전한 문장으로

**step 3 청킹 문장 만들기**
문장의 형태(긍정문, 부정문, 의문문, 명령문, 감탄문), 동사의 시제, 수(단수, 복수), 태(능동, 수동)를 생각하면서

How many courses are you taking this semester?  몇 개의 과정을 너는 수강하고 있느냐 이번 학기에?
I take a crash course in Spanish.  나는 수강하다 단기 집중과정을 스페인어의
I plan to take a computer course in college.  나는 계획하다 수강하는 컴퓨터 과정을 대학에서
What are you taking for your elective course?  무엇을 너는 수강하고 있느냐 너의 선택과목으로?
How many classes are you taking this coming semester?  몇 개의 수업을 너는 수강하고 있느냐 이번 다가오는 학기에?

! 이해 · 기억 · 활용하여할 **의미덩어리 청킹 – 1개의 단어처럼** 생각하세요. ^O^
take a course/ take a crash course/ take a computer course/ take a class/ this semester/ in Spanish/ in college/ for your elective course/ this coming semester

## unit 224 **take a lesson** 「받다 강습을」

「강습을 받다, 수업을 받다」 의미로 쓰인다.
어떤 분야의 실력을 향상시키기 위하여 집중적인 지도를 받을 때 사용하는 표현이다.

| 주어 [명사, 명사구, 명사절] | 동사 take | 목적어 lesson |
|---|---|---|
| 형용사 | 부사 | 형용사 a |

> **Tip** 의미덩어리 청킹 학습법에서는, 동사 take와 목적어 a lesson을 각각의 세 단어가 아니라, **청킹동사구 take a lesson**을 「**강습을 받다**」라는 **한 개의 단어처럼** 이해 기억 활용하며, 한 개의 의미덩어리 청킹이므로 머릿속에서 한 번만 생각합니다. 의미덩어리 청킹 학습법에서는, 부사구 to improve English를 각각의 세 단어가 아니라, **청킹부사구 to improve English**를 「**영어를 향상하기 위하여**」라는 **한 개의 단어처럼** 이해 기억 활용하며, 한 개의 의미덩어리 청킹이므로 머릿속에서 한 번만 생각합니다.

---

표현하고자 하는 내용 얼개짜기 Outlining

### step 1 청킹동사구
[청킹동사 + 목적어 / 보어]

| take a lesson, | 받다 강습을 |
| take a lesson, | 받다 강습을 |
| take a lesson, | 받다 강습을 |
| take a lesson, | 받다 강습을 |
| take a lesson, | 받다 강습을 |

### step 2 청킹부사(구, 절)
등위절, 명사구(절), 형용사구(절)

| to improve English, | 향상하기 위하여 영어를 |
| for a couple of years, | 2년 동안 |
| in piano, | 피아노를 |
| from a local musician, | 지역 음악가로부터 |
| for the first time, | 처음으로 |

step 1 + step 2를 결합하여 완전한 문장으로
↓

### step 3 청킹 문장 만들기
문장의 형태(긍정문, 부정문, 의문문, 명령문, 감탄문), 동사의 시제, 수(단수, 복수), 태(능동, 수동)를 생각하면서

I have to take private lessons to improve English.　나는 받아야만 하다 개인 강습을 향상하기 위하여 영어를
I took violin lessons for a couple of years.　나는 받았다 바이올린 강습을 2년 동안
I am taking private lessons in piano.　나는 받고 있다 개인적인 강습을 피아노를
I take music lessons from a local musician.　나는 받다 음악 강습을 지역 음악가로부터
I am taking driving lessons for the first time.　나는 받을 예정이다 운전강습을 처음으로

---

 이해 · 기억 · 활용하여할 **의미덩어리 청킹 – 1개의 단어처럼** 생각하세요. ^0^

take a lesson/ take private lessons/ take violin lessons/ take music lessons/ take driving lessons/
to improve English/ for a couple of years/ in piano/ from a local musician/ for the first time

# unit 225 take medicine 「복용하다 약을」

「약을 복용하다, 약을 먹다」 의미로 쓰인다. 약국에서 약을 주면서 복용법에 대하여 알려 줄거나 물을 때 사용하는 표현이다. 명사 medication, pill(알약), tablet(정제)을 사용하여 take medication~, take a pill~, take a tablet~로 표현하기도 한다.

| 주어 [명사, 명사구, 명사절] | 동사 take | 목적어 medicine |
|---|---|---|
| 형용사 | 부사 | 형용사 |

> **Tip** 의미덩어리 청킹 학습법에서는, 동사 take와 목적어 medicine을 각각의 두 단어가 아니라, **청킹동사구 take medicine**을 「약을 복용하다」라는 한 개의 단어처럼 이해 기억 활용하며, 한 개의 의미덩어리 청킹이므로 머릿속에서 한 번만 생각합니다. 의미덩어리 청킹 학습법에서는, 부사구 after each meal을 각각의 세 단어가 아니라, **청킹부사구 after each meal**을 「매 식사 후에」라는 한 개의 단어처럼 이해 기억 활용하며, 한 개의 의미덩어리 청킹이므로 머릿속에서 한 번만 생각합니다.

## 표현하고자 하는 내용 얼개짜기 Outlining

### step 1 청킹동사구
[청킹동사 + 목적어 / 보어]

| take medicine, | 복용하다 약을 |
| take medicine, | 복용하다 약을 |
| take medication, | 복용하다 약을 |
| take a pill, | 복용하다 알약을 |
| take a pill, | 복용하다 알약을 |

### step 2 청킹부사(구, 절)
등위절, 명사구(절), 형용사구(절)

| within 30 minutes/ after eating, | 30분 이내에 식후 |
| after each meal, | 매 식사 후에 |
| and get a good rest, | 그리고 취하라 편한 휴식을 |
| at a time, | 한번에 |
| three times/ a day, | 세 번 하루에 |

**step 1 + step 2를 결합하여 완전한 문장으로**
↓

### step 3 청킹 문장 만들기
문장의 형태(긍정문, 부정문, 의문문, 명령문, 감탄문), 동사의 시제, 수(단수, 복수), 태(능동, 수동)를 생각하면서

| Please take this medicine within 30 minutes after eating. | 복용하라 이 약을 30분 이내에 식후 |
| You should take this medicine after each meal. | 너는 복용하여야 하다 이 약을 매 식사 후에 |
| Take medication and get a good rest. | 복용하라 그리고 취하라 편한 휴식을 |
| How many pills do I take at a time? | 몇 알을 나는 복용하여야 하느냐 한번에? |
| Take one pill three times a day. | 복용하다 한 알을 세 번 하루에 |

 이해·기억·활용하여할 **의미덩어리 청킹 – 1개의 단어처럼** 생각하세요. ^0^

take medicine/ take this medicine/ take medication/ take a pill/ take one pill/ within 30 minutes after eating/ after each meal/ at a time/ three times a day/ and get a good rest

## unit 226 take a message 「받다 메시지를」

「메시지를 받다, 메모를 남기다」의 의미로 쓰인다. 전화한 사람이 전하려는 메시지를 받거나, 전화가 오면 메모를 잘 받아주라고 말할 때 사용하는 표현이다. 「나는 너가 전화하여 남긴 ~한 메시지를 받았다」라고 하면서 전화한 상대방에게 전화를 할 때는 I got a message~로 표현한다.

| 주어 [명사, 명사구, 명사절] | 동사 take | 목적어 message |
|---|---|---|
| 형용사 | 부사 | 형용사 a |

**Tip** 의미덩어리 청킹 학습법에서는, 동사 take와 목적어 a message를 각각의 세 단어가 아니라, **청킹동사구 take a message**를 「메시지를 받다」라는 한 개의 단어처럼 이해 기억 활용하며, 한 개의 의미덩어리 청킹이므로 머릿속에서 한 번만 생각합니다.
의미덩어리 청킹 학습법에서는, 부사절 if anyone calls를 각각의 세 단어가 아니라, **청킹부사절 if anyone calls**를 「만약 누가 전화하면」이라는 한 개의 단어처럼 이해 기억 활용하며, 한 개의 의미덩어리 청킹이므로 머릿속에서 한 번만 생각합니다.

### 표현하고자 하는 내용 얼개짜기 Outlining

**step 1 청킹동사구**
[청킹동사 + 목적어 / 보어]

| take a message, | 받다 메시지를 |
| take a message, | 받다 메시지를 |
| take a message, | 받다 메시지를 |
| get a message, | 받다 메시지를 |
| get a message, | 받다 메시지를 |

**+**

**step 2 청킹부사(구, 절)**
등위절, 명사구(절), 형용사구(절)

| for you, | 너를 위해 |
| for you, | 너를 위해 |
| if anyone calls, | 만약 누가 전화하면 |
| you called, | 너가 전화하였다 |
| saying you were trying to reach me, | 전하는 너가 연락하였다 나에게 |

step 1 + step 2를 결합하여 완전한 문장으로

**step 3 청킹 문장 만들기**
문장의 형태(긍정문, 부정문, 의문문, 명령문, 감탄문), 동사의 시제, 수(단수, 복수), 태(능동, 수동)를 생각하면서

| May I take a message for you? | 내가 받을까 메시지를 너를 위해? |
| Do you want me to take a message for you? | 너는 원하느냐 내가 받는 메시지를 너를 위해? |
| Please take a message if anyone calls. | 받아라 메시지를 만약 누가 전화하면 |
| I got a message you called. | 나는 받았다 메시지를 너가 전화하였다는 것을 |
| I got a message saying you were trying to reach me. | 나는 받았다 메시지를 전하는 너가 연락하였다 나에게 |

**!** 이해·기억·활용하여할 **의미덩어리 청킹 – 1개의 단어처럼** 생각하세요. ^O^

take a message/ get a message/ for you/ if anyone calls/ you called/ saying you were trying to reach me

# take a test 「보다 시험을」

「시험을 보다, 시험을 치르다, 테스트를 받다」 의미로 쓰인다.
학교나 사회생활에서의 각종 시험과 음주검사 등 여러 테스트를 받는 것을 얘기할 때 사용하는 표현이다.

| 주어 [명사, 명사구, 명사절] | 동사 take | 목적어 test |
|---|---|---|
| 형용사 | 부사 | 형용사 a |

**Tip** 의미덩어리 청킹 학습법에서는, 동사 take와 목적어 a test를 각각의 세 단어가 아니라, **청킹동사구 take a test**를 「시험을 보다」라는 한 개의 단어처럼 이해 기억 활용하며, 한 개의 의미덩어리 청킹이므로 머릿속에서 한 번만 생각합니다. 의미덩어리 청킹 학습법에서는, 부사구 for a job을 각각의 세 단어가 아니라, **청킹부사구 for a job**을 「직장을 얻기 위해」라는 한 개의 단어처럼 이해 기억 활용하며, 한 개의 의미덩어리 청킹이므로 머릿속에서 한 번만 생각합니다.

## 표현하고자 하는 내용 얼개짜기 Outlining

### step 1  청킹동사구
[청킹동사 + 목적어 / 보어]

| | |
|---|---|
| take a test, | 보다 시험을 |
| take a test, | 보다 시험을 |
| take a test, | 보다 시험을 |
| take a test, | 보다 시험을 |
| take a test, | 보다 시험을 |

### step 2  청킹부사(구, 절)
등위절, 명사구(절), 형용사구(절)

| | |
|---|---|
| before I begin training, | 전에 내가 시작하는 훈련을 |
| after some more practice, | 더 연습한 후에 |
| for a job, | 직장을 얻기 위해 |
| at school, | 학교에서 |
| to become a teacher, | 되기 위하여 선생님이 |

**step 1 + step 2를 결합하여 완전한 문장으로**

### step 3  청킹 문장 만들기
문장의 형태(긍정문, 부정문, 의문문, 명령문, 감탄문), 동사의 시제, 수(단수, 복수), 태(능동, 수동)를 생각하면서

| | |
|---|---|
| I take a short test before I begin training. | 나는 보다 간단한 시험을 전에 내가 시작하는 훈련을 |
| I will take my driving test after some more practice. | 나는 볼 것이다 나의 운전실기시험을 더 연습한 후에 |
| I have to take a written test for a job. | 나는 보아야 한다 필기시험을 직장을 얻기 위해 |
| I don't like taking tests at school. | 나는 싫다 보는 시험을 학교에서 |
| I took many tests to become a teacher. | 나는 보았다 많은 시험들을 되기 위하여 선생님이 |

 이해 · 기억 · 활용하여할 **의미덩어리 청킹 – 1개의 단어처럼** 생각하세요. ^O^

take a test/ take a short test/ take my driving test/ take a written test/ take many tests/ for a job/ after some more practice/ at school/ to become a teacher/ before I begin training

## unit 228 transfer money 「이체하다 돈을」

「돈을 이체하다」 의미로 쓰인다.
돈을 다른 계좌로 이체할 때 사용하는 표현이며, 전치사는 to~ 또는 into~를 사용한다.

주어 [명사, 명사구, 명사절] — 동사 transfer — 목적어 money
형용사 — 부사 — 형용사

**Tip** 의미덩어리 청킹 학습법에서는, 동사 transfer와 목적어 money를 각각의 두 단어가 아니라, **청킹동사구 transfer money**를 「돈을 이체하다」라는 **한 개의 단어처럼** 이해 기억 활용하며, 한 개의 의미덩어리 청킹이므로 머릿속에서 한 번만 생각합니다. 의미덩어리 청킹 학습법에서는, 부사구 into my savings account를 각각의 네 단어가 아니라, **청킹부사구 into my savings account**를 「나의 저축계좌로」라는 **한 개의 단어처럼** 이해 기억 활용하며, 한 개의 의미덩어리 청킹이므로 머릿속에서 한 번만 생각합니다.

―― 표현하고자 하는 내용 얼개짜기 Outlining ――

### step 1 청킹동사구
[청킹동사 + 목적어 / 보어]

| transfer money, | 이체하다 돈을 |
| transfer money, | 이체하다 돈을 |
| transfer money, | 이체하다 돈을 |
| transfer money, | 이체하다 돈을 |
| transfer money, | 이체하다 돈을 |

+

### step 2 청킹부사(구, 절)
등위절, 명사구(절), 형용사구(절)

| into my savings account, | 나의 저축계좌로 |
| into my savings account, | 나의 저축계좌로 |
| to his bank account, | 그의 은행계좌로 |
| into my savings account, | 나의 저축계좌로 |
| to his bank account, | 그의 은행계좌로 |

step 1 + step 2를 결합하여 완전한 문장으로

### step 3 청킹 문장 만들기
문장의 형태(긍정문, 부정문, 의문문, 명령문, 감탄문), 동사의 시제, 수(단수, 복수), 태(능동, 수동)를 생각하면서

| Would you transfer money into my savings account? | 너는 이체하여 주겠느냐 돈을 나의 저축계좌로? |
| Please transfer money into my savings account. | 이체하라 돈을 나의 저축계좌로 |
| I want to transfer 5,000 dollars to his bank account. | 나는 원한다 이체하는 5,000달러를 그의 은행계좌로 |
| I would like to transfer money from my checking account into my savings account. | 나는 이체하기를 원한다 돈을 나의 수표계좌에서 저축계좌로 |
| How can I transfer money from my bank account to his bank account? | 어떻게 나는 이체하느냐 돈을 나의 은행계좌에서 그의 은행계좌로? |

 이해 · 기억 · 활용하여할 **의미덩어리 청킹 - 1개의 단어처럼** 생각하세요. ^O^
transfer money/ transfer 5,000 dollars/ from my checking account/ into my savings account/ from my bank account/ to his bank account

# try to call 「노력하다 전화하는」

「전화하려고 노력하다, 연락하려고 노력하다」 의미로 쓰인다.
누구에게 전화로 연락하려고 노력할 때 사용하는 표현이다. 동사는 reach, contact를 사용하기도 한다.

| 주어 [명사, 명사구, 명사절] | 동사 try | 목적어 to call |
|---|---|---|
| 형용사 | 부사 | 형용사 |

**Tip** 의미덩어리 청킹 학습법에서는, 동사 try와 목적어 to call을 각각의 세 단어가 아니라, **청킹동사구 try to call**을 「전화하려고 노력하다」라는 한 개의 단어처럼 이해 기억 활용하며, 한 개의 의미덩어리 청킹이므로 머릿속에서 한 번만 생각합니다.
의미덩어리 청킹 학습법에서는, 부사구 for over 30 minutes를 각각의 네 단어가 아니라, **청킹부사구 for over 30 minutes**를 「30분 이상」이라는 한 개의 단어처럼 이해 기억 활용하며, 한 개의 의미덩어리 청킹이므로 머릿속에서 한 번만 생각합니다.

### 표현하고자 하는 내용 얼개짜기 Outlining

**step 1** 청킹동사구
[청킹동사 + 목적어 / 보어]

| try to call, | 노력하다 전화하는 |
| try to call, | 노력하다 전화하는 |
| try to call, | 노력하다 전화하는 |
| try to reach, | 노력하다 연락하는 |
| try to contact, | 노력하다 연결하는 |

**+**

**step 2** 청킹부사(구, 절)
등위절, 명사구(절), 형용사구(절)

| all morning, | 오전 내내 |
| all day long, | 하루 종일 |
| for over 30 minutes, | 30분 이상 |
| for days, | 며칠 동안 |
| all day/ today, | 하루 종일 오늘 |

step 1 + step 2를 결합하여 완전한 문장으로

**step 3** 청킹 문장 만들기
문장의 형태(긍정문, 부정문, 의문문, 명령문, 감탄문), 동사의 시제, 수(단수, 복수), 태(능동, 수동)를 생각하면서

| I have been trying to call you all morning. | 나는 노력하였다 전화하는 너를 오전 내내 |
| I have been trying to call you all day long. | 나는 노력하였다 전화하는 너를 하루 종일 |
| I have been trying to call you for over 30 minutes. | 나는 노력하였다 전화하는 너를 30분 이상 |
| I have been trying to reach you for days. | 나는 노력하였다 연락하는 너에게 며칠 동안 |
| I have been trying to contact you all day today. | 나는 노력하였다 연결하는 너를 하루 종일 오늘 |

 이해·기억·활용하여할 **의미덩어리 청킹 – 1개의 단어처럼** 생각하세요. ^O^
try to call/ try to reach/ try to contact/ all morning/ all day long/ for over 30 minutes/ for days/ all day today

## unit 230 win a game 「이기다 게임을」

「게임을 이기다」 의미로 경기 등에 쓰인다. 스포츠 경기 등에서 게임을 이기거나 지거나 비긴 경우에 사용하는 표현이다. 지는 것은 lose a game~, 비기는 것은 be tied~로 표현한다.

주어 [명사, 명사구, 명사절] — 동사 win — 목적어 game
형용사 — 부사 — 형용사 a

**Tip** 의미덩어리 청킹 학습법에서는, 동사 win과 목적어 a game을 각각의 세 단어가 아니라, **청킹동사구 win a game**을 「게임을 이기다」라는 **한 개의 단어처럼** 이해 기억 활용하며, 한 개의 의미덩어리 청킹이므로 머릿속에서 한 번만 생각합니다. 의미덩어리 청킹 학습법에서는, 부사구 in a row를 각각의 세 단어가 아니라, **청킹부사구 in a row**를 「연속으로」라는 **한 개의 단어처럼** 이해 기억 활용하며, 한 개의 의미덩어리 청킹이므로 머릿속에서 한 번만 생각합니다.

---

표현하고자 하는 내용 얼개짜기 Outlining

### step 1 청킹동사구
[청킹동사 + 목적어 / 보어]

| | |
|---|---|
| win a game, | 이기다 게임을 |
| win a game, | 이기다 게임을 |
| win a game, | 이기다 게임을 |
| lose a game, | 지다 게임을 |
| be tied, | 이다 비긴 |

**+**

### step 2 청킹부사(구, 절)
등위절, 명사구(절), 형용사구(절)

| | |
|---|---|
| by two, | 두 점 차이로 |
| three to one, | 3대 1로 |
| in a row, | 연속으로 |
| one to three, | 1대 3으로 |
| at three to three, | 3대 3의 |

step1 + step2를 결합하여 완전한 문장으로

### step 3 청킹 문장 만들기
문장의 형태(긍정문, 부정문, 의문문, 명령문, 감탄문), 동사의 시제, 수(단수, 복수), 태(능동, 수동)를 생각하면서

| | |
|---|---|
| We won the game by two. | 우리는 이겼다 게임을 두 점 차이로 |
| We won the game three to one. | 우리는 이겼다 게임을 3대 1로 |
| We won four games in a row. | 우리는 이겼다 4게임을 연속으로 |
| We lost the game one to three. | 우리는 졌다 게임을 1대 3으로 |
| The game was tied at three to three. | 게임은 이었다 비긴 3대 3의 |

 이해 · 기억 · 활용하여할 **의미덩어리 청킹 – 1개의 단어처럼** 생각하세요. ^0^
win a game/ win four games/ lose a game/ be tied/ at three to three/ by two/ three to one/ in a row/ one to three

## unit 231 work overtime 「일하다 초과근무를」

「초과근무를 하다, 잔업하다, 시간외로 일하다」 의미로 쓰인다.
직장에서 정상적인 근무시간 이외에 잔업이나 야근, 초과근무를 할 때 사용하는 표현이다.

| 주어 [명사, 명사구, 명사절] | 동사 work | 목적어 overtime |
|---|---|---|
| 형용사 | 부사 | 형용사 |

**Tip** 의미덩어리 청킹 학습법에서는, 동사 work와 목적어 overtime를 각각의 두 단어가 아니라, **청킹동사구 work overtime**을 「초과근무를 하다」라는 한 개의 단어처럼 이해 기억 활용하며, 한 개의 의미덩어리 청킹이므로 머릿속에서 한 번만 생각합니다. 의미덩어리 청킹 학습법에서는, 부사구 to finish the project를 각각의 네 단어가 아니라, **청킹부사구 to finish the project**를 「프로젝트를 완성하기 위하여」라는 한 개의 단어처럼 이해 기억 활용하며, 한 개의 의미덩어리 청킹이므로 머릿속에서 한 번만 생각합니다.

---

표현하고자 하는 내용 얼개짜기 Outlining

### step 1 청킹동사구
[청킹동사 + 목적어 / 보어]

work overtime,  일하다 초과근무를
work overtime,  일하다 초과근무를
work overtime,  일하다 초과근무를
work overtime,  일하다 초과근무를
work overtime,  일하다 초과근무를

### step 2 청킹부사(구, 절)
등위절, 명사구(절), 형용사구(절)

if necessary,  만약 필요하면
to finish the project,  완성하기 위하여 프로젝트를
three days/ in a row,  3일 연속으로
tonight/ again,  오늘 저녁 다시
this weekend,  이번 주말에

step1+step2를 결합하여 완전한 문장으로

### step 3 청킹 문장 만들기
문장의 형태(긍정문, 부정문, 의문문, 명령문, 감탄문), 동사의 시제, 수(단수, 복수), 태(능동, 수동)를 생각하면서

I will work overtime if necessary.  나는 일할 것이다 초과근무를 만약 필요하면
I worked overtime to finish the project.  나는 일하였다 초과근무를 완성하기 위하여 프로젝트를
I work overtime three days in a row.  나는 일하다 초과근무를 3일 연속으로
I have to work overtime tonight again.  나는 일해야 하다 초과근무를 오늘 저녁 다시
Will you be able to work overtime this weekend?  너는 일할 수 있느냐 초과근무를 이번 주말에?

 이해 · 기억 · 활용하여할 **의미덩어리 청킹 − 1개의 단어처럼** 생각하세요. ^0^

work overtime/ to finish the project/ three days in a row/ this weekend/ if necessary